Estudos Aplicados de Direito Empresarial

Estudos Aplicados de Direito Empresarial

TRIBUTÁRIO

2019

Coordenação:
Regis Fernando de Ribeiro Braga

ALMEDINA

ESTUDOS APLICADOS DE DIREITO EMPRESARIAL
TRIBUTÁRIO

COORDENAÇÃO: Regis Fernando de Ribeiro Braga
DIAGRAMAÇÃO: Almedina
DESIGN DE CAPA: FBA
ISBN: 978-85-8493-502-4

Dados Internacionais de Catalogação na Publicação (CIP)
(Câmara Brasileira do Livro, SP, Brasil)

Estudos aplicados de direito empresarial :
tributário / coordenação Regis Fernando de
Ribeiro Braga. -- São Paulo : Almedina, 2019.
Vários autores.

Bibliografia.
ISBN 978-85-8493-502-4

1. Direito empresarial - Brasil 2. Direito
tributário - Brasil 3. Empresas - Tributação
4. Tributos - Leis e legislação I. Braga, Regis
Fernando de Ribeiro..

19-27330 CDU-34:338.93:336.2(81)

Índices para catálogo sistemático:
1. Brasil : Direito empresarial e tributário
34:338.93:336.2(81)

Iolanda Rodrigues Biode - Bibliotecária - CRB-8/10014

Este livro segue as regras do novo Acordo Ortográfico da Língua Portuguesa (1990).

Junho, 2019

EDITORA: Almedina Brasil
Rua José Maria Lisboa, 860, Conj.131 e 132, Jardim Paulista | 01423-001 São Paulo | Brasil
editora@almedina.com.br
www.almedina.com.br

APRESENTAÇÃO

Novamente tenho a honra e o prazer de apresentar os trabalhos que compõem o presente volume da Coleção "Estudos Aplicados de Direito Empresarial – Tributário", mais um exemplo da frutífera parceria estabelecida entre duas instituições de renome: a Editora Almedina, maior editora de temas jurídicos na língua portuguesa, e o Insper – Instituto de Ensino e Pesquisa, destacada escola de negócios brasileira. Foi junto ao Insper que seus autores apresentaram os presentes trabalhos, como requisito para a obtenção do título de Especialista (*LL*.M) em Direito Tributário.

A monografia de Cesar de Lucca, "Análise da (Não) Incidência de IOF-Crédito Sobre Movimentações Financeiras Intragrupo" abre a presente coletânea, objetivando verificar a incidência – ou a não incidência – do Imposto sobre Operações de Crédito ("IOF-Crédito") sobre as movimentações financeiras realizadas entre sociedades componentes de um mesmo grupo econômico. Para embasar suas conclusões, o autor efetuou relevante pesquisa doutrinária, tendo ainda analisado detidamente a jurisprudência administrativa[1] e judicial aplicável ao assunto. A partir dessas conclusões, o autor nos oferece

[1] Firmada pela Conselho Administrativo de Recursos Fiscais ("CARF") do Ministério da Fazenda

uma visão dos riscos, benefícios e melhores práticas de ordem tributária relacionados aos aumentos e reduções de capital, aos mútuos financeiros e aos contratos de conta corrente pactuados entre sociedades de um mesmo grupo.

Paulo José Cavalcante Santana é o autor do segundo estudo que compõe esta coletânea, intitulado "O Imposto de Renda Sobre a Remuneração de Serviços Prestados por Residentes no Exterior e os Tratados para Evitar a Dupla Tributação". Nele são apresentadas questões relativas à incidência, no Brasil, do Imposto Sobre a Renda e Proventos de Qualquer Natureza sobre a remuneração pela prestação de serviços prestados por pessoas físicas ou jurídicas residentes ou domiciliadas no exterior, à luz dos Tratados para Evitar a Dupla Tributação da Renda firmados pelo Brasil. A análise central do trabalho visa identificar a possibilidade dos mencionados serviços, de natureza empresarial, serem enquadrados no artigo 12 dos ditos Tratados (*"Royalties"*), a partir da legislação, da doutrina e da jurisprudência relativas ao assunto. Nos casos em que os Tratados determinam o enquadramento de serviços técnicos e assistência técnica no referido artigo 12, a equiparação de tais atividades aos *royalties* somente é possível quando presente a existência de transferência de tecnologia (*know-how*); não havendo a transferência de tecnologia, a remuneração dos referidos serviços deve, como regra geral, ser tratada conforme o artigo 7 dos Tratados ("Lucro das Empresas"), evitando-se a retenção do Imposto de Renda pela fonte pagadora brasileira, exceto se o prestador dos serviços possuir estabelecimento permanente no território brasileiro.

O estudo seguinte, "Reforma da Matriz Tributária Brasileira: Benefícios de se Alterar a Principal Base de Incidência Tributária, da Sobre o Consumo para Aquela Sobre a Renda", da lavra de Rafael Boccatto de Oliveira, apresenta lúcida e justa proposição: como forma de diminuição da desigualdade social e de incentivo ao consumo e produção de bens e serviços no Brasil, o autor propõe que seja feita urgente e necessária alteração do consumo como principal base de incidência e arrecadação tributárias adotada pelo sistema tributário brasileiro, para a renda, alteração esta já efetuada por muitos países econômica e socialmente mais avançados que o Brasil. A proposta formulada inicia-se com o estudo do conceito de matriz tributária e das três principais bases de tributação aplicadas ao longo da História – patrimônio, consumo e renda – para então verificar principais instrumentos contidos na Constituição Federal aplicáveis à obtenção de justiça fiscal mais efetiva – os princípios da igualdade tributária, da capacidade contributiva e da progressividade – para então, por meio da análise conjunta de conceitos jurídicos e econômicos, apresentar os benefícios a serem obtidos com a adoção da alteração proposta.

Na sequência, Renato de Andrade Bento, em "Créditos de PIS/Pasep e Cofins: Possibilidade de Tomada de Créditos em Relação as Despesas com Fretes Incorridas na Transferência Entre Estabelecimentos do Mesmo Contribuinte", visa identificar as hipóteses em que as despesas com fretes entre os estabelecimentos do mesmo contribuinte, podem ensejar a tomada de crédito, para efeitos da determinação das bases de cálculo das Contribuições para o Programa de Integração Social ("PIS"), para a Formação do Patrimônio do Servidor Público ("Pasep") e para o Financiamento da Seguridade Social com Base no Faturamento ou na Receita ("Cofins"). Como aponta o próprio autor, o tema é "extremamente conflituoso", uma vez que o entendimento da Receita Federal do Brasil sobre o conceito de insumo ou sobre o que é operação de venda é extremamente restritivo, o que – além de limitar as hipóteses em que os contribuintes podem tomar crédito das referidas as despesas com fretes entre seus estabelecimentos – vem dando origem a um grande número de autuações. A partir deste cenário, o autor demonstra as situações nas quais os contribuintes poderão tomar os créditos em questão, destacando a existência de interpretações divergentes nos tribunais pátrios, buscando, contudo, respaldo em decisões prolatadas pelo CARF.

A presente coletânea se encerra com "Formação de Preço: Impacto do ICMS no Preço de Mercadorias e a Sua Repercussão Financeira", obra da lavra de Rodrigo Berti Franciscon, que avalia a influência do Imposto Sobre a Circulação de Mercadorias e Sobre Prestações de Serviços de Transporte Interestadual, Intermunicipal e de Comunicação ("ICMS") na formação do preço de mercadorias e serviços, a partir dos os fatores que influenciam na formação de preço e de como os aspectos material, espacial, temporal, quantitativo e pessoal desse imposto influenciar a determinação de tal preço. Demonstrando como inserir corretamente os tributos incidentes sobre a venda – dentre os quais o ICMS – no cálculo do valor de mercadorias ou serviços, o autor também analisou a questão do planejamento tributário objetivando reduzir o preço de mercadorias, bem como o ICMS e a chamada Guerra Fiscal entre os estados de nossa Federação.

Como professor orientador dos autores e tendo acompanhado o desenvolvimento dos trabalhos ora apresentados, quero ressaltar que estes, apesar de muito diversos entre si, tem em comum as características dos estudos que compuseram as edições anteriores desta coleção: o conhecimento profissional dos autores sobre os temas; a extensa e detalhada pesquisa doutrinária e jurisprudencial por estes levada a termo; e o rigor acadêmico por eles adotado na abordagem e desenvolvimento de seus trabalhos.

Assim, só posso desejar aos leitores que aproveitem – e muito – a obra que ora lhe chega às mãos: boa leitura a todos!

RÉGIS FERNANDO DE RIBEIRO BRAGA
Professor Orientador dos LL.M em Direito Tributário
do Insper – Instituto de Ensino e Pesquisa

PREFÁCIO

CONSTRUÇÃO E LEGADO

Acima de tudo sê fiel a ti mesmo,
Disso se segue, como a noite ao dia,
Que não podes ser falso com ninguém.
Shakespeare, *in* Hamlet

Nesse ano de 2019, em que o Insper Direito completa 20 anos de história por meio da construção de uma escola focada no desenvolvimento profissional para uma atuação estratégica dos milhares de profissionais que nos deram a honra de compartilhar ensinamentos e experiências, construímos um verdadeiro legado, aqui representado pela presente coleção "Estudos Aplicados de Direito Empresarial", a qual tive a honra de ser um dos idealizadores e coordenador do volume de contratos por mais de três anos. Tenho a honrosa missão e responsabilidade de prefaciar essa 4ª edição, especialmente no ano em que igualmente deixo a coordenação do Insper Direito, encerrando com chave de ouro um ciclo iniciado pelo Prof. Dr. Jairo Saddi, seguido pelo Prof. Dr. André Antunes Soares de Camargo e concluído por mim.

Minha primeira atuação no Insper foi fruto da recomendação do Prof. Dr. Daniel M. Boulos, aquém sou profundamente grato por inúmeros ensinamentos, oportunidades profissionais e acadêmicas e um grande amigo. Confirmada a minha seleção pelos demais colegas, professores conselheiros e pelo então coordenador geral dos programas de direito, o Prof. André Camargo, iniciei, ainda em 2012, minha trajetória no Insper Direito com a missão de colaborar na reestruturação de todo o processo de elaboração das monografias de conclusão de curso, o qual passou a permitir a elaboração de qualificados artigos científicos.

Realizamos a missão com muita presteza, tendo eu sido o único da equipe original de professores orientadores a permanecer durante todo o processo de reversão de uma estatística que era originalmente baixa. Após cinco anos como professor orientador, conseguimos reverter o quadro e alcançar expressivos e postivos resultados.

Ao longo do processo de reestruturação dos trabalhos de conclusão de curso, já mantínhamos uma parceria com a Editora Almedina Brasil para a publicação das melhores monografias aprovadas em qualificada banca de professores. Ainda não tínhamos uma coleção para focar nos artigos científicos elaborados por nossos alunos e selecionados pelos professores orientadores.

Foi nesse momento que idealizamos em equipe, professores orientadores, professores conselheiros e coordenação, a estrutura da presente coleção "Estudos Aplicados de Direito Empresarial" a qual busca trazer ao público os cinco melhores artigos científicos de cada programa do Insper Direito.

A coleção foi originalmente pensada para ocorrer em uma única edição por ano, sempre próximo ao encerramento do ano letivo. Com a expansão dos programas do pós-graduação em direito e crescente aumento dos alunos que apresentavam o seu TCC, fruto da reestruturação de todo o processo de elaboração do TCC, logo percebemos que seria necessário avançar, sendo essa 4ª edição da coleção Estudo Aplicados de Direito Empresarial, o resultado de tal avanço. Projetamos o lançamento de duas edições por ano, porém, sem ficar presos a obrigação do seu lançamento, mas sim, fieis à qualidade que sempre pautou nossas atividades, mantendo a estrutura de cinco artigos de alta qualidade e relevância, prioritariamente de nossos alunos dos programas do pós-graduação e selecionados pelos professores orientadores que coordenam cada um dos volumes.

O leitor terá a oportunidade de conferir as mais diversas abordagens para temas novos, ou com novas leituras de questões já existentes, sempre fiel a qualidade e rigor científico para o enfrentamento de questões concretas e complexas. Buscamos não ficar presos às questões puramente acadêmicas e sem grande aplicação prática. Como uma escola de negócios, os textos que aqui apresentamos trazem luz para as mais variadas dificuldades do dia-a-dia do jurídico empresarial estratégico.

Tenho a honra de encerrar esse ciclo de 20 anos, deixando um verdadeiro legado que foi construído por todos que estiveram na posição de coordenação, conselheiros, professores, alunos, apoio acadêmico e toda a equipe do Insper que construiu esse belo projeto ao longo de duas décadas.

A coleção Estudo Aplicados de Direito Empresarial, em apenas três anos já trouxe ao público 75 artigos altamente qualificados de nossos alunos e cada um dos volumes desta 4ª edição apresenta mais cinco novos artigos, de forma que estamos muito próximos a suplantar a marca de 100 qualificados artigos elaborados por nosso corpo discente, marca realmente expressiva para uma publicação tão jovem no cenário jurídico nacional.

Deixo aqui o meu muito obrigado à todas e todos que colaboraram, de alguma forma, durante essa caminhada e construção de um legado para as novas e futuras gerações que doravante passam a conduzir os trabalhos, desejo sorte e muito mais repetições desse sucesso, fruto de muito trabalho e dedicação de todos os envolvidos até o momento.

Parabéns aos colegas que têm a honra de participar dessa 4ª edição histórica, celebrando os 20 anos do Insper Direito e o sucesso de um projeto plural, competente e de muita dedicação e empenho, vamos em frente.

Boa leitura a todos!

Prof. Dr. Rodrigo Fernandes Rebouças

SUMÁRIO

O IOF-Crédito sobre Movimentações Financeiras Intragrupo

César de Lucca

1. Introdução

A fim de empregar maior eficiência à realização de seus objetos sociais, é comum que agentes de mercado decidam se organizar mediante a constituição de sociedades diversas, ainda que os sócios sejam os mesmos em todas elas.

A constituição pode se dar por diversos motivos: seja para segregar riscos de atividades distintas, para aumentar a eficiência tributária do modelo ou para garantir maior capacidade gerencial sobre os negócios de cada empresa, o certo é que a prática se tornou comum e, atualmente, não surpreende ninguém o fato de que uma marca conhecida pelo público pode abrigar centenas ou mesmo milhares de sociedades empresárias.

Quando as diversas sociedades se reúnem visando à combinação de recursos e esforços para a realização de seus objetos sociais, mediante a participação em atividades ou empreendimentos comuns, tem-se o que a Lei nº 6.404, de 15 de dezembro de 176, a Lei das Sociedades Anônimas ("LSA"),[1] convencionou

[1] BRASIL. Lei nº 6.404, de 15 de dezembro de 1976. Dispõe sobre as Sociedades por Ações. **Diário Oficial [da] República Federativa do Brasil**, Poder Executivo, Brasília, DF, 24 out. 2014. Disponível em <http://www.planalto.gov.br/ccivil_03/Leis/L6404consol.htm>. Acesso em 28 jun. 2018.

chamar de "grupos de sociedades" em seu artigo 265, os conhecidos "grupos econômicos".[2]

Dentre as diversas obrigações comuns a um grupo econômico, está a gestão financeira das sociedades que o compõem. Como é usual à vida empresarial, haverá sobra de caixa em determinadas sociedades enquanto outras precisarão de recursos financeiros para dar seguimento às suas atividades. Logo, é interessante que sejam realizadas movimentações de recursos intragrupo, para se emprestar maior eficiência à atividade empresarial e, principalmente, para se evitar a necessidade de busca desses recursos financeiros no mercado, que cobrará juros pelos valores emprestados, tornando a atividade menos rentável.

O presente trabalho visa a estudar a incidência ou não do IOF-Crédito sobre as principais formas de movimentação financeira intragrupo ora utilizadas, quais sejam, os sucessivos aumentos e reduções de capital, a realização de contratos de mútuo e a utilização de conta corrente mercantil, bem como os riscos e benefícios de cada um dos arranjos citados.

Cumpre aqui ressaltar que o trabalho não ignora a possibilidade de declaração de inconstitucionalidade da incidência do IOF-Crédito sobre todas as operações de mútuo em que não participem instituições financeiras, cuja definição depende do julgamento, pelo Supremo Tribunal Federal ("STF") do Recurso Extraordinário nº 590.186/RS, de relatoria do Min. Ricardo Lewandowski (Tema nº 104 da Repercussão Geral: "Incidência de IOF em contratos de mútuo em que não participam instituições financeiras").[3]

[2] BRASIL. Lei nº 6.404, de 15 de dezembro de 1976. Dispõe sobre as Sociedades por Ações. **Diário Oficial [da] República Federativa do Brasil**, Poder Executivo, Brasília, DF, 24 out. 2014. Disponível em <http://www.planalto.gov.br/ccivil_03/Leis/L6404consol.htm>. Acesso em 28 jun. 2018.

[3] BRASIL. Supremo Tribunal Federal. Tema 104 – Incidência de IOF em contratos de mútuo em que não participam instituições financeiras. FRAS-LE S/A

Todavia, ainda que o STF declare a inconstitucionalidade dessa incidência, existe a possibilidade de que Emenda Constitucional permita a reinstituição do tributo sobre tais operações. Também é possível que o STF module os efeitos de sua decisão, o que manteria a discussão relevante para todas as operações anteriores ao julgamento.

Assim, o presente trabalho parte da premissa da constitucionalidade da incidência do IOF-Crédito sobre os mútuos sem participação de instituições financeiras, não sendo este tema objeto de análise.

2. Panorama legal do IOF-Crédito

Na definição e repartição das competências tributárias, a Constituição Federal deixou sob responsabilidade da União a instituição de imposto sobre as operações de crédito, dentre outros:

> Art. 153. Compete à União instituir impostos sobre:
>
> [...]
>
> V – operações de crédito, câmbio e seguro, ou relativas a títulos ou valores mobiliários;[4]

Já neste momento é importante fazer um esclarecimento acerca da confusão criada pela nomenclatura usualmente utilizada para os impostos sobre as operações previstas no artigo 153, V, da Constituição Federal.[5]

e União. Relator: Ministro Ricardo Lewandowski. Brasília, 28 ago. 2008. **Diário da Justiça Eletrônico 182**, Brasília, DF, 26 set. 2008. Disponível em: <http://www.stf.jus.br/portal/jurisprudenciaRepercussao/verAndamentoProcesso.asp?incidente=2628566&numeroProcesso=590186&classeProcesso=RE&numeroTema=104>. Acesso em 28 jun. 2018.

[4] BRASIL. Constituição da República Federativa do Brasil de 1988. **Diário Oficial [da] República Federativa do Brasil**, Poder Executivo, Brasília, DF, 05 out. 1988. Disponível em <http://www.planalto.gov.br/ccivil_03/constituicao/constituicaocompilado.htm>. Acesso em 28 jun. 2018.

[5] *Idem, ibidem.*

Convencionou-se chama-los pelo gênero "Imposto sobre Operações Financeiras – IOF", o que pode gerar confusão acerca de seu fato gerador. Nesse sentido, é de extrema importância se observar que os impostos cuja competência é prescrita no artigo 153, inciso V, da Constituição Federal, não incidem sobre quaisquer operações financeiras, como reforça Leandro Paulsen[6]:

> **A CF não prevê a base econômica "Operações Financeiras".** O art. 153, V, da CF outorga competência à União para a instituição de imposto sobre "operações de crédito, câmbio e seguro, ou relativas a títulos ou valores mobiliários". Vê-se, de pronto, que não se trata de uma única base econômica outorgada à tributação, mas de quatro bases econômicas: 1) operações de crédito, 2) operações de câmbio, 3) operações de seguro e 4) operações relativas a títulos ou valores mobiliários. A CF não prevê a base econômica "operações financeiras". Assim, embora seja corrente a utilização da locução "Imposto sobre Operações Financeiras" – IOF – para designar os impostos cuja competência é outorgada pelo art. 153, V, da CF, tal locução, que consta inclusive da legislação atinente à matéria, é absolutamente inapropriada. Isso porque induz ao entendimento de que haveria um imposto sobre operações financeiras quando, em verdade, tal inexiste. O art. 153, V, outorga à tributação, pela União, sim, quatro bases econômicas distintas e que sequer podem ser precisamente subsumidas na locução operações financeiras, quais sejam, as operações de crédito, as operações de câmbio, as operações de seguro e as operações relativas a títulos ou valores mobiliários. O chamado IOF, pois, em verdade, são vários impostos sobre bases econômicas distintas, todos com suporte no art. 153, V, da CF. (destaques do original)

[6] PAULSEN, Leandro. **Direito tributário: Constituição e Código Tributário à luz da doutrina e da jurisprudência**. 16ª ed. Porto Alegre: Ed. Livraria do Advogado, 2014; p. 311.

Entre 1996 e 2007, o Estado teve um tributo que incidia, de fato, sobre as movimentações financeiras, qual seja, a Contribuição Provisória sobre Movimentação ou Transmissão de Valores e de Créditos e Direitos de Natureza Financeira ("CPMF"), instituída pela Lei nº 9.311, de 24 de outubro de 1996.[7] Os tributos previstos no artigo 153, inciso V, da Constituição Federal, não se confundem com a CPMF, ainda que a expressão "impostos sobre operações financeiras" possa causar tal confusão.

Em verdade, a utilização da expressão se dá primeiro por questões históricas, tendo em vista ter sido adotada na Lei nº 5.143, de 20 de outubro de 1966,[8] e depois por questões práticas, como explica Roberto Quiroga Mosquera[9]:

> [...] cumpre-nos tecer algumas considerações a respeito de uma prática que se vem perpetrando há mais de 30 anos no meio jurídico-tributário brasileiro, qual seja, a denominação dos impostos antes referidos, por uma única locução, qual seja: imposto sobre operações financeiras- IOF. Essa prática iniciou-se em 1966, com a publicação da Lei nº 5.143, que instituiu o imposto sobre opera-

[7] BRASIL. Lei nº 9.311, de 24 de outubro de 1996. Institui a Contribuição Provisória sobre Movimentação ou Transmissão de Valores e de Créditos e Direitos de Natureza Financeira – CPMF, e dá outras providências. **Diário Oficial [da] República Federativa do Brasil**, Poder Executivo, Brasília, DF, 25 out. 1996. Disponível em <http://www.planalto.gov.br/ccivil_03/LEIS/L9311.htm>. Acesso em 28 jun. 2018.

[8] BRASIL. Lei nº 5.143, de 20 de outubro de 1966. Institui o Impôsto sôbre Operações Financeiras, regula a respectiva cobrança, dispõe sôbre a aplicação das reservas monetárias oriundas de sua receita, e dá outras providências. **Diário Oficial [da] República Federativa do Brasil**, Poder Executivo, Brasília, DF, 24 out. 2014. Disponível em <http://www.planalto.gov.br/ccivil_03/leis/L5143.htm>. Acesso em 28 jun. 2018.

[9] MOSQUERA, Roberto Quiroga. **Tributação no Mercado Financeiro e de Capitais.** São Paulo: Ed. Dialética, 1999; p. 102/104.

ções de crédito e seguro denominados, à época, de "imposto sobre operações financeiras". Prescrevia o artigo 1º da mencionada Lei: "O Imposto sobre Operações Financeiras incide nas operações de crédito e seguro, realizadas por instituições financeiras e seguradoras, e tem como fato gerador [...]". De lá para cá, a doutrina, a jurisprudência e o legislador vêm se utilizando da expressão para denominar, em verdade, 4 (quatro) impostos específicos, autônomos e independentes, ou seja: a) imposto sobre operações de crédito; b) imposto sobre operações de câmbio; c) imposto sobre operações de seguro; d) imposto sobre operações relativas a títulos ou valores mobiliários. A aludida prática se dá por comodidade, uma vez que é muito mais fácil denominar quatro exações tributárias com uma única expressão. [...] Todavia, pergunta-se: existe no ordenamento constitucional brasileiro algum imposto que responde pelo nome de imposto sobre operações financeiras? [...] O legislador constitucional não atribuiu nem à União, nem aos Estados e Distrito Federal e nem aos Municípios, competência para instituir impostos sobre operações financeiras. Indaga-se, então: **ainda que o imposto apontado não exista, existe algum mal em 'apelidar' os impostos previstos no artigo 153, inciso V, da Constituição Federal pela denominação única impostos sobre operações financeiras? Parece-nos que sim. O 'apelido' citado vem maculando de erros os posicionamentos da doutrina e as tarefas dos legisladores pátrios e da jurisprudência brasileira**. A utilização da expressão imposto sobre operações financeiras e da sua abreviatura IOF provoca inúmeros equívocos quando da interpretação das leis que tratam dos impostos sobre operações de crédito, câmbio, seguro ou relativas a títulos ou valores mobiliários. [...] chamar pelo mesmo nome coisas diferentes ou que não se enquadrem nas características do respectivo termo traduz grave erro lógico, além do que, se criam problemas relacionados à polissemia das palavras. [...] Ao mesmo tempo em que a expressão 'operações financeiras' é vaga, pois contempla

> operações financeiras que não são atingidas pelos impostos referidos, é ela restritiva, pois, os impostos sobre operações de crédito, câmbio, seguro ou relativas a títulos ou valores mobiliários podem incidir, também, sobre operações não financeiras. [...] A locução referida só serve para confundir e atrapalhar ainda mais, a análise correta das regras-matrizes de incidência dos impostos previstos no artigo 153, inciso V, do Texto Constitucional. (destacou-se)

Apesar da concordância com as críticas formuladas pelos professores Leandro Paulsen e Roberto Quiroga Mosquera sobre a titulação do imposto, este trabalho adotará a expressão IOF-Crédito, em razão de seu emprego na vida prática e até mesmo na doutrina e jurisprudência.

A União, fundada no artigo 153, inciso V, da Constituição Federal,[10] instituiu a cobrança do IOF-Crédito entre pessoas jurídicas não financeiras, ou entre pessoa jurídica não financeira e pessoa física, por intermédio da Lei nº 9.779, de 19 de janeiro de 1999, cujo artigo 13 prescreve:

> Art. 13. As operações de crédito correspondentes a mútuo de recursos financeiros entre pessoas jurídicas ou entre pessoa jurídica e pessoa física sujeitam-se à incidência do IOF segundo as mesmas normas aplicáveis às operações de financiamento e empréstimos praticadas pelas instituições financeiras.
>
> § 1º Considera-se ocorrido o fato gerador do IOF, na hipótese deste artigo, na data da concessão do crédito.
>
> § 2º Responsável pela cobrança e recolhimento do IOF de que trata este artigo é a pessoa jurídica que conceder o crédito.

[10] BRASIL. Constituição da República Federativa do Brasil de 1988. **Diário Oficial [da] República Federativa do Brasil**, Poder Executivo, Brasília, DF, 05 out. 1988. Disponível em <http://www.planalto.gov.br/ccivil_03/constituicao/constituicaocompilado.htm>. Acesso em 28 jun. 2018.

> § 3º O imposto cobrado na hipótese deste artigo deverá ser recolhido até o terceiro dia útil da semana subseqüente à da ocorrência do fato gerador.[11]

Como se observa pela leitura do texto legal, a incidência do IOF-Crédito pressupõe a existência de uma operação de mútuo de recursos financeiros entre pessoas jurídicas ou entre pessoa jurídica e pessoa física, seja a parte concedente do crédito uma entidade financeira ou não.

Atualmente, a regulamentação sobre os "impostos sobre operações financeiras" está concentrado no Decreto nº 6.306, de 14 de dezembro de 2007, que, em seu artigo 3º, a incidência do IOF-Crédito sobre empréstimos,[12] conforme se observa:

> Art. 3º O fato gerador do IOF é a entrega do montante ou do valor que constitua o objeto da obrigação, ou sua colocação à disposição do interessado (Lei no 5.172, de 1966, art. 63, inciso I).
>
> [...]
>
> § 3º A expressão "operações de crédito" compreende as operações de:

[11] BRASIL. Lei nº 9.779, de 19 de janeiro de 1999. Altera a legislação do Imposto sobre a Renda, relativamente à tributação dos Fundos de Investimento Imobiliário e dos rendimentos auferidos em aplicação ou operação financeira de renda fixa ou variável, ao Sistema Integrado de Pagamento de Impostos e Contribuições das Microempresas e das Empresas de Pequeno Porte – SIMPLES, à incidência sobre rendimentos de beneficiários no exterior, bem assim a legislação do Imposto sobre Produtos Industrializados – IPI, relativamente ao aproveitamento de créditos e à equiparação de atacadista a estabelecimento industrial, do Imposto sobre Operações de Crédito, Câmbio e Seguros ou Relativas a Títulos e Valores Mobiliários – IOF, relativamente às operações de mútuo, e da Contribuição Social sobre o Lucro Líquido, relativamente às despesas financeiras, e dá outras providências. **Diário Oficial [da] República Federativa do Brasil**, Poder Executivo, Brasília, DF, 20 jan. 1999. Disponível em <http://www.planalto.gov.br/ccivil_03/LEIS/L9779.htm>. Acesso em 28 jun. 2018.

[12] Excetuando-se o mútuo entre pessoas físicas.

> I – empréstimo sob qualquer modalidade, inclusive abertura de crédito e desconto de títulos (Decreto-Lei no 1.783, de 18 de abril de 1980, art. 1o, inciso I);
>
> II – alienação, à empresa que exercer as atividades de factoring, de direitos creditórios resultantes de vendas a prazo (Lei no 9.532, de 1997, art. 58);
>
> III – mútuo de recursos financeiros entre pessoas jurídicas ou entre pessoa jurídica e pessoa física (Lei no 9.779, de 1999, art. 13).[13]

Todavia, a legislação silencia acerca de eventual incidência do IOF-Crédito sobre as operações de conta corrente mercantil, com a exceção do artigo 7º, *caput* e §§ 2º e 3º, da Instrução Normativa da Receita Federal do Brasil ("RFB") nº 907, de 09 de janeiro de 2009:

> Art. 7º O IOF incidente sobre operações de crédito concedido por pessoas jurídicas não financeiras, de que trata o art. 13 da Lei nº 9.779, de 19 de janeiro de 1999, incide somente sobre operações de mútuo que tenham por objeto recursos em dinheiro, disponibilizados sob qualquer forma.
>
> [...]
>
> § 2º **Nas operações de crédito realizadas por meio de conta corrente** sem definição do valor de principal, a base de cálculo será o somatório dos saldos devedores diários, apurado no último dia de cada mês.
>
> § 3º **Nas operações de crédito realizadas por meio de conta corrente** em que fique definido o valor do principal, a base de cál-

[13] BRASIL. Decreto nº 6.306, de 14 de dezembro de 2007. Regulamenta o Imposto sobre Operações de Crédito, Câmbio e Seguro, ou relativas a Títulos ou Valores Mobiliários – IOF. **Diário Oficial [da] República Federativa do Brasil**, Poder Executivo, Brasília, DF, 08 jan. 2008. Disponível em <http://www.planalto.gov.br/ccivil_03/_ato2007-2010/2007/decreto/d6306.htm>. Acesso em 28 jun. 2018.

> culo será o valor de cada principal entregue ou colocado à disposição do mutuário.[14] (destacou-se)

O entendimento é reforçado pela Solução de Consulta da Coordenação-Geral de Tributação da Receita Federal do Brasil ("COSIT") nº 50, de 26 de fevereiro de 2015, cuja ementa e trecho do Relatório seguem abaixo colacionados:

> OPERAÇÃO DE MÚTUO DE RECURSOS FINANCEIROS POR MEIO DE CONTA CORRENTE. INCIDÊNCIA.
>
> O IOF previsto no art. 13 da Lei nº 9.779, de 1999, incide sobre as operações de crédito correspondentes a mútuo de recursos financeiros, independentemente da forma pela qual os recursos sejam entregues ou disponibilizados ao mutuário. Dessa forma, ocorre o fato gerador do imposto nas operações de crédito dessa natureza também quando realizadas por meio de conta corrente, sendo irrelevante ainda a relação de controle ou coligação entre as pessoas jurídicas envolvidas.
>
> Dispositivos Legais: Lei nº 9.779, de 1999, art. 13; Ato Declaratório SRF nº 30, de 1999, art. 1º; Instrução Normativa RFB nº 907, de 2009, art. 7º, caput e §§ 2º e 3º
>
> [...]
>
> Claro está que, para fins da incidência do IOF instituída pelo art. 13 da Lei nº 9.779, de 1999, deve-se verificar tão somente se estão presentes, no caso concreto, as características essenciais do mútuo, sendo irrelevantes aspectos formais mediante os quais a operação se materializa, bem como a natureza de vinculação entre as partes. Dessa forma, uma vez identificados os atributos

[14] BRASIL. Instrução Normativa RFB nº 907, de 09 de janeiro de 2009. Dispõe sobre o Imposto sobre Operações de Crédito, Câmbio e Seguro, ou relativas a Títulos ou Valores Mobiliários (IOF). **Diário Oficial [da] República Federativa do Brasil**, Poder Executivo, Brasília, DF, 13 jan. 2009. Disponível em <http://normas.receita.fazenda.gov.br/sijut2consulta/link.action?visao=anotado&idAto=37630>. Acesso em 28 jun. 2018.

inerentes a essa espécie de empréstimo (art. 586 do CC), a operação deve sujeitar-se a incidência do imposto, independentemente de o crédito estar sendo entregue ou disponibilizado por meio de conta corrente ou por qualquer outra forma.[15]

Ou seja, de acordo com o entendimento da Receita Federal do Brasil, o IOF-Crédito deveria incidir sobre as operações de conta corrente mercantil, posto que os atributos inerentes ao contrato de mútuo (artigo 586 do Código Civil)[16] estariam presentes também em tal tipo de operação.

Assim, para que se analise juridicamente o grau de acerto do entendimento da RFB, é importante que se faça a análise das formas de movimentação financeira intragrupo, o que será exposto no próximo capítulo.

3. Principais formas de movimentação financeira intragrupo

A importância da análise pormenorizada dos diferentes arranjos possíveis de movimentação financeira intragrupo se dá em razão da impossibilidade de alteração da definição, conteúdo e alcance das normas de direito privado pela legislação tributária, comando inserido no artigo 110 do Código Tributário Nacional ("CTN")[17]:

15 BRASIL. Solução de Consulta COSIT nº 50, de 26 de fevereiro de 2015. **Diário Oficial [da] República Federativa do Brasil**, Poder Executivo, Brasília, DF, 18 mar. 2015. Disponível em <http://normas.receita.fazenda.gov.br/sijut2consulta/link.action?idAto=62213&visao=anotado>. Acesso em 28 jun. 2018.

16 BRASIL. Lei nº 10.406, de 10 de janeiro de 2002. Institui o Código Civil. **Diário Oficial [da] República Federativa do Brasil**, Poder Executivo, Brasília, DF, 11 jan. 2002. Disponível em <http://www.planalto.gov.br/ccivil_03/Leis/2002/l10406.htm>. Acesso em 28 jun. 2018.

17 BRASIL. Lei nº 5.172, de 25 de outubro de 1966. Dispõe sobre o Sistema Tributário Nacional e institui normas gerais de direito tributário aplicáveis à União, Estados e Municípios. **Diário Oficial [da] República Federativa do**

> Art. 110. A lei tributária não pode alterar a definição, o conteúdo e o alcance de institutos, conceitos e formas de direito privado, utilizados, expressa ou implicitamente, pela Constituição Federal, pelas Constituições dos Estados, ou pelas Leis Orgânicas do Distrito Federal ou dos Municípios, para definir ou limitar competências tributárias.

De acordo com Hugo de Brito Machado[18], o comando do CTN sequer seria necessário, já que a regra estaria implícita na própria Constituição Federal:

> Na verdade, esse dispositivo [artigo 110 do CTN] nem precisaria existir. Embora se tenha de reconhecer o importantíssimo serviço que o mesmo tem prestado ao Direito brasileiro, não se pode negar que, a rigor, ele é desnecessário. Desnecessário – é importante que se esclareça – no sentido de que com ou sem ele teria o legislador de respeitar os conceitos utilizados pela Constituição para definir ou limitar competências tributárias. Mas é necessário porque, infelizmente, a ideia de uma efetiva supremacia constitucional ainda não foi captada pelos que lidam com o direito em nosso País.
>
> Não é necessário que o conceito de serviço esteja no Direito privado. Muito menos que ele esteja definido em norma do Direito privado. Para que ele não possa ser alterado pelo legislador tributário basta que esteja, como está, na Constituição Federal, pois sua alteração pelo legislador implica evidente alteração da norma da Constituição na qual está albergado.

Brasil, Poder Executivo, Brasília, DF, 31 out. 2014. Disponível em <http://www.planalto.gov.br/ccivil_03/Leis/L5172.htm>. Acesso em 28 jun. 2018.

[18] MACHADO, Hugo de Brito. **O ISS e a Locação ou Cessão de Direito de Uso.** Disponível em: <http://sistemas.qis.com.br:8084/hugomachado/conteudo.asp?home=1&secao=2&situacao=2&doc_id=105>. Acesso em 28 jun. 2018.

Com efeito, a alteração de qualquer conceito albergado por qualquer norma implica alteração dessa norma. Se o legislador altera um conceito que está em uma norma da Constituição, portanto, altera a própria Constituição. Esta é uma verdade jurídica que, infelizmente, ainda não está bem entendida entre nós, mas aos poucos, em face de decisões como a proferida pela Corte Maior, no julgado aqui analisado, ela vai se tornando mais viva na consciência dos que lidam com o Direito.

Assim, quando a Constituição Federal permitiu à União instituir imposto sobre operação de crédito, não permitiu que operações diversas fossem tributadas. Ou seja, a alteração do conceito de "operações de crédito", seja pela legislação infraconstitucional ou pela interpretação fazendária, não só fere o artigo 110 do CTN,[19] como também fere a regra constitucional de competência.

Dessa forma, os diferentes institutos utilizados pela prática empresarial devem ser analisados cuidadamente, para se evitar a incidência tributária sobre fatos que não configurem operação de crédito entre pessoas jurídicas.

3.1. Aumentos e reduções de Capital Social

O arranjo mais simples, ao menos do ponto de vista teórico, para a movimentação financeira seria a realização de aportes e retiradas de valores do capital das sociedades por meio de seus sócios.

O aumento de capital social deve ser realizado através da integralização de capital nas sociedades que necessitam de recursos financeiros, por meio de alteração de seus Contratos

[19] BRASIL. Lei nº 5.172, de 25 de outubro de 1966. Dispõe sobre o Sistema Tributário Nacional e institui normas gerais de direito tributário aplicáveis à União, Estados e Municípios. **Diário Oficial [da] República Federativa do Brasil**, Poder Executivo, Brasília, DF, 31 out. 2014. Disponível em <http://www.planalto.gov.br/ccivil_03/Leis/L5172.htm>. Acesso em 28 jun. 2018.

Sociais, conforme artigo 1.081, do Código Civil,[20] ou de seus Estatutos Sociais, nos termos do artigo 166, da LSA.[21]

A redução do capital social, por sua vez, deve ser realizada por meio de alteração de contrato social da sociedade que disponibilizará os recursos às sociedades que são suas sócias, nos termos do artigo 1.084, § 1º, do Código Civil,[22] ou do Estatuto Social, conforme artigo 174, da LSA.[23]

Entretanto, as reduções de capital social só podem ser realizadas nos casos previstos pela lei, quais sejam, (i) perdas irreparáveis decorrentes do exercício de suas atividades; ou (ii) capital excessivo em relação ao objeto da sociedade. Ou seja, as sócias de uma determinada sociedade, que optassem por tal mecanismo, poderiam se ver impedidas de diminuir o capital social dessa sociedade, o que lhes impediria, eventualmente, de dar a melhor destinação aos recursos financeiros do grupo.

Caso a redução seja possível, é necessário, ainda, que a sociedade cujo capital deverá ser reduzido publique a ata da assembleia em que se deliberou pela redução, abrindo-se prazo de sessenta dias – para as Sociedades Limitadas, conforme artigo

[20] BRASIL. Lei nº 10.406, de 10 de janeiro de 2002. Institui o Código Civil. **Diário Oficial [da] República Federativa do Brasil**, Poder Executivo, Brasília, DF, 11 jan. 2002. Disponível em <http://www.planalto.gov.br/ccivil_03/Leis/2002/l10406.htm>. Acesso em 28 jun. 2018.

[21] BRASIL. Lei nº 6.404, de 15 de dezembro de 1976. Dispõe sobre as Sociedades por Ações. **Diário Oficial [da] República Federativa do Brasil**, Poder Executivo, Brasília, DF, 24 out. 2014. Disponível em <http://www.planalto.gov.br/ccivil_03/Leis/L6404consol.htm>. Acesso em 28 jun. 2018.

[22] BRASIL. Lei nº 10.406, de 10 de janeiro de 2002. Institui o Código Civil. **Diário Oficial [da] República Federativa do Brasil**, Poder Executivo, Brasília, DF, 11 jan. 2002. Disponível em <http://www.planalto.gov.br/ccivil_03/Leis/2002/l10406.htm>. Acesso em 28 jun. 2018.

[23] BRASIL. Lei nº 6.404, de 15 de dezembro de 1976. Dispõe sobre as Sociedades por Ações. **Diário Oficial [da] República Federativa do Brasil**, Poder Executivo, Brasília, DF, 24 out. 2014. Disponível em <http://www.planalto.gov.br/ccivil_03/Leis/L6404consol.htm>. Acesso em 28 jun. 2018.

1.084, § 1º, do Código Civil[24] – ou noventa dias – no caso das Sociedades Anônimas, nos termos do artigo 174 da LSA[25] – para eventual impugnação do ato por credores da sociedade. Somente após o transcurso sem impugnação do prazo, é que a modificação pode ser levada a registro e efetivada.

Não fosse a demora suficiente a tornar o uso dos aumentos e reduções um procedimento um tanto quanto burocrático para a movimentação financeira, os custos envolvidos tornam a alternativa extremamente cara.

A título de exemplo, a Junta Comercial do Estado de São Paulo, para o ano de 2018, cobra taxas e emolumentos no valor de R$ 172,41 (cento e setenta e dois reais e quarenta e um centavos) pelo registro de cada alteração contratual de sociedades limitadas, e no valor de R$ 392,65 (trezentos e noventa e dois reais e sessenta e cinco centavos) para o registro de cada ata da assembleia de acionistas.[26]

Somando-se a isso os custos inerentes à publicação dos atos e multiplicando-se pelo número de vezes em que as movimentações financeiras se fazem necessárias na vida de um grupo econômico, os valores poderiam até mesmo inviabilizar a realização de determinados negócios.

[24] BRASIL. Lei nº 10.406, de 10 de janeiro de 2002. Institui o Código Civil. **Diário Oficial [da] República Federativa do Brasil**, Poder Executivo, Brasília, DF, 11 jan. 2002. Disponível em <http://www.planalto.gov.br/ccivil_03/Leis/2002/l10406.htm>. Acesso em 28 jun. 2018.

[25] BRASIL. Lei nº 6.404, de 15 de dezembro de 1976. Dispõe sobre as Sociedades por Ações. **Diário Oficial [da] República Federativa do Brasil**, Poder Executivo, Brasília, DF, 24 out. 2014. Disponível em <http://www.planalto.gov.br/ccivil_03/Leis/L6404consol.htm>. Acesso em 28 jun. 2018.

[26] ESTADO DE SÃO PAULO. Portaria JUCESP nº 92, de 20 de dezembor de 2018. Dispõe sobre a Tabela de Preços dos atos pertinentes ao Registro Público de Empresas Mercantis e Atividades Afins. **Diário Oficial do Estado de São Paulo**, Poder Executivo, São Paulo, SP, 21 dez. 2018. Disponível em <http://www.institucional.jucesp.sp.gov.br/downloads/portaria_91_2018.pdf>. Acesso em 10 mai. 2019.

Por fim, seria possível se pensar na utilização dos adiantamentos para futuro aumento de capital ("AFAC"), o que poderia diminuir o número de aumentos de capital necessários à movimentação de recursos financeiros pelos grupos econômicos.

Em poucas palavras, o AFAC se caracteriza como o aporte de valores pelos sócios em sociedade na qual já ostentam a condição de sócios, visando ao futuro aumento do capital social desta sociedade. Todavia, com base no seu Parecer Normativo da Coordenação-Geral de Tributação da Receita Federal ("CST") nº 17, de 20 de agosto de 1984, a Receita Federal passou a entender que o AFAC deveria cumprir requisitos adicionais para não caracterizar operação de mútuo entre as empresas[27]:

> IMPOSTO SOBRE A RENDA E PROVENTOS
>
> M.N.T.P.J.: 2.28.05.00 – Adições ao Lucro Líquido
>
> 2.99.01.00 – Da Aplicação das Normas de Legislação do Imposto de Renda.
>
> **Não é exigível a observância ao disposto no artigo 21 do Decreto-lei nº 2.065/83 à pessoa jurídica que fizer adiantamento de recursos financeiros, sem remuneração, para sociedade coligada, interligada ou controlada, desde que: (1) o adiantamento se destine, especifica e irrevogavelmente, ao aumento do capital social da beneficiária e (2) a capitalização se processe, obrigatoriamente, por ocasião da primeira AGE ou alteração contratual posterior ao adiantamento ou, no máximo, até 120 dias contados do encerramento do período-base da sociedade tomadora dos recursos.** (destacou-se)

27 BRASIL. Parecer Normativo CST nº 17, de 20 de agosto de 1984. **Diário Oficial [da] República Federativa do Brasil**, Poder Executivo, Brasília, DF, 22 ago. 1984. Disponível em <http://normas.receita.fazenda.gov.br/sijut2consulta/link.action?visao=anotado&idAto=89715>. Acesso em 28 jun. 2018.

Ressalvado o prazo de 120 dias, que não tem encontrado abrigo na jurisprudência moderna, fato é que o entendimento fazendário é corroborado por julgados do Conselho Administrativo de Recursos Fiscais ("CARF"), que equiparam os AFACs a operações de mútuo quando não houver o aumento do capital social na primeira oportunidade após o adiantamento[28]:

> IOF. ADIANTAMENTO PARA FUTUROS AUMENTOS DE CAPITAL - AFAC. DESCUMPRIMENTO DE REQUISITOS. INCIDÊNCIA.
>
> Os adiantamentos para futuros aumentos de capitais (AFAC) entre pessoas jurídicas interligadas, para que não configurem operações de crédito, devem ser precedidos de compromisso formal irrevogável, firmado por ambas as partes, que os recursos se destinam exclusivamente a aumento de capital e que esta integralização ocorra até a primeira Assembléia-Geral Extraordinária (AGE) ou alteração contratual, após o ingresso dos recursos na sociedade tomadora, além, é claro, que os lançamento contábeis reflitam esta opção das entidades. Caso contrário, inobservadas essas condições, deve a entrega ou disponibilização de recursos financeiros caracterizar operação de crédito e sujeitar-se à incidência do IOF.

Em razão de todo o exposto, a opção pelos sucessivos aumentos e reduções de capital não parece ser a forma mais adequada de se realizar as movimentações intragrupo, pelo custo e burocracia envolvidos no registro das alterações contratuais necessária à sua implementação. Também, em função de sua

[28] BRASIL. Ministério da Fazenda. Conselho Administrativo de Recursos Fiscais. Acórdão nº 3401-004.338. Docas Investimentos S/A e Fazenda Nacional. Relator: Conselheiro Robson José Bayerl. 1ª Turma Ordinária da 4ª Câmara da 3ª Seção. Brasília, 30 jan. 2018. Disponível em: <https://carf.fazenda.gov.br>. Acesso em 28 jun. 2018.

irretratabilidade e necessidade de utilização no aumento de capital da sociedade que os recebeu, os AFACs não são o meio mais adequado de realização das mencionadas movimentações financeiras intragrupo.

3.2. Contrato de mútuo

Os contornos do contrato de mútuo são disciplinados pelos artigos 586 a 592 do Código Civil ("CC")[29], nos seguintes termos:

> Art. 586. O mútuo é o empréstimo de coisas fungíveis. O mutuário é obrigado a restituir ao mutuante o que dele recebeu em coisa do mesmo gênero, qualidade e quantidade.
>
> Art. 587. Este empréstimo transfere o domínio da coisa emprestada ao mutuário, por cuja conta correm todos os riscos dela desde a tradição.
>
> [...]
>
> Art. 591. Destinando-se o mútuo a fins econômicos, presumem-se devidos juros, os quais, sob pena de redução, não poderão exceder a taxa a que se refere o art. 406, permitida a capitalização anual.
>
> Art. 592. Não se tendo convencionado expressamente, o prazo do mútuo será:
>
> I – até a próxima colheita, se o mútuo for de produtos agrícolas, assim para o consumo, como para semeadura;
>
> II – de trinta dias, pelo menos, se for de dinheiro;
>
> III – do espaço de tempo que declarar o mutuante, se for de qualquer outra coisa fungível.

[29] BRASIL. Lei nº 10.406, de 10 de janeiro de 2002. Institui o Código Civil. **Diário Oficial [da] República Federativa do Brasil**, Poder Executivo, Brasília, DF, 11 jan. 2002. Disponível em <http://www.planalto.gov.br/ccivil_03/Leis/2002/l10406.htm>. Acesso em 28 jun. 2018.

Trata-se, em outras palavras, de empréstimo de consumo, é dizer: "A coisa emprestada, sendo fungível ou consumível, não pode ser devolvida, pelo que a restituição se faz por equivalente, *tantundem eiusdem generis et qualitatis*."[30] Bem fungível por excelência, o dinheiro é, comumente, o bem transacionado. Em razão da impossibilidade de restituição, o domínio da coisa é transferido ao mutuário, que assumirá todos os riscos desde a tradição (art. 587, do CC[31]). Está-se diante, portanto, de um contrato translativo.

A fungibilidade da coisa emprestada, a transferência da propriedade e a obrigação de o mutuário entregar coisa da mesma espécie e qualidade são caracteres destacados na etimologia do termo[32]:

> Recorrendo à etimologia, este contrato é, nas palavras de GAIUS, "*chamado mutuum porque o que assim te é dado por mim, de meu (meo) teu (tuum) se faz*". Por sua vez, *mutuum* liga-se a *mov* de que provêm *movere* e *mutare* no sentido de trocar ou de mudança de lugar. E, no mútuo, observa-se uma troca de coisas fungíveis por outras igualmente fungíveis.
>
> Todavia, tem-se dito que é mais exacto chamar-lhe *mutui datio* do que *mutuum*, porque aquela denominação sugere que os Romanos puseram em destaque a transferência da propriedade. E tem-se observado também que, por vezes, o vocábulo *mutum*

[30] GOMES, Orlando *et* BRITO, Edvaldo (Coord.). **Contratos**. Atualizadores: Antonio Junqueira de Azevedo e Francisco Paulo de Crescenzo Marino. 26. ed. Rio de Janeiro: Forense, 2009. p. 385.

[31] BRASIL. Lei nº 10.406, de 10 de janeiro de 2002. Institui o Código Civil. **Diário Oficial [da] República Federativa do Brasil**, Poder Executivo, Brasília, DF, 11 jan. 2002. Disponível em <http://www.planalto.gov.br/ccivil_03/Leis/2002/l10406.htm>. Acesso em 28 jun. 2018..

[32] JUSTO, António Santos. O mútuo no direito romano: algumas notas romanas no direito português. **Revista Lusíada**. Direito (Porto), nº 4, p. 69-116, 2º Semestre (2011). Disponível em: <http://revistas.lis.ulusiada.pt/index.php/ldp/article/view/2056>. Acesso em: 15 jun. 2018. p. 73.

é substituído pelos termos técnicos *creditum* e *credere*, como no caso do mútuo de dinheiro, designado, sem mais, pelas expressões *pecunia credita* ou *pecunia certa credita*.

Com efeito, a etimologia aponta inequivocamente para a transferência da propriedade para o mutuário de coisas fungíveis que o mutuante lhe dá, obrigando-se aquele a restituir outro tanto do mesmo género e qualidade, obrigação esta que mostra que se trata dum contrato gratuito. Neste sentido, vejamos novamente Gaius: *"A dação em mútuo ocorre propriamente com aquelas coisas que se tomam pelo peso, número ou medida (...) coisas estas que damos ou contando-as ou medindo-as ou pesando-as para que se façam dos que as recebem e nos restituam depois, não as mesmas coisas, mas outras da mesma natureza"*.

Quanto à gratuidade, não obstante seja esta a natureza do contrato de mútuo,[33] em sendo celebrado para fins econômicos, presume-se a incidência de juros, os quais se limitarão à taxa que estiver em vigor para a mora do pagamento de impostos devidos à Fazenda Nacional (artigos 591 e 406 do CC[34]).

Perceba-se, ainda, que a execução do contrato exige "a predeterminação do montante [ou bem] emprestado e a definição *ab initio* das partes credora e devedora",[35] vez que apenas o tomador do empréstimo assume obrigações, conforme expõem Orlando Gomes e Edvaldo Britto[36]:

[33] Gomes, Orlando *et* BRITO, Edvaldo (Coord.). *Op. cit.*, p. 391.

[34] BRASIL. Lei nº 10.406, de 10 de janeiro de 2002. Institui o Código Civil. **Diário Oficial [da] República Federativa do Brasil**, Poder Executivo, Brasília, DF, 11 jan. 2002. Disponível em <http://www.planalto.gov.br/ccivil_03/Leis/2002/l10406.htm>. Acesso em 28 jun. 2018.

[35] Gaia, Patrícia Dantas et Moreira, André Mendes. A não incidência do IOF-crédito sobre os Contratos de Conta Corrente entre Empresas do Mesmo Grupo Econômico. **Revista Dialética de Direito Tributário (RDDT)**, nº 232, p. 28-41, jan. 2015. Disponível em: <https://www.ibet.com.br/wp-content/uploads/2017/09/Andre-Mendes-Moreira-IOF.pdf>. Acesso em: 15 jun. 2018. p. 34.

[36] Gomes, Orlando *et* Brito, Edvaldo (Coord.). *Op. cit.*, p. 392.

> O mútuo gera obrigações apenas para o mutuário. O mutuante tem, contra ele, direito de crédito consistente na faculdade de exigir lhe restitua coisa equivalente, e, em se tratando de mútuo feneratício, a de cobrar os juros estipulados.

Eis, em resumo, as características fundamentais do contrato de mútuo, de acordo com Maria Helena Diniz[37]:

> (a) contratualidade (contrato real, gratuito [ou oneroso], unilateral); (b) temporariedade; (c) fungibilidade da coisa emprestada; (d) translatividade de domínio do bem emprestado; e (e) obrigatoriedade de restituição de outra coisa da mesma espécie, qualidade e quantidade.

Caso não estejam presentes, concomitantemente, os elementos acima descritos, estar-se-á diante de outro tipo contratual, mas não da relação jurídica típica ao qual se denomina mútuo – para este, a norma civil reservou esse microssistema legal.

3.3. Contrato de conta corrente mercantil

Diferentemente do contrato de mútuo, as especificidades do contrato de conta corrente mercantil não constam de demarcação legal. Trata-se, portanto, de contrato atípico, celebrado pelas partes em razão de os tipos contratuais disponíveis – inclusive, o contrato de mútuo – não satisfazerem aos seus interesses ou às suas necessidades.[38]

Com efeito, como se verá, a função social do contrato de conta corrente mercantil – e, aqui, adota-se o conceito desen-

[37] DINIZ, Maria Helena *apud* MELO, José Eduardo Soares de. **Contratos e Tributação. Noções Fundamentais.** São Paulo: Malheiros, 2015. p. 228.

[38] TORRES, Heleno Taveira. O poder de tributar e a teoria dos negócios jurídicos na atualidade. Metodologia para interpretação dos fatos tributários. TÔRRES, Heleno Taveira (coord.). **Tributação nos Mercados Financeiros e de Capitais e na Previdência Privada.** São Paulo: Quartier Latin, 2005; p. 92-96.

volvido por Kleber Zanchim, para o qual a função social do contrato "corresponde à utilidade concreta da avença, ou seja, ao 'para que' ela serve"[39] – diferencia-se significativamente daquela reservada aos contratos de mútuo, a começar pelo caráter bilateral daquele.

No contexto de movimentação financeira em grupos econômicos, a conta corrente se revela como a solução jurídica mais ágil para que sejam combinados os recursos das sociedades que compõem um grupo econômico, para a realização dos respectivos objetos ou atividades e empreendimentos que lhes sejam comuns, conforme lhe autoriza a LSA[40]:

> Art. 265. **A sociedade controladora e suas controladas podem constituir**, nos termos deste Capítulo, **grupo de sociedades, mediante convenção pela qual se obriguem a combinar recursos** ou esforços **para a realização dos respectivos objetos**, ou a participar de atividades ou empreendimentos comuns. (destacou-se)

Fran Martins consolida os ensinamentos sobre este arranjo contratual[41]:

> Conta-corrente é o contrato segundo o qual duas pessoas convencionam fazer **remessas recíprocas de valores** – sejam bens, títulos ou dinheiro – anotando os créditos daí resultan-

39 ZANCHIM, Kleber Luiz. Cada contrato tem uma função social. **Valor Econômico**, São Paulo, 15 mai. 2013. Legislação. Disponível em: <http://www.valor.com.br/legislacao/3139158/cada-contrato-tem-uma-funcao-social>. Acesso em: 15 jun. 2018.

40 BRASIL. Lei nº 6.404, de 15 de dezembro de 1976. Dispõe sobre as Sociedades por Ações. **Diário Oficial [da] República Federativa do Brasil**, Poder Executivo, Brasília, DF, 24 out. 2014. Disponível em <http://www.planalto.gov.br/ccivil_03/Leis/L6404consol.htm>. Acesso em 28 jun. 2018.

41 MARTINS, Fran. **Contratos e obrigações Comerciais**. 18ª ed. rev. e atual. Rio de Janeiro: Forense, 2018. p. 334; 336-337. Grifo nosso.

tes em uma conta para posterior verificação do saldo exigível, mediante balanço. As partes contratantes têm o nome de correntistas ou correspondentes; desses correntistas, denomina-se remetente aquele em favor de quem é lançado o crédito; recipiente é aquele que recebe o crédito e o lança na sua conta, a seu débito. As remessas são as operações praticadas pelos correntistas para alimentar a conta.

[...]

Várias são as características próprias que dão à conta-corrente o sentido de contrato autônomo, inconfundível com outros contratos. Carvalho de Mendonça as destacou em quatro itens, que podem ser assim resumidos:

1) O contrato de conta-corrente "supõe uma série de operações sucessivas e recíprocas entre as partes". Essas operações não se liquidam imediatamente, e sim são anotadas nas contas, como partidas de débito e de crédito. No final do prazo convencionado, ou no fim de um ano, se não houver período estabelecido, somam-se as partidas de débito e as de crédito, verificando-se o saldo. Esse será o resultado da diferença entre os débitos e os créditos.

2) Só entram na conta-corrente os créditos resultantes das operações a elas destinadas. Havendo a remessa por parte de um correntista para um fim outro que não alimentar a conta, não deve essa remessa aí figurar.

3) Durante a vigência da conta-corrente não pode um dos correntistas julgar-se credor ou devedor, pois essa averiguação só se obterá no momento do encerramento da conta. As remessas constituem uma massa homogênea cujo resultado só será reconhecido pelas partes ao fazer-se o balanço para a verificação final.

4) As remessas de cada correntista, perdendo a sua individualidade, unificam-se na massa de débitos e de créditos, não podendo, assim, dar causa a ação particular sobre elas, nem ser objeto de execução.

> De tudo isso se conclui que, enquanto perdurar o contrato de conta-corrente, há *indivisibilidade* e *unidade* das remessas, constituindo elas uma massa homogênea de créditos e débitos. Consequentemente, só o saldo apurado no encerramento da conta será exigível por parte daquele que aparecer como credor. (destaque do original)

Percebe-se, portanto, que, ao contrário do mútuo, o contrato de conta corrente não resulta, de imediato, em obrigações creditícias para uma das partes envolvidas, mas em relações continuadas de débito e crédito. A reciprocidade contínua tem sido, inclusive, característica sopesada pelo CARF na análise da função financiadora dos negócios jurídicos apresentados como conta corrente[42]:

> Decerto que existem operações de contas-correntes conjuntas (caixa único) em que não existe a função financiadora, apenas a função de economia racional administrativa da gestão central. Nesses casos, os saldos, ou são liquidados periodicamente (tipicamente, em período mensal), ou se alternam entre credores e devedores sem prevalência, a longo prazo, de saldos apenas num dos lados da conta escritural.
>
> Todavia, quando a operação de contas-correntes evidencia a função financiadora, enseja a incidência de IOF, conforme previsão regulamentar. Com efeito, se uma das partes mantém sempre saldo credor perante a outra parte, a função financiadora resta evidente, na exata medida destes saldos. Ainda, se a liquidação desses saldos não se dá de modo periódico em contrapartidas

[42] BRASIL. Ministério da Fazenda. Conselho Administrativo de Recursos Fiscais. Acórdão nº 3201-003.448. Odebrecht Agroindústria Participações S.A., atualmente Atvos Agroindustrial Participações S.A. e Fazenda Nacional. Relator: Conselheiro Marcelo Giovani Vieira. 1ª Turma Ordinária da 2ª Câmara da 3ª Seção. Brasília, 27 fev. 2018. Disponível em: <https://carf.fazenda.gov.br>. Acesso em 28 jun. 2018.

comerciais, também se caracteriza como operação com função financiadora, nada obstante possa ser a função financiadora concomitante com a função administrativa de gestão única de caixa. Ocorrendo ambas, há ensejo da incidência de IOF.

Ressalta-se, por fim, que não se exige forma específica para documentação ou prova do contrato. Conforme esclarece a doutrina[43]:

> Contrato *consensual*, a conta-corrente não requer forma especial, podendo ser provada por todos os meios permitidos pelos arts. 212 e ss. do Código Civil. Pelo fato de habitualmente serem anotadas, em forma contábil, as partidas de débito e de crédito constantes dessas remessas, muitos acreditam que a prova da conta corrente é sempre documental, mediante a apresentação da escrita das partidas. Assim, entretanto, não acontece. **O fato de ser a conta costumeiramente escriturada, segundo as regras da conta-corrente contábil, serve apenas para mais fixar suas diversas fases. Essas anotações podem, contudo, deixar de ser feitas por escrito, nem por isso o contrato se desnatura. Apenas, se a conta é muito movimentada, torna-se difícil uma perfeita discriminação das remessas, razão pela qual em comércio é costumeiro escriturá-las.** (destacou-se)

Assim, vencida a discussão acerca dos elementos distintivos de cada instrumento contratual, passa-se à análise da incidência do IOF-Crédito sobre as operações de conta corrente mercantil.

4. Não incidência do IOF-Crédito sobre as operações de conta corrente mercantil

Conforme demonstrado, a utilização de sucessivos aumentos e reduções de capital social pelos grupos econômicos é impos-

[43] Martins, Fran. **Contratos e obrigações Comerciais**. 18ª ed. rev. e atual. Rio de Janeiro: Forense, 2018. p. 337. Grifo nosso.

sibilitada pela burocracia, devida aos custos e aos prazos legais que devem ser observados quando da redução de capital.

Além disso, a contratação de inúmeros mútuos, ainda que intragrupo, também geraria um acúmulo de instrumentos contratuais desnecessários, além de atrair a clara incidência do IOF-Crédito, de acordo com a previsão do artigo 13 da Lei nº 9.779/99,[44] é de se imaginar que haja maior interesse na utilização da conta corrente mercantil pelos grupos econômicos.

Todavia, conforme já explicado em capítulo anterior, o entendimento da RFB é de que o IOF-Crédito também incide sobre as operações de conta corrente mercantil, conforme previsto no artigo 13, §§ 2º e 3º, da Instrução Normativa RFB nº 907/2009[45] e exposto na Solução de Consulta COSIT nº 50/2015,[46] já que, na

[44] BRASIL. Lei nº 9.779, de 19 de janeiro de 1999. Altera a legislação do Imposto sobre a Renda, relativamente à tributação dos Fundos de Investimento Imobiliário e dos rendimentos auferidos em aplicação ou operação financeira de renda fixa ou variável, ao Sistema Integrado de Pagamento de Impostos e Contribuições das Microempresas e das Empresas de Pequeno Porte – SIMPLES, à incidência sobre rendimentos de beneficiários no exterior, bem assim a legislação do Imposto sobre Produtos Industrializados – IPI, relativamente ao aproveitamento de créditos e à equiparação de atacadista a estabelecimento industrial, do Imposto sobre Operações de Crédito, Câmbio e Seguros ou Relativas a Títulos e Valores Mobiliários – IOF, relativamente às operações de mútuo, e da Contribuição Social sobre o Lucro Líquido, relativamente às despesas financeiras, e dá outras providências. **Diário Oficial [da] República Federativa do Brasil**, Poder Executivo, Brasília, DF, 20 jan. 1999. Disponível em <http://www.planalto.gov.br/ccivil_03/LEIS/L9779.htm>. Acesso em 28 jun. 2018.

[45] BRASIL. Instrução Normativa RFB nº 907, de 09 de janeiro de 2009. Dispõe sobre o Imposto sobre Operações de Crédito, Câmbio e Seguro, ou relativas a Títulos ou Valores Mobiliários (IOF). **Diário Oficial [da] República Federativa do Brasil**, Poder Executivo, Brasília, DF, 13 jan. 2009. Disponível em <http://normas.receita.fazenda.gov.br/sijut2consulta/link.action?visao=anotado&idAto=37630>. Acesso em 28 jun. 2018.

[46] BRASIL. Solução de Consulta COSIT nº 50, de 26 de fevereiro de 2015. **Diário Oficial [da] República Federativa do Brasil**, Poder Executivo, Brasília,

visão da Fazenda, os principais requisitos para caracterização do contrato de mútuo também estariam presentes em tal instituto.

Em nosso entender, ao cobrar o IOF-Crédito sobre as operações de conta corrente mercantil, a RFB está tributando por analogia, o que é vedado pelo artigo 108, inciso I e § 1º, do CTN[47]:

> Art. 108. Na ausência de disposição expressa, a autoridade competente para aplicar a legislação tributária utilizará sucessivamente, na ordem indicada:
>
> I – a analogia;
>
> § 1º O emprego da analogia não poderá resultar na exigência de tributo não previsto em lei.

Tal entendimento é reforçado pelas palavras de Patrícia Dantas Gaia e André Mendes Moreira[48]:

> Desde já, antecipamos nossas conclusões: temos que existe, sim, um contrato autônomo de conta corrente no Direito Brasileiro, surgido a partir da prática empresarial, já que não regulamentado pela legislação. Desse modo, como o art. 13 da Lei nº

DF, 18 mar. 2015. Disponível em <http://normas.receita.fazenda.gov.br/sijut2consulta/link.action?idAto=62213&visao=anotado>. Acesso em 28 jun. 2018.

[47] BRASIL. Lei nº 5.172, de 25 de outubro de 1966. Dispõe sobre o Sistema Tributário Nacional e institui normas gerais de direito tributário aplicáveis à União, Estados e Municípios. **Diário Oficial [da] República Federativa do Brasil**, Poder Executivo, Brasília, DF, 31 out. 2014. Disponível em <http://www.planalto.gov.br/ccivil_03/Leis/L5172.htm>. Acesso em 28 jun. 2018.

[48] Moreira, André Mendes et Gaia, Patrícia Dantas. **A não incidência do IOF-crédito sobre os Contratos de Conta Corrente entre Empresas do Mesmo Grupo Econômico**. Revista Dialética de Direito Tributário, nº 232, jan. 2015, pp. 28-41. São Paulo: Ed. Dialética, 2015. Disponível em: <https://49ga9f10blgreaqid23bdv7s-wpengine.netdna-ssl.com/wp-content/uploads/2017/09/06-A-incidência-do-IOF-crédito-sobre-os-contratos-de-conta-corrente-entre-empresas-do-mesmo-grupo-econômico.pdf>. Acesso em 28 jun. 2018; p. 29.

9.779/99 estipula a incidência apenas sobre o mútuo (contrato regulamentado nos arts. 586 a 592 do Código Civil), e tendo em vista que a conta corrente é contrato autônomo, não se pode fazer incidir o IOF sobre simples movimentações financeiras entre sociedades do mesmo grupo econômico. Ao se proceder assim, estar-se-ia tributando por analogia, o que atenta contra o art. 108, parágrafo 1º, do CTN e o princípio da legalidade estrita em matéria tributária.

No mesmo sentido, Roberto Duque Estrada[49] afirma que a incidência do IOF-Crédito em contratos de conta corrente configuraria a ilegal tributação por analogia:

> Diante da absoluta distinção jurídica dos contratos, qualquer tentativa de tributar pelo IOF fluxos financeiros feitos ao amparo de um contrato de conta corrente, com fundamento no artigo 13 da Lei 9.779/99, representaria emprego de analogia, incompatível com o princípio da legalidade e da tipicidade da tributação e, como tal, expressamente vedado pelo artigo 108, parágrafo 1º do CTN.

A conclusão da tributação por analogia se dá em razão da (i) vedação da alteração de institutos de direito privado pelo artigo 110 do CTN[50] e (ii) pelas nítidas diferenças entre os tipos contratuais.

[49] ESTRADA, ROBERTO DUQUE; O entendimento do Carf sobre tributação pelo IOF dos contratos de conta corrente. Consultor Jurídico, nov de 2017. Disponível em: <https://www.conjur.com.br/2017-nov-01/consultor-tributario-carf-tributacao-iof-contratos-conta-corrente>. Acesso em 28 jun. 2018.

[50] BRASIL. Lei nº 5.172, de 25 de outubro de 1966. Dispõe sobre o Sistema Tributário Nacional e institui normas gerais de direito tributário aplicáveis à União, Estados e Municípios. **Diário Oficial [da] República Federativa do Brasil**, Poder Executivo, Brasília, DF, 31 out. 2014. Disponível em <http://www.planalto.gov.br/ccivil_03/Leis/L5172.htm>. Acesso em 28 jun. 2018.

Nesse sentido, André Mendes Moreira e Patrícia Dantas Gaia já destacaram, em artigo de sua autoria, as características diferentes de cada um dos contratos, a fim de demonstrar a distinção dos instrumentos e a impossibilidade de alcance do contrato de conta corrente pela incidência do IOF-Crédito.

	Contrato de mútuo	***Contrato de conta corrente***
Base normativa:	Art. 586 e seguintes do Código Civil	Não há regulamentação na legislação brasileira.
Partes:	Mutuante e mutuário.	Correntistas.
Função:	Transferência de domínio da coisa para uso/consumo e posterior restituição.	Registro de débitos e créditos, para promover a movimentação dos recursos entre correntistas.
Operacionalização:	O mutuante fica obrigado a entregar a coisa objeto do mútuo e o mutuário obriga-se a restituir, dentro do prazo estipulado, o que recebeu em coisa da mesma espécie, qualidade e quantidade.	Duas pessoas abrem uma conta, que registrará os valores ora a favor de um, ora a favor do outro. As remessas entre os correntistas tornam-se uma única massa de débitos e créditos sem individualidade. Não há devedor nem credor.
Créditos:	Individualizados, incidindo o IOF sobre o crédito disponibilizado.	Apenas se fala em crédito sobre o saldo final, quando do encerramento da conta corrente.
Encerramento do contrato:	Encerrando-se o prazo estipulado, o mutuante pode reclamar a coisa equivalente. Se não há prazo estipulado, a restituição pode ser solicitada a qualquer tempo (CC, art. 592, III). Caso o mutuário deixe de pagar os juros, também pode ocorrer a rescisão.	Encerrando-se a conta, extingue-se o contrato. Pode ser encerrado pela cláusula contratual de vencimento, distrato, denúncia, morte de algum dos correntistas, extinção da pessoa jurídica ou decretação de falência.

Fonte: Gaia, Patrícia Dantas *et* Moreira, André Mendes. *Op. cit.*, p. 37.

Apesar das várias distinções apresentadas, a RFB continua a entender que os contratos de conta corrente, em verdade, configuram contratos de mútuo, o que atrai a incidência do IOF-Crédito. Ainda, a RFB argumenta se basear na jurisprudência do Superior Tribunal de Justiça ("STJ"), citando, para isso, a ementa do Recurso Especial nº 1.239.101/RJ[51]:

> TRIBUTÁRIO. IOF. TRIBUTAÇÃO DAS OPERAÇÕES DE CRÉDITO CORRESPONDENTES A MÚTUO DE RECURSOS FINANCEIROS ENTRE PESSOAS JURÍDICAS. ART. 13, DA LEI N. 9.779/99.
>
> 1. O art. 13, da Lei n. 9.779/99 caracteriza como fato gerador do IOF a ocorrência de 'operações de crédito correspondentes a mútuo de recursos financeiros entre pessoas jurídicas' e não a específica operação de mútuo. Sendo assim, no contexto do fato gerador do tributo devem ser compreendidas também as operações realizadas ao abrigo de contrato de conta corrente entre empresas coligadas com a previsão de concessão de crédito.

Ainda de acordo com a Solução de Consulta COSIT nº 50, de 26 de fevereiro de 2015,[52] o entendimento do Tribunal ficaria ainda mais claro pela leitura do seguinte trecho[53]:

[51] BRASIL. Superior Tribunal de Justiça. Recurso Especial nº 1.239.101/RJ. Tele Norte Leste Participações S/A e Outros e União. Relator: Ministro Mauro Campbell Marques. Brasília, 16 set. 2011. **Diário da Justiça Eletrônico, Brasília, 16 set. 2011**. Disponível em: <https://ww2.stj.jus.br/processo/revista/inteiroteor/?num_registro=201100334760&dt_publicacao=19/09/2011>. Acesso em 28 jun. 2018.

[52] BRASIL. Solução de Consulta COSIT nº 50, de 26 de fevereiro de 2015. **Diário Oficial [da] República Federativa do Brasil**, Poder Executivo, Brasília, DF, 18. mar. 2015. Disponível em <http://normas.receita.fazenda.gov.br/sijut2consulta/link.action?idAto=62213&visao=anotado>. Acesso em 28 jun. 2018.

[53] BRASIL. Superior Tribunal de Justiça. Recurso Especial nº 1.239.101/RJ. Tele Norte Leste Participações S/A e Outros e União. Relator: Ministro Mauro Campbell Marques. Brasília, 16 set. 2011. **Diário da Justiça Eletrônico, Bra-**

Sendo assim, o contrato de mútuo, longe de ser a única espécie contratual a ser tributada, é tido por um modelo cujas características essenciais devem ser buscadas em outras espécies de contrato que envolvam operações de crédito para que possam ser alcançadas pela hipótese de incidência do IOF.

> É por esse motivo que o § 1º, do art. 13, da lei citada considera ocorrido o fato gerador do tributo na data da concessão do crédito.
>
> [...]
>
> Nesse sentido, não resta dúvida que as operações realizadas ao abrigo de contrato de conta corrente entre empresas coligadas, com a previsão de concessão de crédito, são verdadeiras operações de crédito correspondentes a mútuo de recursos financeiros, na medida em que, em todos os casos, é disponibilizado numerário de forma imediata para pagamento futuro a depender do saldo existente.

Acontece que, em se fazendo a análise dos autos do processo em que se deu o julgamento, é nítida a verificação de que o contrato firmado entre as partes dependentes, naquela situação, era um contrato de abertura de crédito, e não um contrato de conta corrente mercantil.

Para isso, é interessante a leitura de um dos contratos sob discussão naquele caso, obtido mediante acesso público aos autos no site do STJ, mais especificamente o contrato constante de folhas 114 a 117[54]:

> 1.1. O presente Contrato tem por objeto a abertura, nesta data, de uma linha de crédito, pela CONTRATADA às CONTRATAN-

sília, 16 set. 2011. Disponível em: <https://ww2.stj.jus.br/processo/revista/inteiroteor/?num_registro=201100334760&dt_publicacao=19/09/2011>. Acesso em 28 jun. 2018.

[54] *Idem, ibidem.*

TES, no montante de R$ 180.000.000,00 (cento e oitenta milhões de reais).

1.1.1. As CONTRATANTES poderão, a seu livre critério, utilizar-se total ou parcialmente do crédito disponibilizado, devendo, entretanto, efetuar o pagamento da quantia total utilizada na forma previamente acordada entre as Partes, com os encargos previstos neste instrumento, até a data de vencimento deste contrato.

1.2. Sobre os valores sacados pelas CONTRATANTES dentro do montante total da linha de crédito disponibilizada aplicar-se-á taxa de juros prefixada à razão de TEX + 1,5% a.a., incidente no período compreendido entre cada saque e a data do efetivo pagamento do débito.

1.3. O presente contrato terá vigência de 1 (um) ano, contado a partir da data de sua assinatura, ocorrendo seu vencimento final no dia 09 de Maio de 2000, data em que as CONTRATANTES obrigam-se a pagar à CONTRATADA tudo o que lhe for devido por força do crédito ora contratado (principal + encargos).

[...]

4.1. O presente Contrato resolver-se-á de pleno direito, a qualquer tempo, e independentemente de notificação ou interpelação judicial ou extrajudicial, mediante vencimento antecipado do crédito concedido (principal + encargos), nas seguintes hipóteses:

4.1.1. Inobservância ou inadimplemento de qualquer das cláusulas e/ou condições deste contrato pelas CONTRATANTES, ou, ainda, de qualquer disposição legal a que estiver sujeita, ressalvadas as hipóteses de caso fortuito ou força maior.

4.1.2. Falência, concordata, dissolução ou liquidação judicial ou extrajudicial de qualquer das Partes, requeridas ou homologadas ou, ainda, qualquer alteração no contrato social das CONTRATANTES que prejudique a capacidade de executar fielmente as obrigações assumidas neste Contrato.

Conforme se observa, o instrumento é um claro exemplo de contrato de abertura de crédito, com valores fixados, incidência de juros de mora pelas partes contratantes do empréstimo e prazo determinado para o pagamento do valor, além de previsão de hipóteses de resolução do contrato em caso de inadimplemento por alguma das Partes.

Ou seja, no caso concreto, todos os elementos necessários à caracterização do contrato de mútuo – unilateralidade, posições fixas de credor e devedor, valor líquido e certo, prazo para devolução do principal e remuneração por meio de juros – estavam presentes.

Dessa forma, o julgado do STJ não pode ser utilizado como fundamento para a defesa da incidência do IOF-Crédito sobre os contratos de conta corrente mercantil, posto que totalmente diferentes dos contratos de abertura de crédito redigidos pelos contribuintes naquela ocasião.

Ademais, parece ter havido um equívoco em razão do raciocínio indutivo adotado na construção do voto. O Ministro Mauro Campbell Marques partiu de um exemplo de contrato de abertura de crédito líquido e certo, com claros requisitos de um contrato de empréstimo, e, a partir de sua análise, concluiu que todos os contratos de conta corrente são operações de mútuo, conforme trecho abaixo colacionado[55]:

> Nesse sentido, não resta dúvida que as operações realizadas ao abrigo de contrato de conta corrente entre empresas coligadas, com a previsão de concessão de crédito, são verdadeiras operações de crédito correspondentes a mútuo de recursos financeiros, na medida em que, em todos os casos, é disponibilizado numerário de forma imediata para pagamento futuro a depender do saldo existente.

[55] *Idem, ibidem.*

A utilização do raciocínio indutivo na formulação de proposições normativas é possível, principalmente na construção de jurisprudência, que deve vir da interpretação reiterada de casos práticos. Todavia, a generalização não pode ser realizada a partir de somente um caso particular, posto que inúmeros outros demonstrarão o adequado uso do instrumento de conta corrente mercantil, sem qualquer confusão com operações de mútuo.

Dessa forma, entende-se que o precedente citado pela RFB não pode ser aplicado nos casos de conta corrente mercantil, que se caracterizam exatamente por não possuírem valor fixo e predeterminado e nem posições fixas de credor e devedor, além da ausência da própria obrigação de devolução dos valores.

Assim, tendo-se em vista a impossibilidade de aplicação do precedente do STJ aos demais casos de conta corrente, passa-se à análise dos julgados do Conselho Administrativo de Recursos Fiscais ("CARF").

5. O posicionamento do CARF

Como há decisões que se aproximam do entendimento aqui defendido, bem como contrárias, é interessante se fazer a análise de cada um dos itens que levou o Tribunal Administrativo a decidir de cada forma, para que seja possível se concluir pelas principais recomendações que o mercado deve seguir para evitar a tributação indevida.

Um dos principais precedentes do CARF é o Acórdão nº 3101-001.094, cuja ementa segue abaixo[56]:

[56] BRASIL. Ministério da Fazenda. Conselho Administrativo de Recursos Fiscais. Acórdão nº 3101-001.094. Multicorp – Comércio de Alimentos Ltda. e Fazenda Nacional. Relator: Conselheiro Corintho Oliveira Machado. 1ª Turma Ordinária da 1ª Câmara da 3ª Seção. Brasília, 25 abr. 2012. Disponível em: <https://carf.fazenda.gov.br>. Acesso em 28 jun. 2018.

> Assunto: Imposto sobre Operações de Crédito, Câmbio e Seguros ou relativas a Títulos ou Valores Mobiliários – IOF
>
> Período de apuração: 01/01/2004 a 31/12/2005
>
> IOF. RECURSOS DA CONTROLADA EM CONTA DA CONTROLADORA. CONTA CORRENTE. RAZÃO DE SER DA HOLDING.
>
> Os recursos financeiros das empresas controladas que circulam nas contas da controladora não constituem de forma automática a caracterização de mútuo, pois dentre as atividades da empresa controladora de grupo econômico está a gestão de recursos, por meio de conta-corrente, não podendo o Fisco constituir uma realidade que a lei expressamente não preveja.

Em seu voto, o Relator apontou a existência de jurisprudência no CARF que já fazia a distinção entre os contratos de mútuo e de conta corrente, como fica claro no trecho abaixo colacionado[57]:

> Apesar de o Fisco apresentar coerente com as práticas de fiscalização que vem desenvolvendo nos últimos anos, há muito que a jurisprudência administrativa tem feito a correta distinção entre contratos de mútuo e contratos de conta-corrente. No contrato de mútuo o credor dá em empréstimo coisa fungível ao devedor que se obriga a restituir "coisa do mesmo gênero, qualidade e quantidade". O tomador tem a prerrogativa de realizar as operações que melhor lhe prover com os valores emprestados, **Já o contrato de conta-corrente não há um empréstimo, propriamente dito, as partes estabelecem uma relação na qual cada uma das partes pode estar simultaneamente na posição de credor e devedor o que lhe dá a característica de contrato bilateral, com direitos e obrigações recíprocas.** Ocorre que aquele que tem a posse do numerário não está livre para fazer dele o que quiser, pois se o

[57] *Idem, ibidem.*

> depositante requerer o numerário, aquele deverá restituí-lo imediatamente. Somente por estas diferenças essenciais entre o contrato de mútuo e o contrato de conta corrente é que não poderia o Fisco, definir, a partir de um saldo contábil definir o tipo de contratação que se opera. (destacou-se)

De fato, a jurisprudência administrativa já diferenciava os institutos desde a época do 1º Conselho de Contribuintes[58]:

> CONTRATO DE MÚTUO – A operação de mútuo encontra-se definida no artigo 1.256 do Código Civil Brasileiro como empréstimos de coisas fungíveis, no qual o mutuário fica obrigado a restituir ao mutuante o que dele recebeu em coisa do mesmo gênero, qualidade e quantidade. Assim, as contas-correntes contábeis entre as empresas que registraram operações mercantis não podem ser tomadas como contrato de mútuo para os efeitos de aplicação das disposições contidas no artigo 21 do Decreto-lei nº 2.065/83.

Há julgamentos recentes do CARF no mesmo sentido. Ao julgar o Acórdão 3402-003.018, o CARF consignou que a escrituração contábil do contribuinte goza da presunção de veracidade, devendo haver elementos suficientes na autuação fiscal que demonstrem a necessidade de desconsideração da natureza das operações dada pelo contribuinte quando do atendimento da fiscalização[59]:

[58] BRASIL. Ministério da Fazenda. Primeiro Conselho de Contribuintes. Acórdão nº 101-89834. Algodoeira Faria Ltda. e DRF em São José do Rio Preto – SP. Relator: Conselheiro Raul Pimentel. Brasília, 11 jun. 1996. Disponível em: <https://carf.fazenda.gov.br/>. Acesso em 28 jun. 2018.

[59] BRASIL. Ministério da Fazenda. Conselho Administrativo de Recursos Fiscais. Acórdão nº 3402-003.018. Votorantim Cimentos N/NE S/A e Fazenda Nacional. Relatora: Conselheira Thais de Laurentiis Galkowicz. 2ª Turma Ordi-

ÔNUS DA PROVA. LIVROS COMERCIAIS. ESCRITURAÇÃO CONTÁBIL. PRESUNÇÃO DE VERACIDADE.

Em se tratando de processo decorrente de auto de infração, cabe à fiscalização o ônus da prova dos fatos jurígenos da pretensão fiscal e cabe à defesa o ônus da prova dos fatos impeditivos, modificativos ou extintivos da pretensão fazendária.

IOF. CONTA CORRENTE ENTRE EMPRESAS LIGADAS. NÃO INCIDÊNCIA.

Não provando o Fisco que as operações escrituradas na contabilidade do Contribuinte devem ter sua natureza jurídica reavaliada, porque teriam características de "operação de crédito correspondentes a mútuo, deve prevalecer a presunção de veracidade e legitimidade dos livros, não havendo a incidência do IOF sobre operações comerciais lançadas na conta-corrente entre empresas ligadas. [...](destacou-se)

Por entender de tal forma, a Relatora deixa clara a irrelevância dos contratos frente à natureza das operações que estão sendo realizadas entre as empresas do mesmo grupo. Ainda que não haja instrumento contratual a acobertar as operações realizadas, a natureza jurídica é que determinará a incidência do IOF-Crédito (sobre as operações de mútuo) ou não (sobre as operações de conta corrente)[60]:

A diferenciação entre contrato de mútuo e contrato de conta corrente de fato existe e é imprescindível para a aferição da legalidade das autuações fiscais para cobrança de IOF como a presente, tendo em vista os mandamentos dos artigos 109 e 110 do Código Tributário Nacional. Tal distinção deve ser precisamente apli-

nária da 4ª Câmara da 3ª Seção. Brasília, 26 abr. 2016. Disponível em: <https://carf.fazenda.gov.br>. Acesso em 28 jun. 2018.

[60] *Idem, ibidem.*

cada ao caso concreto, demonstrando-se que as transações entre empresas relacionadas se subsomem a uma ou outra hipótese.

[...]

Disto já deixo consignado que é absolutamente impróprio o julgamento que a utilização da conta corrente, em si, implica na existência de operação de crédito correspondente mútuo a ser tributado pelo IOF.

Com efeito, enquanto nos contratos de conta corrente (artigo 4º, § 2º, b, da Lei n. 7.357/1985 – "Lei do Cheque"), as partes acordam efetuar remessas recíprocas de valores oriundos de quaisquer espécies de negócios jurídicos, com o que se objetiva a compensação entre créditos e débitos das partes, para, ao final do prazo contratual, verificar-se a existência de saldo exigível, nas operações de mútuo, "o empréstimo de coisas fungíveis", "o mutuário é obrigado a restituir ao mutuante o que dele recebeu em coisa do mesmo gênero, qualidade e quantidade" (artigo 586 do Código Civil). São situações jurídicas que, portanto, não se confundem.

[...]

Esta última, a meu ver, cuida de operações comerciais, prestação de serviços, compartilhamento/transferência de ativos, etc., entre empresas relacionadas, não se sujeitando, portanto, à incidência do IOF, imposto federal que incide unicamente sobre operações de crédito correspondentes a mútuo (artigo 13 da Lei n. 9.779/1999 e artigos 2º e 3º do Decreto n. 6.306/2007). Não há empréstimo, uma vez que os valores constituem registros de transações entre empresas relacionadas, que possuem grande sinergia com relação às suas operações comerciais, acarretando na necessidade de escrituração de conta corrente para que fielmente sejam destacadas tais ocorrências, mas que em nada se enquadram nos elementos para a configuração do mútuo (artigo 586 e seguintes do Código Civil).

Em que pesem as decisões favoráveis acima colacionadas, há também diversos Acórdãos contrários ao entendimento usualmente defendido pelos contribuintes, como se percebe pela leitura das ementas abaixo:

> IOF. CONTA CORRENTE. RECURSOS DE EMPRESAS DO MESMO GRUPO EMPRESARIAL. UTILIZAÇÃO. INCIDÊNCIA.
>
> A utilização de recursos financeiros disponibilizados por pessoas jurídicas, pertencentes ou não a um mesmo grupo empresarial, em contas correntes, por um dos correntistas, em montante superior ao seu valor de ingresso constitui fato gerador do IOF, por força de previsão constante do art. 13 da Lei nº 9.779/99, restando caracterizada operação de crédito em sua acepção ampla. Recurso voluntário Negado.[61]

> DISPONIBILIZAÇÃO E/OU TRANSFERÊNCIA DE CRÉDITOS A OUTRA PESSOA JURÍDICA
>
> A disponibilização e/ou a transferência de créditos financeiros a outras pessoas jurídicas, ainda que realizadas, sem contratos escritos, mediante a escrituração contábil dos valores cedidos e/ou transferidos, constitui operação de mútuo sujeita à incidência do IOF.[62]

[61] BRASIL. Ministério da Fazenda. Conselho Administrativo de Recursos Fiscais. Acórdão nº 3401-004.364. Santa Bárbara S/A e Fazenda Nacional. Relator: Conselheiro Augusto Fiel Jorge DOliveira. 1ª Turma Ordinária da 4ª Câmara da 3ª Seção. Brasília, 31 jan. 2018. Disponível em: <https://carf.fazenda.gov.br>. Acesso em 28 jun. 2018.

[62] BRASIL. Ministério da Fazenda. Conselho Administrativo de Recursos Fiscais. Acórdão nº 9303-005.582. Fazenda Nacional e Multicorp – Comércio de Alimentos Ltda. Redator designado para Acórdão: Conselheiro Andrada Márcio Canuto Natal. 3ª Turma da Câmara Superior de Recursos Fiscais. Brasília, DF, 05 dez. 2017. Disponível em: <https://carf.fazenda.gov.br>. Acesso em 28 jun. 2018.

Cumpre ressaltar que o entendimento pela incidência do IOF foi consignado pela Câmara Superior de Recursos Fiscais ("CSRS") no último Acórdão citado, o que leva a crer que as chances de reversão de eventuais autuações no âmbito do CARF devem ser baixas.

Por fim, é importante ressaltar que há, ainda, uma terceira corrente de interpretação possível, que foi inaugurada no voto do conselheiro Natanael Martins, quando do julgamento do Acórdão nº 107-06.903 pelo 1º Conselho de Contribuinte.[63]

De acordo com o entendimento ali esposado, podem ocorrer diferentes operações no âmbito de um contrato de conta corrente mercantil, concluindo, ao fim, que a conta corrente não modifica a natureza jurídica das remessas individualmente consideradas. Assim, cada remessa deve ser considerada individualmente e tratada de maneira específica[64]:

> IRPJ - CORREÇÃO MONETÁRIA - ART. 21 DO DL. 2.065/83 - CONTA CORRENTE ENTRE EMPRESAS - CARACTERIZAÇÃO COMO MÚTUO - IMPROCEDÊNCIA DO LANÇAMENTO - O mútuo, a teor do disposto no artigo 1256 do Código Civil, pressupõe o empréstimo de coisas fungíveis, não se caracterizando como tal a figura do contrato de conta corrente, mormente quando originado de operações mercantis.
>
> [...]
>
> Assim, não teria o contrato de conta corrente o condão de modificar a causa jurídica das remessas individualmente consideradas, ocorrendo, apenas, espécie de paralisação de sua exigibilidade, ao menos até o encerramento da conta.

[63] BRASIL. Ministério da Fazenda. Primeiro Conselho de Contribuintes. Acórdão nº 107-06903. Syscraft Software e Consultoria S C Ltda e DRJ-Rio de Janeiro/RJ I. Relator: Conselheiro Natanael Martins. Brasília, 28 jan. 2003. Disponível em: <https://carf.fazenda.gov.br/>. Acesso em 28 jun. 2018.

[64] *Idem, ibidem.*

O Conselho de Contribuintes, em reiterados acórdãos, tem exarado o entendimento de que o contacorrente e o mútuo são institutos jurídicos distintos, de modo que, casuisticamente, deve ser avaliada a origem das remessas que integram a conta corrente para que se possa discernir sua real natureza.

Ocorre que, como já se disse, o contrato de conta corrente é, na verdade, contrato normativo, destinado a regular, apenas e tão somente, o tratamento a ser dados a cada uma das remessas, não interferindo em suas respectivas causas.

Nesse contexto, um contrato de conta corrente poderia, entre suas remessas, conter adiantamentos ou reembolsos de despesas, dívidas ou adiantamentos comerciais, remessas para gestão unificada de caixa e, até mesmo, mútuos, sem que, pelo fato de serem escrituradas em conta corrente se desvinculassem de suas origens.

In casu, resta comprovado que o contrato de conta corrente compreende remessas decorrentes de duplicatas recebidas pela interligada em nome da Recorrente, como também despesas a pagar pela Recorrente à interligada, liquidandose o saldo apurado ao final de cada mês.

Ou seja, os valores lançados na conta corrente em análise não caracterizam contrato de mútuo, de modo que não se deve pretender seja aplicado à hipótese o DecretoLei nº 2.065/83."

Corroborando esse entendimento, confirase a ementa do Acórdão nº 10180.803, da Primeira Câmara do Primeiro Conselho de Contribuintes:

"IRPJ — Negócios de mútuo. A contacorrente relativa a operações entre coligadas, interligadas, controladoras e controladas, não é, em si mesma, bastante para caracterizar negócio de mútuo. Há que se investigar a natureza jurídica de cada operação objeto do lançamento, separando aquelas que realmente espelhem mútuo."

Esse mesmo entendimento continua sendo aplicado em julgados mais recentes, como no julgamento do Acórdão nº 3401-004.364:[65]

> DISTINÇÃO ENTRE CONTRATO DE MÚTUO, CONTRATO DE ABERTURA DE CRÉDITO E CONTRATO DE CONTA CORRENTE.
>
> O contrato de mútuo é um contrato real em que figuram, de um lado, credor, de outro, devedor, e há a transferência de um bem fungível, como o dinheiro, ficando o devedor obrigado a realizar, em um momento futuro, uma segunda transferência, em favor do credor, do bem igual (mesmo gênero, qualidade e quantidade), mais eventuais juros pactuados, que correm entre a primeira e a segunda transferência. Já o contrato de abertura de crédito nada mais que um contrato preliminar, de promessa de mutuar. Por último, o contrato de conta corrente é distinto do contrato de mútuo e nele as remessas de dinheiro podem ter diversas naturezas, dentre elas uma própria relação de mútuo, assim como é possível que tenha natureza de reembolso de despesas, prestação de serviços etc; não existem as figuras de credor e devedor até a verificação de saldo, correndo eventuais juros somente a partir desse último momento e não da remessa.
>
> CONTRATO DE ABERTURA DE CRÉDITO. NÃO INCIDÊNCIA. CONTRATO DE MÚTUO. INCIDÊNCIA. ARTIGO 13, DA LEI Nº 9.779/1999.
>
> De acordo com o artigo 13, da Lei nº 9.779/1999, o IOF incide sobre operações de créditos correspondente a mútuo, no que deve se reconhecer que tal norma não pode implicar a tributação da

[65] BRASIL. Ministério da Fazenda. Conselho Administrativo de Recursos Fiscais. Acórdão nº 3401-004.364. Santa Bárbara S/A e Fazenda Nacional. Relator: Conselheiro Augusto Fiel Jorge DOliveira. 1ª Turma Ordinária da 4ª Câmara da 3ª Seção. Brasília, 31 jan. 2018. Disponível em: <https://carf.fazenda.gov.br>. Acesso em 28 jun. 2018.

> mera celebração de um contrato de abertura de crédito, que consiste em uma promessa de mutuar.
>
> BASE DE CÁLCULO. IOF. CONTRATO DE MÚTUO COM VALOR FIXO E CONTRATO DE MÚTUO COM VALOR INDEFINIDO. ARTIGO 7º, INCISO I, ALÍNEAS "A" E "B", DO DECRETO Nº 6.306/2007.
>
> Enquanto a base de cálculo prevista na alínea "a" do inciso i, do artigo 7º, do decreto nº 6.306/2007, se destina às operações em que não ficar definido o valor do principal a ser utilizado pelo mutuário, como ocorre em operações de crédito rotativo, a prevista na alínea "b", do inciso i, do artigo 7º, do decreto nº 6.306/2007, se destina às operações em que tal valor ficar definido, como ocorre em operações de crédito fixo.

Assim, da análise dos julgados do CARF acerca do assunto, tem-se que a jurisprudência administrativa não se pacificou, apesar de já haver precedente da CSRF contrário aos anseios dos contribuintes.

Apesar disso, mesmo após o julgamento da CSRF, ainda foi possível localizar julgado das Câmaras inferiores do CARF em sentido diverso, admitindo-se a existência de operações de diferentes naturezas no âmbito de um mesmo contrato de conta corrente mercantil.

Com base nisso, na ausência de decisões acerca do mérito no âmbito dos Tribunais Regionais Federais e ao contrário do equivocado raciocínio indutivo do julgamento realizado pelo STJ, entende-se pela não incidência do IOF-Crédito sobre as operações de conta corrente mercantil, em razão da distinção entre este tipo de contrato e as operações de mútuo.

6. Projeto de Lei nº 7.095/2014

Em 2014, o Deputado Federal Carlos Bezerra (PMDB/MT) apresentou o Projeto de Lei nº 7.095, de 2014, cuja ementa merece ser colacionada:

> Acrescenta um § 4º ao art. 13 da Lei nº 9.779, de 19 de janeiro de 1999, para estabelecer que não está sujeita à incidência do Imposto sobre Operações de Crédito, Câmbio e Seguros ou Relativas a Títulos e Valores Mobiliários – IOF a circulação de recursos financeiros em operações de conta corrente entre empresas controladoras e controladas, realizadas sem definição do valor do principal e sem cobrança de juros.[66]

Todavia, em 24 de agosto de 2017, o Projeto de Lei recebeu parecer desfavorável da Comissão de Finanças e Tributação da Câmara dos Deputados. De acordo com a Relatora, Deputada Federal Pollyana Gama (PPS/SP), o PL seria incompatível com as normas de adequação financeira e orçamentária, posto que, no seu entendimento, o projeto prevê renúncia de receita sem atendimento aos requisitos do artigo 14 da Lei Complementar nº 101, de 04 de maio de 2000 ("Lei de Responsabilidade Fiscal – LRF"), quais sejam, a apresentação de estimativa do impacto orçamentário-financeiro e de proposição de medidas de compensação pela renúncia de receita.[67]

Pela leitura do Relatório, percebe-se, claramente, que a deputada responsável por sua elaboração entende haver, atualmente, a incidência do IOF-Crédito sobre as operações de conta corrente mercantil, entendimento com o qual não concordamos.

Em vista de tudo o que foi exposto em capítulo anterior, quanto à não incidência do IOF-Crédito sobre as operações de conta corrente mercantil, tem-se que o Projeto de Lei nº 7.095/2014[68] não trazia qualquer estimativa do impacto orça-

[66] BRASIL. Câmara dos Deputados. **Relatório da Comissão de Finanças e Tributação sobre o Projeto de Lei nº 7.095, de 2014**. Disponível em: <http://www.camara.gov.br/proposicoesWeb/prop_mostrarintegra?codteor=1591337&filename=Parecer-CFT-24-08-2017>. Acesso em 28 jun. 2018.

[67] *Idem, ibidem.*

[68] BRASIL. Projeto de Lei nº 7.095, de 2014. Acrescenta um § 4º ao art. 13 da Lei nº 9.779, de 19 de janeiro de 1999, para estabelecer que não está sujeita à

mentário-financeiro porque não há, nele, qualquer renúncia fiscal.

Tal conclusão fica bastante óbvia pela leitura da justificação do Projeto de Lei, que merece ser reproduzida abaixo[69]:

> A Secretaria da Receita Federal do Brasil entende que a circulação de recursos financeiros em operações de conta corrente entre empresas controladoras e controladas, mesmo que realizadas sem definição do valor do principal e sem cobrança de juros, está sujeita à incidência do Imposto sobre Operações de Crédito, Câmbio e Seguros ou Relativas a Títulos e Valores Mobiliários – IOF.
>
> O Conselho Administrativo de Recursos Fiscais – CARF do Ministério da Fazenda manifestou recentemente (Acórdão nº 3101001.094, 1ª Câmara / 1ª Turma Ordinária, 3ª Seção, publicado em 04/07/2013) o entendimento de que, em operações de conta corrente realizadas entre empresas do mesmo grupo econômico, não pode haver a cobrança do IOF, tendo em vista que tais operações não podem ser equiparadas, de forma automática, a operações de mútuo.
>
> O presente projeto de lei objetiva vedar a cobrança do IOF sobre as referidas operações, em consonância com o entendimento já manifestado pelo Conselho Administrativo de Recursos Fiscais – CARF.

Em verdade, ainda que possa não ter ficado claro, o projeto de lei trata de alteração legislativa de caráter meramente inter-

incidência do Imposto sobre Operações de Crédito, Câmbio e Seguros ou Relativas a Títulos e Valores Mobiliários – IOF a circulação de recursos financeiros em operações de conta corrente entre empresas controladoras e controladas, realizadas sem definição do valor do principal e sem cobrança de juros. **Diário Oficial [da] República Federativa do Brasil**, Câmara dos Deputados, Brasília, DF, 18 mar. 2015. Disponível em <http://www.camara.gov.br/proposicoesWeb/fichadetramitacao?idProposicao=605829>. Acesso em 28 jun. 2018.

69 *Idem, ibidem.*

pretativo, o que, inclusive, deveria ser expressamente reconhecido na própria letra da lei, a fim de se evitar a discussão acerca da incidência ou não do comando legal aos fatos geradores ocorridos em momento anterior à sua publicação, nos termos do art. 106, inciso I, do CTN.

Dessa maneira, evitar-se-ia a proliferação de discussões judiciais sobre o caráter da legislação (se interpretativo ou inovador), como o recente caso da vedação ao uso de ágio interno pela Lei nº 12.973, de 13 de maio de 2014, que tem causado discussão entre contribuintes e Fazenda Nacional.

Em tal caso, a legislação trouxe vedação expressa ao aproveitamento de ágio em operações societárias realizadas entre partes dependentes, o que era fruto de discussão administrativa com decisões contrárias no âmbito do CARF.[70] A lei trouxe vedação expressa ao benefício, todavia, não tratou de forma clara sobre a natureza da norma (se interpretativa ou inovadora). Dessa forma, a legislação tratou de acabar com as discussões futuras acerca de ágio interno, mas não solucionou as discussões quanto a fatos geradores anteriores à sua entrada em vigor.

Portanto, é recomendável que o Projeto de Lei nº 7.095, de 2014, ou outro que venha a ser apresentado seja convertido em legislação com expressa previsão de seu caráter meramente interpretativo, garantindo assim a sua aplicação a discussões pretéritas, nos termos do já citado artigo 106, inciso I, do CTN.

7. Síntese conclusiva e recomendações práticas

De acordo com o desenho constitucional de 1988, a União é o ente federativo com competência para instituir impostos sobre operações de crédito, câmbio, seguros ou relativas a títulos

[70] LABATUT, Andrew Laface. **Lei 12.973 ainda deixa incertezas sobre fruição do ágio**. Consultor Jurídico, 15 de junho de 2014. Disponível em: <https://www.conjur.com.br/2014-jun-15/andrew-labatut-lei-12973-deixa-incertezas-fruicao-agio>. Acesso em 28 jun. 2018.

ou valores mobiliários. Apesar da generalidade causada pela expressão "Imposto sobre Operações Financeiras – IOF", a competência prevista pela Constituição Federal é cerrada, sendo incabível a tributação de operações que não estejam compreendidas nos quatro itens descritos.

A Lei nº 9.779/99[71] e o Decreto nº 6.306/2007[72] respeitaram o desenho constitucional ao instituir a cobrança do IOF-Crédito dentro dos limites juridicamente previstos. Todavia, entende-se que a Receita Federal do Brasil não agiu da mesma maneira ao instituir a Instrução Normativa RFB nº 907/2009,[73] por meio

[71] BRASIL. Lei nº 9.779, de 19 de janeiro de 1999. Altera a legislação do Imposto sobre a Renda, relativamente à tributação dos Fundos de Investimento Imobiliário e dos rendimentos auferidos em aplicação ou operação financeira de renda fixa ou variável, ao Sistema Integrado de Pagamento de Impostos e Contribuições das Microempresas e das Empresas de Pequeno Porte – SIMPLES, à incidência sobre rendimentos de beneficiários no exterior, bem assim a legislação do Imposto sobre Produtos Industrializados – IPI, relativamente ao aproveitamento de créditos e à equiparação de atacadista a estabelecimento industrial, do Imposto sobre Operações de Crédito, Câmbio e Seguros ou Relativas a Títulos e Valores Mobiliários – IOF, relativamente às operações de mútuo, e da Contribuição Social sobre o Lucro Líquido, relativamente às despesas financeiras, e dá outras providências. **Diário Oficial [da] República Federativa do Brasil**, Poder Executivo, Brasília, DF, 20 jan. 1999. Disponível em <http://www.planalto.gov.br/ccivil_03/LEIS/L9779.htm>. Acesso em 28 jun. 2018.

[72] BRASIL. Decreto nº 6.306, de 14 de dezembro de 2007. Regulamenta o Imposto sobre Operações de Crédito, Câmbio e Seguro, ou relativas a Títulos ou Valores Mobiliários – IOF. **Diário Oficial [da] República Federativa do Brasil**, Poder Executivo, Brasília, DF, 08 jan. 2008. Disponível em <http://www.planalto.gov.br/ccivil_03/_ato2007-2010/2007/decreto/d6306.htm>. Acesso em 28 jun. 2018.

[73] BRASIL. Instrução Normativa RFB nº 907, de 09 de janeiro de 2009. Dispõe sobre o Imposto sobre Operações de Crédito, Câmbio e Seguro, ou relativas a Títulos ou Valores Mobiliários (IOF). **Diário Oficial [da] República Federativa do Brasil**, Poder Executivo, Brasília, DF, 13 jan. 2009. Disponível em <http://normas.receita.fazenda.gov.br/sijut2consulta/link.action?visao=anotado&idAto=37630>. Acesso em 28 jun. 2018.

da qual determinou a tributação, por analogia, das operações de conta corrente mercantil.

Como os limites constitucionais do artigo 153, inciso V, da Constituição Federal,[74] e do artigo 110, do CTN,[75] só permitem a incidência do tributo sobre as operações crédito, passou-se à análise pormenorizada da natureza jurídica de cada um dos principais arranjos utilizados pelos grupos econômicos para movimentações financeiras internas.

Analisou-se, assim, a realização de consecutivos aumentos e reduções de capital social. Todavia, em razão dos altos custos financeiros e burocráticos decorrentes de tal mecanismo, além dos requisitos legais de condições e prazos para redução de capital, observou-se a impossibilidade prática de adoção do arranjo para grupos econômicos. A utilização de AFACs também se mostrou pouco eficiente, em vista do risco de incidência do IOF-Crédito sobre os adiantamentos que não fossem realizados em estrito cumprimento dos requisitos colocados pela RFB.

Após, fez-se detida análise dos requisitos para configuração de um contrato de mútuo e dos contratos de conta corrente mercantil, donde se observa que o contrato de mútuo deve ser (i) unilateral, (ii) valor líquido e certo, (iii) prazo determinado para devolução do principal e (iv) remuneração ou não por meio de juros.

[74] BRASIL. Constituição da República Federativa do Brasil de 1988. **Diário Oficial [da] República Federativa do Brasil**, Poder Executivo, Brasília, DF, 05. out. 1988. Disponível em <http://www.planalto.gov.br/ccivil_03/constituicao/constituicaocompilado.htm>. Acesso em 28 jun. 2018.

[75] BRASIL. Lei nº 5.172, de 25 de outubro de 1966. Dispõe sobre o Sistema Tributário Nacional e institui normas gerais de direito tributário aplicáveis à União, Estados e Municípios. **Diário Oficial [da] República Federativa do Brasil**, Poder Executivo, Brasília, DF, 31 out. 2014. Disponível em <http://www.planalto.gov.br/ccivil_03/Leis/L5172.htm>. Acesso em 28 jun. 2018.

De maneira oposta, o contrato de conta corrente se caracteriza por (i) bilateralidade, (ii) remessas recíprocas de valores não determinados previamente, (iii) ausência de posições fixas para credor e devedor e (iv) ausência de remuneração por meio de juros

Como a contratação de mútuo atrai a incidência do IOF-Crédito, passou-se à análise da não incidência do tributo sobre as operações de conta corrente mercantil, que tornariam o contrato mais interessante para a prática empresarial.

Assim, fez-se detida análise do entendimento fazendário, verificado principalmente pela leitura da Solução de Consulta COSIT nº 50/2015.[76] Após, foi analisado o Recurso Especial em que a citada Solução de Consulta se baseia, verificando-se que o caso daqueles autos tratava, de fato, de contrato de abertura de crédito muito semelhante a um contrato típico de mútuo, em razão de suas características.

Com base nisso, entendeu-se que a generalização constante do voto foi resultado de um equivocado raciocínio indutivo, que se baseou em somente um caso fático para firmar um entendimento aparentemente válido para todos os demais.

Em razão da ausência de outras decisões judiciais relevantes, passou-se à análise da jurisprudência do CARF, que pode ser dividida em três principais linhas de raciocínio: (i) não incidência do IOF-Crédito sobre as operações de conta corrente mercantil, posto que juridicamente distintas das operações de mútuo; (ii) incidência do IOF-Crédito sobre as operações de conta corrente mercantil, por configurarem mútuo; e (iii) incidência de IOF-Crédito apenas sobre parte das remessas realizadas em operações de conta corrente, quais sejam, as que

[76] BRASIL. Solução de Consulta COSIT nº 50, de 26 de fevereiro de 2015. **Diário Oficial [da] República Federativa do Brasil**, Poder Executivo, Brasília, DF, 18. mar. 2015. Disponível em <http://normas.receita.fazenda.gov.br/sijut2consulta/link.action?idAto=62213&visao=anotado>. Acesso em 28 jun. 2018.

configurem, individualmente, empréstimo entre as pessoas jurídicas.

Da análise de todos os julgados, observou-se que os fatos mais relevantes para a determinação do que não se poderia considerar mútuo foram a (i) qualidade da escrituração contábil em contas específicas para registro das movimentações financeiras e de seu destino; (ii) justificativa negocial para a utilização do contrato de conta corrente mercantil; (iii) real natureza da operação; (iv) ausência de cobrança de juros; (v) ausência de prazo para devolução dos valores remetidos por uma das partes; e (vi) existência de remessas recíprocas entre ambas as partes, evitando-se que uma delas figure sempre como credora ou devedora da relação.

Por fim, foi analisado o Projeto de Lei nº 7.097, de 2014,[77] que tenta dar fim à discussão por meio da inclusão de um § 4º ao artigo 13 da Lei nº 9.779/99, que traria expressamente a não incidência do IOF-Crédito sobre as operações de conta corrente.

Todavia, o PL já tem Relatório desfavorável à sua aprovação por parte da Comissão de Finanças e Tributação, posto que, supostamente, configuraria renúncia de receitas sem respeito aos requisitos da LRF.

Como se explicou, ao longo do presente trabalho, que o IOF--Crédito não incide sobre as operações de conta corrente, por não caracterizarem operação de mútuo, entende-se que a justificativa do Relatório não está correta.

[77] BRASIL. Projeto de Lei nº 7.095, de 2014. Acrescenta um § 4º ao art. 13 da Lei nº 9.779, de 19 de janeiro de 1999, para estabelecer que não está sujeita à incidência do Imposto sobre Operações de Crédito, Câmbio e Seguros ou Relativas a Títulos e Valores Mobiliários – IOF a circulação de recursos financeiros em operações de conta corrente entre empresas controladoras e controladas, realizadas sem definição do valor do principal e sem cobrança de juros. **Diário Oficial [da] República Federativa do Brasil**, Câmara dos Deputados, Brasília, DF, 18 mar. 2015. Disponível em <http://www.camara.gov.br/proposicoesWeb/fichadetramitacao?idProposicao=605829>. Acesso em 28 jun. 2018.

Assim, a solução legislativa seria interessante, contanto que trouxesse expressa menção ao caráter interpretativo da lei, para se garantir sua aplicação aos fatos geradores anteriores à sua aprovação, nos termos do artigo 106, inciso I, do CTN.

Não obstante a solução legislativa, e diante de todo o exposto, recomenda-se a adoção de determinadas práticas pelos grupos econômicos que decidam se valer das operações de conta corrente mercantil para a movimentação financeira intragrupo.

É importante que as operações de conta corrente mercantil sejam formalizadas mediante a celebração de contrato escrito e firmado entre todas as empresas integrantes do grupo econômico que dele se utilizarem. Tais contratos devem definir especificamente as ocasiões em que as remessas serão realizadas, não podem prever pagamento de juros e não pode qualificar as partes como credoras ou devedoras, já que as posições jamais serão fixas, em razão da reciprocidade de remessas.

Em conclusão, é importante que sejam feitos registros contábeis detalhados em contas específicas, a fim de se facilitar a prova das operações de conta corrente e da destinação dos recursos financeiros, em caso de eventual fiscalização.

Como grupos de sociedades têm não só o direito, mas o dever de combinar esforços e recursos para a realização dos respectivos objetos ou atividades e empreendimentos que lhes sejam comuns, conforme previsão do artigo 265 da LSA,[78] há justificativa negocial para a contratação de conta corrente mercantil.

Ademais, a gestão financeira centralizada evita que as sociedades componentes de um grupo econômico precisem captar recursos financeiros no mercado mediante pagamento de juros,

[78] BRASIL. Lei nº 6.404, de 15 de dezembro de 1976. Dispõe sobre as Sociedades por Ações. **Diário Oficial [da] República Federativa do Brasil**, Poder Executivo, Brasília, DF, 24 out. 2014. Disponível em <http://www.planalto.gov.br/ccivil_03/Leis/L6404consol.htm>. Acesso em 28 jun. 2018.

o que aumenta a eficiência do negócio como um todo e deixa o grupo menos exposto às volatilidades do mercado financeiro.

Caso a empresa venha a ser autuada pela RFB com base no entendimento fazendário de incidência do IOF-Crédito sobre as operações de conta corrente, abre-se a possibilidade de discussão judicial acerca da incidência, em razão dos argumentos aqui expostos e também por não haver jurisprudência fixada nos Tribunais judiciais.

8. Referências

BRASIL. Câmara dos Deputados. **Relatório da Comissão de Finanças e Tributação sobre o Projeto de Lei nº 7.095, de 2014**. Disponível em: <http://www.camara.gov.br/proposicoesWeb/prop_mostrarintegra?codteor=1591337&filename=Parecer-CFT-24-08-2017>. Acesso em 28 jun. 2018.

Estrada, Roberto Duque; **O entendimento do Carf sobre tributação pelo IOF dos contratos de conta corrente**. Consultor Jurídico, nov de 2017. Disponível em: <https://www.conjur.com.br/2017-nov-01/consultor-tributario-carf-tributacao-iof-contratos-conta-corrente>. Acesso em 28 jun. 2018.

Gaia, Patrícia Dantas et Moreira, André Mendes. **A não incidência do IOF-crédito sobre os Contratos de Conta Corrente entre Empresas do Mesmo Grupo Econômico**. Revista Dialética de Direito Tributário, nº 232, jan. 2015, pp. 28-41. São Paulo: Ed. Dialética, 2015. Disponível em: <https://49ga9fl0blgreaqid23bdv7s-wpengine.netdna-ssl.com/wp-content/uploads/2017/09/06-A-incidência-do-IOF-crédito-sobre-os-contratos-de-conta-corrente-entre-empresas-do-mesmo-grupo-econômico.pdf>. Acesso em 28 jun. 2018

Gomes, Orlando *et* Brito, Edvaldo (Coord.). **Contratos**. Atualizadores: Antônio Junqueira de Azevedo e Francisco Paulo de Crescenzo Marino. 26 ed. Rio de Janeiro: Forense, 2009

Justo, António Santos. O mútuo no direito romano: algumas notas romanas no direito português. **Revista Lusíada**. Direito (Porto), nº 4, p. 69-116, 2º Semestre (2011). Disponível em: <http://revistas.lis.ulusiada.pt/index.php/ldp/article/view/2056>. Acesso em: 15 jun. 2018.

Labatut, Andrew Laface. Lei 12.973 ainda deixa incertezas sobre fruição do ágio. **Consultor Jurídico**, São Paulo, 15 jun. 2014. Disponível em:

<https://www.conjur.com.br/2014-jun-15/andrew-labatut-lei-12973--deixa-incertezas-fruicao-agio>. Acesso em 28 jun. 2018.

MACHADO, Hugo de Brito. **O ISS e a Locação ou Cessão de Direito de Uso**. Disponível em: <http://sistemas.qis.com.br:8084/hugomachado/conteudo.asp?home=1&secao=2&situacao=2&doc_id=105>. Acesso em 28 jun. 2018.

MARTINS, Fran. **Contratos e obrigações comerciais.** 18 ed. rev. e atual. Rio de Janeiro: Forense, 2018. p. 334; 336-337.

MELO, José Eduardo Soares de. **Contratos e Tributação. Noções Fundamentais.** São Paulo: Malheiros, 2015.

MOSQUERA, Roberto Quiroga. **Tributação no Mercado Financeiro e de Capitais.** São Paulo: Ed. Dialética, 1999.

PAULSEN, Leandro. **Direito tributário: Constituição e Código Tributário à luz da doutrina e da jurisprudência**. 16 ed. Porto Alegre: Ed. Livraria do Advogado, 2014.

TORRES, Heleno Taveira (Coord.). **Tributação nos Mercados Financeiros e de Capitais e na Previdência Privada**. São Paulo: Quartier Latin, 2005.

ZANCHIM, Kleber Luiz. Cada contrato tem uma função social. **Valor Econômico**, São Paulo, 15 mai. 2013. Legislação. Disponível em: <http://www.valor.com.br/legislacao/3139158/cada-contrato-tem-uma-funcao-social>. Acesso em: 15 jun. 2018.

9. Referências legais e normativas

BRASIL. Constituição da República Federativa do Brasil de 1988. **Diário Oficial [da] República Federativa do Brasil**, Poder Executivo, Brasília, DF, 05 out. 1988. Disponível em <http://www.planalto.gov.br/ccivil_03/constituicao/constituicaocompilado.htm>. Acesso em 28 jun. 2018.

____________. Decreto nº 6.306, de 14 de dezembro de 2007. Regulamenta o Imposto sobre Operações de Crédito, Câmbio e Seguro, ou relativas a Títulos ou Valores Mobiliários – IOF. **Diário Oficial [da] República Federativa do Brasil**, Poder Executivo, Brasília, DF, 08 jan. 2008. Disponível em <http://www.planalto.gov.br/ccivil_03/_ato2007-2010/2007/decreto/d6306.htm>. Acesso em 28 jun. 2018.

____________. Instrução Normativa RFB nº 907, de 09 de janeiro de 2009. Dispõe sobre o Imposto sobre Operações de Crédito, Câmbio e Seguro, ou relativas a Títulos ou Valores Mobiliários (IOF). **Diário Oficial [da] República Federativa do Brasil**, Poder Executivo, Brasília, DF, 13 jan. 2009. Disponível em <http://normas.receita.fazenda.gov.br/sijut2con-

sulta/link.action?visao=anotado&idAto=37630>. Acesso em 28 jun. 2018.

____________. Parecer Normativo CST nº 17, de 20 de agosto de 1984. **Diário Oficial [da] República Federativa do Brasil**, Poder Executivo, Brasília, DF, 22 ago. 1984. Disponível em <http://normas.receita.fazenda.gov.br/sijut2consulta/link.action?visao=anotado&idAto=89715>. Acesso em 28 jun. 2018.

____________. Lei nº 5.143, de 20 de outubro de 1966. Institui o Impôsto sôbre Operações Financeiras, regula a respectiva cobrança, dispõe sôbre a aplicação das reservas monetárias oriundas de sua receita, e dá outras providências. **Diário Oficial [da] República Federativa do Brasil**, Poder Executivo, Brasília, DF, 24 out. 2014. Disponível em <http://www.planalto.gov.br/ccivil_03/leis/L5143.htm>. Acesso em 28 jun. 2018.

____________. Lei nº 6.404, de 15 de dezembro de 1976. Dispõe sobre as Sociedades por Ações. **Diário Oficial [da] República Federativa do Brasil**, Poder Executivo, Brasília, DF, 24 out. 2014. Disponível em <http://www.planalto.gov.br/ccivil_03/Leis/L6404consol.htm>. Acesso em 28 jun. 2018.

____________. Lei nº 8.078, de 11 de setembro de 1990. **Diário Oficial [da] República Federativa do Brasil**, Poder Executivo, Brasília, DF, 12 set. 1990. Disponível em <http://www.planalto.gov.br/ccivil_03/_ato2011-2014/2014/lei/L12965.htm>. Acesso em 28 jun. 2018.

____________. Lei nº 9.311, de 24 de outubro de 1996. Institui a Contribuição Provisória sobre Movimentação ou Transmissão de Valores e de Créditos e Direitos de Natureza Financeira – CPMF, e dá outras providências. **Diário Oficial [da] República Federativa do Brasil**, Poder Executivo, Brasília, DF, 25 out 1996. Disponível em <http://www.planalto.gov.br/ccivil_03/LEIS/L9311.htm>. Acesso em 28 jun. 2018.

____________. Lei nº 9.779, de 19 de janeiro de 1999. Altera a legislação do Imposto sobre a Renda, relativamente à tributação dos Fundos de Investimento Imobiliário e dos rendimentos auferidos em aplicação ou operação financeira de renda fixa ou variável, ao Sistema Integrado de Pagamento de Impostos e Contribuições das Microempresas e das Empresas de Pequeno Porte – SIMPLES, à incidência sobre rendimentos de beneficiários no exterior, bem assim a legislação do Imposto sobre Produtos Industrializados – IPI, relativamente ao aproveitamento de créditos e à equiparação de atacadista a estabelecimento industrial, do Imposto sobre Operações de Crédito, Câmbio e Seguros ou Relativas a Títulos e Valores Mobiliários – IOF, relativamente às operações de mútuo, e da Contribuição Social sobre o Lucro Líquido, relativamente às despesas financeiras, e dá outras providências. **Diário Oficial [da] República Federativa do Brasil**, Poder Executivo, Brasília, DF, 20 jan. 1999. Disponível em <http://www.planalto.gov.br/ccivil_03/LEIS/L9779.htm>. Acesso em 28 jun. 2018.

____________. Lei nº 10.406, de 10 de janeiro de 2002. Institui o Código Civil. **Diário Oficial [da] República Federativa do Brasil**, Poder Executivo, Brasília, DF, 11 jan. 2002. Disponível em <http://www.planalto.gov.br/ccivil_03/Leis/2002/l10406.htm>. Acesso em 28 jun. 2018.

____________. Lei nº 12.973, de 13 de maio de 2014. Altera a legislação tributária federal relativa ao Imposto sobre a Renda das Pessoas Jurídicas – IRPJ, à Contribuição Social sobre o Lucro Líquido – CSLL, à Contribuição para o PIS/Pasep e à Contribuição para o Financiamento da Seguridade Social – Cofins; revoga o Regime Tributário de Transição – RTT, instituído pela Lei no 11.941, de 27 de maio de 2009; dispõe sobre a tributação da pessoa jurídica domiciliada no Brasil, com relação ao acréscimo patrimonial decorrente de participação em lucros auferidos no exterior por controladas e coligadas; altera o Decreto-Lei no 1.598, de 26 de dezembro de 1977 e as Leis nos 9.430, de 27 de dezembro de 1996, 9.249, de 26 de dezembro de 1995, 8.981, de 20 de janeiro de 1995, 4.506, de 30 de novembro de 1964, 7.689, de 15 de dezembro de 1988, 9.718, de 27 de novembro de 1998, 10.865, de 30 de abril de 2004, 10.637, de 30 de dezembro de 2002, 10.833, de 29 de dezembro de 2003, 12.865, de 9 de outubro de 2013, 9.532, de 10 de dezembro de 1997, 9.656, de 3 de junho de 1998, 9.826, de 23 de agosto de 1999, 10.485, de 3 de julho de 2002, 10.893, de 13 de julho de 2004, 11.312, de 27 de junho de 2006, 11.941, de 27 de maio de 2009, 12.249, de 11 de junho de 2010, 12.431, de 24 de junho de 2011, 12.716, de 21 de setembro de 2012, e 12.844, de 19 de julho de 2013; e dá outras providências. **Diário Oficial [da] República Federativa do Brasil**, Poder Executivo, Brasília, DF, 14. mai. 2014. Disponível em <http://www.planalto.gov.br/ccivil_03/_ato2011-2014/2014/lei/L12973.htm>. Acesso em 28 jun. 2018.

____________. Projeto de Lei nº 7.095, de 2014. Acrescenta um § 4º ao art. 13 da Lei nº 9.779, de 19 de janeiro de 1999, para estabelecer que não está sujeita à incidência do Imposto sobre Operações de Crédito, Câmbio e Seguros ou Relativas a Títulos e Valores Mobiliários – IOF a circulação de recursos financeiros em operações de conta corrente entre empresas controladoras e controladas, realizadas sem definição do valor do principal e sem cobrança de juros. **Diário Oficial [da] República Federativa**

do Brasil, Câmara dos Deputados, Brasília, DF, 18 mar. 2015. Disponível em <http://www.camara.gov.br/proposicoesWeb/fichadetramitacao?idProposicao=605829>. Acesso em 28 jun. 2018.

______. Solução de Consulta COSIT nº 50, de 26 de fevereiro de 2015. **Diário Oficial [da] República Federativa do Brasil**, Poder Executivo, Brasília, DF, 18 mar. 2015. Disponível em <http://normas.receita.fazenda.gov.br/sijut2consulta/link.action?idAto=62213&visao=anotado>. Acesso em 28 jun. 2018.

ESTADO DE SÃO PAULO. Portaria JUCESP nº 92, de 20 de dezembor de 2018. Dispõe sobre a Tabela de Preços dos atos pertinentes ao Registro Público de Empresas Mercantis e Atividades Afins. **Diário Oficial do Estado de São Paulo**, Poder Executivo, São Paulo, SP, 21 dez. 2018. Disponível em <http://www.institucional.jucesp.sp.gov.br/downloads/portaria_91_2018.pdf>. Acesso em 10 mai. 2019.

10. Referências jurisprudenciais

Decisões Judiciais

BRASIL. Superior Tribunal de Justiça. Recurso Especial nº 1.239.101/RJ. Tele Norte Leste Participações S/A e Outros e União. Relator: Ministro Mauro Campbell Marques. Brasília, 16 set. 2011. **Diário da Justiça Eletrônico, Brasília, 16 set. 2011**. Disponível em: <https://ww2.stj.jus.br/processo/revista/inteiroteor/?num_registro=201100334760&dt_publicacao=19/09/2011>. Acesso em 28 jun. 2018

______. Supremo Tribunal Federal. Tema 104 – Incidência de IOF em contratos de mútuo em que não participam instituições financeiras. FRAS-LE S/A e União. Relator: Ministro Ricardo Lewandowski. Brasília, 28 ago. 2008. **Diário da Justiça Eletrônico 182**, Brasília, 26 set. 2008. Disponível em: <http://www.stf.jus.br/portal/jurisprudenciaRepercussao/verAndamentoProcesso.asp?incidente=2628566&numeroProcesso=590186&classeProcesso=RE&numeroTema=104>. Acesso em 28 jun. 2018.

Decisões Administrativas

BRASIL. Ministério da Fazenda. Primeiro Conselho de Contribuintes. Acórdão nº 101-89834. Algodoeira Faria Ltda. e DRF em São José do Rio Preto – SP. Relator: Conselheiro Raul Pimentel. Brasília, 11 jun. 1996. Disponível em: <https://carf.fazenda.gov.br/>. Acesso em 28 jun. 2018.

______. Ministério da Fazenda. Primeiro Conselho de Contribuintes. Acórdão nº 107-06903. Syscraft Software e Consultoria S C Ltda e

DRJ-Rio de Janeiro/RJ I. Relator: Conselheiro Natanael Martins. Brasília, 28 jan. 2003. Disponível em: <https://carf.fazenda.gov.br/>. Acesso em 28 jun. 2018.

____________. Ministério da Fazenda. Conselho Administrativo de Recursos Fiscais. Acórdão nº 3101-001.094. Multicorp – Comércio de Alimentos Ltda. e Fazenda Nacional. Relator: Conselheiro Corintho Oliveira Machado. 1ª Turma Ordinária da 1ª Câmara da 3ª Seção. Brasília, 25 abr. 2012. Disponível em: <https://carf.fazenda.gov.br>. Acesso em 28 jun. 2018.

____________. Ministério da Fazenda. Conselho Administrativo de Recursos Fiscais. Acórdão nº 3401-002.490. Companhia de Telecomunicações do Brasil Central e Fazenda Nacional. Relator: Conselheiro Fernando Marques Cleto Duarte. 1ª Turma Ordinária da 4ª Câmara da 3ª Seção. Brasília, 29 jan. 2014. Disponível em: <https://carf.fazenda.gov.br>. Acesso em 28 jun. 2018.

____________. Ministério da Fazenda. Conselho Administrativo de Recursos Fiscais. Acórdão nº 3401-004.338. Docas Investimentos S/A e Fazenda Nacional. Relator: Conselheiro Robson José Bayerl. 1ª Turma Ordinária da 4ª Câmara da 3ª Seção. Brasília, 30 jan. 2018. Disponível em: <https://carf.fazenda.gov.br>. Acesso em 28 jun. 2018.

____________. Ministério da Fazenda. Conselho Administrativo de Recursos Fiscais. Acórdão nº 3402-003.018. Votorantim Cimentos N/NE S/A e Fazenda Nacional. Relatora: Conselheira Thais de Laurentiis Galkowicz. 2ª Turma Ordinária da 4ª Câmara da 3ª Seção. Brasília, 26 abr. 2016. Disponível em: <https://carf.fazenda.gov.br>. Acesso em 28 jun. 2018.

____________. Ministério da Fazenda. Conselho Administrativo de Recursos Fiscais. Acórdão nº 3401-004.364. Santa Bárbara S/A e Fazenda Nacional. Relator: Conselheiro Augusto Fiel Jorge DOliveira. 1ª Turma Ordinária da 4ª Câmara da 3ª Seção. Brasília, 31 jan. 2018. Disponível em: <https://carf.fazenda.gov.br>. Acesso em 28 jun. 2018.

____________. Ministério da Fazenda. Conselho Administrativo de Recursos Fiscais. Acórdão nº 3201-003.448. Odebrecht Agroindústria Participações S.A., atualmente Atvos Agroindustrial Participações S.A. e Fazenda Nacional. Relator: Conselheiro Marcelo Giovani Vieira. 1ª Turma Ordinária da 2ª Câmara da 3ª Seção. Brasília, 27 fev. 2018. Disponível em: <https://carf.fazenda.gov.br>. Acesso em 28 jun. 2018.

____________. Ministério da Fazenda. Conselho Administrativo de Recursos Fiscais. Acórdão nº 9303-005.582. Fazenda Nacional e Multicorp – Comércio de Alimentos Ltda. Redator designado para Acórdão: Conselheiro Andrada Márcio Canuto Natal. 3ª Turma da Câmara Superior de Recursos Fiscais. Brasília, DF, 05 dez. 2017. Disponível em: <https://carf.fazenda.gov.br>. Acesso em 28 jun. 2018.

11. Obras complementares

CARRAZZA, Roque Antônio. **Curso de Direito Constitucional Tributário.** 29ª ed. rev. e atual. São Paulo: Malheiros, 2013.

MELO, José Eduardo Soares de. **Curso de Direito Tributário.** 10 ed. São Paulo: Dialética, 2012.

MENDES, Gilmar Ferreira; BRANCO, Paulo Gustavo Gonet. **Curso de Direito Constitucional.** São Paulo: Saraiva, 2014.

SANTI, Eurico Marcos Diniz de (Coord.). **Tributação e Desenvolvimento – Homenagem ao Prof. Aires Barreto.** Coleção: Tributação e Desenvolvimento. São Paulo: Quartier Latin, 2011.

O Imposto de Renda sobre a Remuneração de Serviços Prestados por Residentes no Exterior e os Tratados para Evitar a Dupla Tributação

Paulo José Cavalcante Santana

Introdução

Em linhas gerais, pode-se afirmar que o Brasil se caracteriza como um país predominantemente importador de serviços, em virtude de o volume de importações nesse segmento (isto é, de aquisição de serviços junto a residentes no exterior) ser bastante superior ao das exportações.

Em 2016, por exemplo, embora se tenha registrado uma queda no volume de importações de serviços (que alcançaram 43,6 bilhões de dólares, segundo publicação divulgada pelo Ministério da Indústria, Comércio Exterior e Serviços[1]) em decorrência do cenário de recessão econômica, ainda assim elas representaram mais que o dobro das exportações de serviços no período (18,6 bilhões de dólares[2]).

[1] BRASIL. Ministério da Indústria, Comércio Exterior e Serviços. Secretaria de Comércio e Serviços. Departamento de Competitividade Internacional em Comércio e Serviços. **Serviços – panorama do comércio internacional – dados de 2016.** Brasília, DF, 2017, p. 19. Disponível em: < http://www.mdic.gov.br/images/REPOSITORIO/scs/decin/Estat%C3%ADsticas_de_Com%C3%A9rcio_Exterior/2016/Panorama_Oficial_2016_Final_.pdf>. Acesso em: 12 mai. 2018.

[2] Ibidem, loc. cit.

Tais dados ilustram a importância econômica das importações de serviços no cenário econômico brasileiro e, no âmbito jurídico, justificam a relevância de estudos sobre os aspectos tributários de tais operações.

Com efeito, no sistema jurídico-tributário brasileiro, os serviços prestados por residentes no exterior e o pagamento de suas respectivas remunerações podem ser onerados, de forma simultânea, pela incidência de até seis tributos distintos, a saber: (**i**) o Imposto sobre a Renda Retido na Fonte (IRRF); (**ii**) a Contribuição de Intervenção no Domínio Econômico (CIDE) destinada a financiar o Programa de Estímulo à Interação Universidade-Empresa para o Apoio à Inovação, também chamada de CIDE-Royalties; (**iii**) a Contribuição para os Programas de Integração Social e de Formação do Patrimônio do Servidor Público incidente na Importação de Produtos Estrangeiros ou Serviços (PIS/PASEP-Importação); (**iv**) a Contribuição Social para o Financiamento da Seguridade Social devida pelo Importador de Bens Estrangeiros ou Serviços do Exterior (COFINS-Importação); (**v**) o Imposto Sobre Serviços (ISS); e (**vi**) o Imposto sobre Operações Financeiras (IOF), na modalidade incidente sobre operações de câmbio.

Embora haja discussões jurídicas relevantes referentes à incidência de todos esses tributos sobre as importações de serviços, este artigo se limitará a analisar problemática relativa a apenas um deles: o IRRF. Essa opção se justifica não apenas por questões metodológicas, mas também em virtude da relevância econômica assumida pelo IRRF nas importações de serviços (sendo ele, dentre os referidos tributos, o de maior alíquota).

Como será demonstrado em detalhes na seção 2.2, a remuneração relativa a serviços prestados por residente no exterior se sujeita ao IRRF da seguinte forma: (i) para os serviços em geral, o IRRF incide à alíquota de 25%; (ii) para aqueles considerados "serviços técnicos" ou "assistência administrativa", o IRRF incide à alíquota de 15%.

Esse, portanto, é o tratamento tributário geral, sob o ponto de vista da legislação do IRRF, aplicável às remunerações de residentes no exterior pela prestação de serviços técnicos a entidades residentes no Brasil. Este artigo, todavia, centra-se em questão específica, que se verifica quando tais remunerações são pagas a residentes em países com os quais o Brasil assinou um tratado para evitar a dupla tributação.

Com efeito, o fato de os tratados possuírem regras de interpretação próprias faz com que, não raramente, haja controvérsias quanto ao enquadramento correto de determinado rendimento em um de seus artigos, e as importações de serviços, no Brasil, são um clássico exemplo desse tipo de controvérsia, especialmente no que diz respeito àqueles considerados como "serviços técnicos" ou "assistência técnica".

Por isso, o presente trabalho investigará, à luz da legislação, da jurisprudência e da doutrina existentes sobre o assunto, as questões relativas à aplicação dos tratados para evitar a dupla tributação às remunerações de serviços prestados por residentes no exterior. Em particular, a principal questão objeto de análise será a possibilidade de ser aplicado o artigo 12 dos tratados a esse tipo de remessa ao exterior, quando tiver havido prestação de serviços sem transferência de tecnologia (*know-how*).

Por questões de corte metodológico, este artigo enfocará os serviços de prestados por pessoas jurídicas no exterior do tipo que Alberto Xavier classifica como "serviços empresariais", em oposição aos ditos "serviços pessoais" (estes, prestados por pessoas físicas, em geral profissionais liberais, ainda que organizados em sociedades)[3].

[3] XAVIER, Alberto. A tributação da prestação internacional de serviços, em especial de serviços técnicos e de assistência técnica. **Revista Dialética de Direito Tributário**, v. 235, abril 2015. p. 24.

1. O IRRF sobre a remuneração de serviços prestados por residentes no exterior

1.1. Considerações Iniciais: Tributação na Fonte e o Princípio da Territorialidade

Um dos mais básicos problemas de que se ocupa o Direito Tributário Internacional é definir se há ou não limites ao poder de tributar, por parte de um Estado soberano, os rendimentos e acréscimos patrimoniais auferidos fora de seu território. Embora seja teoricamente controversa a existência desses limites, na prática os Estados têm selecionado determinados elementos de conexão que, nas palavras de Heleno Tôrres, "exprimam um contato efetivo entre o fato-evento com elementos de estraneidade e o Estado que tem a pretensão de discipliná-lo fiscalmente (*genuine link*)"[4].

Um desses elementos de conexão permite a tributação de rendimentos em decorrência de um certo vínculo entre o país e a pessoa beneficiária dos rendimentos[5]. Diversas são as denominações dadas a esse elemento, em geral materializado no país de residência da pessoa beneficiária dos rendimentos: critério da universalidade[6], *residence jurisdiction*[7], *worldwide taxation* (tributação em bases mundiais)[8] ou, ainda, critério da renda mundial[9].

[4] Tôrres, Heleno. **Pluritributação internacional sobre as rendas das empresas**. 2ª edição. São Paulo: Editora Revista dos Tribunais, 2001. p. 69.

[5] Arnold, Brian J.; Mcintyre, Michael J. **International tax primer**. 2ª edição. Haia: Kluwer Law International, 2002. p. 15.

[6] Tôrres, op. cit., p. 86.

[7] Holmes, Kevin. **International tax policy and double tax treaties**. Amsterdã: IBFD, 2007. p. 21.

[8] Andrade, André Martins de. **A tributação universal da renda empresarial:** uma proposta de sistematização e uma alternativa inovadora. Belo Horizonte: Fórum, 2008. p. 154.

[9] Godoi, Marciano Seabra de; Rocha, Valdir de Oliveira (Coord.). A nova legislação sobre tributação de lucros auferidos no exterior (Lei 12.973/2014) como resultado do diálogo institucional estabelecido entre o STF e os Poderes

Utilizando esse critério, as Administrações Tributárias tributam não só os rendimentos originados no país, como também todos rendimentos pagos a residentes desse país, independentemente da origem de tais rendimentos.

Por outro lado, sem dúvidas, um dos mais tradicionais elementos de conexão adotados pelos países como limitadores de seu poder de tributar – e o mais relevante, para os fins deste trabalho – é o critério da territorialidade, também referido na doutrina internacional como critério da *source jurisdiction* ("jurisdição da fonte", em livre tradução). Através desse elemento de conexão, um país tributa certos rendimentos em virtude de existir alguma forma de vínculo entre o território desse país e as atividades que geraram os acréscimos patrimoniais; em outras palavras, serão tributados os rendimentos que tiverem esse país como "fonte"[10].

Diversos elementos materiais podem ser eleitos para definir o local da "fonte" dos rendimentos, como o estabelecimento da fonte pagadora, o local da celebração dos contratos, o lugar de constituição das pessoas jurídicas, etc.[11] Tornou-se bastante popular, na doutrina, a classificação que admite a existência de dois tipos de "fonte" dos rendimentos: (**i**) a "fonte de produção", que é aquela onde se encontra a origem econômica do rendimento, verificada no lugar em que é exercida a atividade, ou onde se situam os bens ou direitos dos quais provém o rendimento; e (**ii**) a "fonte de pagamento", relativa ao local geográfico de onde se originam os recursos que representam um rendimento para o beneficiário[12].

Executivo e Legislativo da União. In: **Grandes questões atuais do Direito Tributário, 18º volume**. São Paulo: Dialética, 2014. p. 278.

10 ARNOLD, op. cit., p. 15.

11 TÔRRES, op. cit., p. 71.

12 XAVIER, Alberto. **Direito Tributário Internacional do Brasil**. 8ª edição. Rio de Janeiro: Forense, 2015. p. 267.

No Brasil, o critério da *source jurisdiction* é aplicado em relação a pagamentos de rendimentos em geral a beneficiários residentes no exterior, sendo usual a incidência do IRRF à alíquota genérica de 15%, por força do artigo 97 da Decreto-lei nº 5.844/43 e do artigo 28 da Lei 9.249/95.

Por outro lado, determinados tipos de rendimentos pagos por fonte situada no Brasil a residentes no exterior encontram-se sujeitos a regras tributárias específicas e a alíquotas diferenciadas do IRRF. Um desses tipos de rendimentos é exatamente a remuneração decorrente da prestação de serviços, cuja tributação será analisada no tópico seguinte.

1.2. Evolução Legislativa: do Decreto-Lei nº 1.418/75 à Instrução Normativa RFB nº 1.455/14

A tributação na fonte dos rendimentos relativos a serviços prestados por residentes no exterior é regulada, atualmente, de forma esparsa por diversos atos legais. Assim, para fins de melhor compreensão, julga-se oportuno analisar a complexa evolução legislativa sobre o assunto, desde o advento do Decreto-Lei nº 1.418/75 até a situação atual.

O Decreto-Lei nº 1.418/75 representou um marco legislativo importante ao dispor explicitamente, pela primeira vez, sobre a tributação na fonte dos rendimentos de serviços técnicos e assistência técnica, administrativa e semelhantes. Nos termos de seu artigo 6º, o IRRF incidiria à alíquota de 25% sobre tais rendimentos, "independentemente da forma de pagamento e do local e data em que a operação tenha sido contratada, os serviços executados ou a assistência prestada". Observa-se que o dispositivo considerava irrelevante o local da prestação dos serviços, adotando expressamente o critério da "fonte de pagamento" (em detrimento do da "fonte de produção") para fins de tributação dessas atividades executadas por não-residentes[13].

[13] Xavier, op. cit., p. 578.

Somente em 1999 os demais serviços (isto é, aqueles não enquadrados como serviços técnicos ou assistência técnica) passariam a ser objeto de disposição legal específica, qual seja, o artigo 7º da Lei nº 9.779/99, que determina a incidência do IRRF à alíquota de 25% sobre os respectivos rendimentos. Até hoje, vale ressaltar, é essa a alíquota vigente do IRRF em relação ao pagamento de rendimentos a residentes no exterior, como contraprestação de serviços "não técnicos" (daqui em diante, referidos simplesmente como "serviços em geral").

Observa-se que, em um primeiro momento, os rendimentos relativos a serviços técnicos, à assistência técnica e aos serviços em geral encontravam-se sujeitos à mesma alíquota do IRRF (25%), quando pagos a residentes no exterior.

Essa situação perdurou até o advento da Medida Provisória nº 2.159-70/01 (decorrente de sucessivas reedições da Medida Provisória nº 1.459/96), cujo artigo 3º reduziu para 15% a alíquota do IRRF sobre a remuneração de serviços técnicos e de assistência técnica. Logo em seguida, a Lei nº 10.332/01 acrescentou o artigo 2º-A à Lei nº 10.168/00 (responsável pela instituição da CIDE-Royalties), estendendo a aplicação da alíquota de 15% do IRRF para a remuneração de serviços de assistência administrativa e semelhantes.

Assim, o regime da tributação dos serviços prestados por residentes no exterior pode ser sintetizado da seguinte forma: (**i**) a remuneração dos serviços técnicos, da assistência técnica e da assistência administrativa e semelhantes encontra-se sujeita à incidência do IRRF à alíquota de 15%; e (**ii**) a remuneração dos serviços em geral é tributada à alíquota de 25% do IRRF. Tal tratamento tributário é confirmado pelos artigos 16 e 17 da Instrução Normativa da Receita Federal do Brasil (RFB) nº 1.455/14, que consiste no mais recente ato editado pela RFB para dispor sobre o IRRF incidente sobre rendimentos pagos a fontes no exterior.

1.3. Diferenciação entre Serviços em geral, serviços técnicos e assistência técnica

Na seção anterior, viu-se que a tributação da remuneração de serviços prestados por residentes no exterior é objeto de uma complexa rede de regras de nível legal, destacando-se aquelas contidas no Decreto-Lei nº 1.418/75, na Lei nº 9.779/99, na Medida Provisória nº 2.159-70/01 e na Lei nº 10.168/00. Viu-se, também, que essas regras determinam diferentes alíquotas do IRRF (15% ou 25%) a depender de a atividade exercida pelo não-residente se enquadrar como "serviços técnicos e assistência técnica, administrativa e semelhantes" ou como "serviços em geral".

Nenhum desses atos legais, contudo, apresenta definições para essas categorias de atividades. A única conclusão que se pode extrair das regras contidas nos referidos atos – apenas pela sua literalidade – é que os serviços em geral seriam uma categoria residual, definida por exclusão, nela enquadrando-se todos os serviços que não pudessem ser considerados "serviços técnicos e assistência técnica, administrativa e semelhantes".

Na verdade, tradicionalmente, tem cabido a atos de natureza infralegal, editados pela RFB, a definição do conteúdo dos serviços técnicos e assistência técnica. Com efeito, em um primeiro momento, a Instrução Normativa SRF nº 252/02 assim definiu essas atividades:

> Art. 17. As importâncias pagas, creditadas, entregues, empregadas ou remetidas a pessoa jurídica domiciliada no exterior a título de royalties de qualquer natureza e de remuneração de serviços técnicos e de assistência técnica, administrativa e semelhantes sujeitam-se à incidência do imposto na fonte à alíquota de quinze por cento.
>
> § 1º Para fins do disposto no caput:

> II – considera-se:
>
> *a)* serviço técnico o trabalho, obra ou empreendimento cuja execução dependa de conhecimentos técnicos especializados, prestados por profissionais liberais ou de artes e ofícios;
>
> *b)* assistência técnica a assessoria permanente prestada pela cedente de processo ou fórmula secreta à concessionária, mediante técnicos, desenhos, estudos, instruções enviadas ao País e outros serviços semelhantes, os quais possibilitem a efetiva utilização do processo ou fórmula cedido.
>
> [...]

Já a Instrução Normativa RFB nº 1.455/14, que revogou os dispositivos acima, passou a adotar as seguintes definições:

> Art. 17. As importâncias pagas, creditadas, entregues, empregadas ou remetidas a pessoa jurídica domiciliada no exterior a título de royalties de qualquer natureza e de remuneração de serviços técnicos e de assistência técnica, administrativa e semelhantes sujeitam-se à incidência do imposto sobre a renda na fonte à alíquota de 15% (quinze por cento).
>
> § 1º Para fins do disposto no caput:
>
> [...]
>
> II – considera-se:
>
> *a)* serviço técnico a execução de serviço que dependa de conhecimentos técnicos especializados ou que envolva assistência administrativa ou prestação de consultoria, realizado por profissionais independentes ou com vínculo empregatício ou, ainda, decorrente de estruturas automatizadas com claro conteúdo tecnológico; e
>
> *b)* assistência técnica a assessoria permanente prestada pela cedente de processo ou fórmula secreta à concessionária, mediante técnicos, desenhos, estudos, instruções enviadas ao País e outros serviços semelhantes, os quais possibilitem a efetiva utilização do processo ou fórmula cedido.
>
> [...]

Observa-se que, na Instrução Normativa RFB nº 252/02, adotou-se um conceito mais restrito de "serviços técnicos", limitando-os àqueles prestados por profissionais liberais ou de artes e ofícios.

Já na Instrução Normativa RFB nº 1.455/14, o conceito foi significativamente ampliado para abarcar qualquer execução de serviço "que dependa de conhecimentos técnicos especializados". Inclusive, Alberto Xavier[14] e Ramon Tomazela[15] apontam que é tão amplo o conceito admitido pelo dispositivo, que chega a esvaziar quase por completo o âmbito de abrangência dos serviços em geral (não técnicos), uma vez que a prestação da grande maioria dos tipos de serviços exige algum nível de conhecimento especializado.

Por outro lado, em ambos os atos normativos, o conceito adotado para a assistência técnica foi exatamente o mesmo, destacando-se o caráter acessório dessa atividade em relação a uma cessão de "processo ou fórmula secreta", e a finalidade de possibilitar a efetiva utilização do processo ou fórmula por parte do cessionário. Ou seja, a assistência técnica é necessariamente instrumental a um outro contrato: o contrato de *know-how*[16].

Com efeito, o contrato de *know-how* é aquele por meio do qual são transmitidas informações tecnológicas preexistentes e não disponíveis ao público, que, em princípio, devem ser utilizadas pelo cessionário por sua conta em risco. A transferência de tecnologia é, portanto, o elemento central desse tipo de contrato[17].

[14] XAVIER, Alberto. **Direito Tributário Internacional do Brasil**. 8ª edição. Rio de Janeiro: Forense, 2015. p. 653.

[15] SANTOS, Ramon Tomazela. A classificação da remuneração proveniente da prestação de serviços técnicos e de assistência técnica nos acordos de bitributação celebrados pelo Brasil. **Revista Tributária e de Finanças Públicas**, v. 121, mar-abr 2015. p. 120.

[16] XAVIER, op. cit., p. 650.

[17] FONSECA, Andreza Ribeiro. A qualificação dos rendimentos de assistência técnica e serviços técnicos no âmbito dos acordos contra a dupla tributação assinados pelo Brasil. **Revista Direito Tributário Atual**, v. 32, 2014. p. 51.

Esse tipo de contrato se resolve com a mera transferência das informações ou experiências para o cessionário, sem qualquer intervenção por parte do cedente da tecnologia. Ou seja, não há qualquer obrigação de fazer, de modo que o pagamento referente ao *know-how* em si não constitui remuneração de serviço, mas sim verdadeiro rendimento de capital, na medida em que retribui o capital aplicado no desenvolvimento da tecnologia.[18]

De fato, o contrato de *know-how*, em sua forma pura, não se confunde com o de prestação de serviços. Enquanto, no contrato de *know-how*, transfere-se a experiência ou tecnologia, no de prestação de serviços o que ocorre é uma simples aplicação da experiência ou tecnologia, sem a sua transferência[19]. Ou ainda, segundo Klaus Vogel, o que diferencia o contrato de *know-how* da prestação de serviços é o critério da "entrega", pois o prestador de serviços, ao invés de "entregar" a sua experiência, a utiliza por si mesmo, e apenas entrega a conclusão alcançada com base nessa experiência[20].

Nesse mesmo sentido, afirma a Organização para a Cooperação e Desenvolvimento Econômico (OCDE):

> 11.1 In the know-how contract, one of the parties agrees to impart to the other, so that he can use them for his own account, his special knowledge and experience which remain unrevealed to the public. It is recognized that the grantor is not required to play any part himself in the application of the formulas granted to the licensee and does not guarantee the result thereof.

[18] FONSECA, op. cit. p 52.

[19] FONSECA, op. cit., p. 54.

[20] VOGEL, Klaus. **Klaus Vogel on double taxation conventions**: a commentary to the OECD –, UN- and US model conventions for the avoidance of double taxation on income and capital with particular reference to German treaty practice/by Klaus Vogel. 3ª edição. Londres: Kluwer Law International, 1997. p. 790.

> 11.2 This type of contract thus differs from contracts for the provision of services, in which one of the parties undertakes to use the customary skills of his calling to execute work himself for the other party.[21]

Por outro lado, na prática, é bastante comum a celebração de contratos mistos, nos quais a transferência do *know-how* é acompanhada de serviços que são prestados com o intuito de possibilitar a implementação da tecnologia cedida[22]. Esse fato é reconhecido pela própria OCDE[23], nos seus Comentários à Convenção-Modelo, ao recomendar a segregação das respectivas remunerações (do *know-how* e dos serviços) para que cada uma receba o tratamento adequado.

Dessa forma, diz-se que há serviços "com transferência de tecnologia" quando há esse caráter complementar em relação a um contrato de transmissão de *know-how*. Inclusive, quando presente a transferência de tecnologia, há necessidade de registro do respectivo contrato junto ao Instituto Nacional da Propriedade Industrial (INPI), por força do artigo 211 da Lei nº 9.279/96.

Quando os serviços são prestados de forma permanente e continuada, fala-se em assistência técnica, conforme estabelece a Instrução Normativa RFB nº 1.455/14. Por exclusão, as demais atividades caracterizadas como serviços que acompanhem a transmissão do *know-how* se configuram como "serviços técnicos com transferência de tecnologia".

Vale ressaltar ainda que, ao menos no conceito definido pela RFB, a transferência de *know-how* ou tecnologia não é uma

[21] OCDE. **Model Tax Convention on Income and on Capital:** Condensed Version 2017. Paris: OECD Publishing, 2017. p 278.

[22] LAVEZ, Raphael Assef. A retenção na fonte na importação de serviços técnicos: questões não resolvidas no caso Copesul. **Revista Direito Tributário Atual**, v. 28, 2012. p. 306.

[23] OCDE. op. cit., p. 279-280.

característica essencial dos serviços técnicos, diferentemente do que ocorre com a assistência técnica. Assim, pode-se falar em "serviços técnicos com transferência de tecnologia" e em "serviços técnicos sem transferência de tecnologia". Essa distinção será importante adiante, quando forem analisadas as discussões relativas à aplicação dos tratados contra a dupla tributação às remunerações de serviços.

2. Tratados para Evitar a Dupla Tributação

Na seção anterior, analisou-se, exclusivamente com base nas disposições internas brasileiras, os aspectos relativos à incidência do IRRF sobre a remuneração de serviços prestados por residentes no exterior.

Há, entretanto, a possibilidade de essa incidência ser afetada pelos tratados internacionais assinados pelo Brasil com vistas a evitar o fenômeno da dupla tributação. Por isso, este capítulo buscará identificar a finalidade e o alcance desses instrumentos internacionais, bem como determinar a sua relação com o direito interno brasileiro.

2.1. Conceito, Finalidade e o Modelo OCDE

A dupla tributação consiste em fenômeno no qual os contribuintes engajados em transações do tipo *cross-border* são submetidos à incidência de tributação mais de uma vez (em geral, duas vezes) sobre o mesmo acréscimo patrimonial obtido. Embora esse fenômeno possa tomar diversas formas, em qualquer delas a dupla tributação é nociva e inibe a atividade econômica[24].

Segundo Klaus Vogel, a dupla tributação ocorre principalmente porque a vasta maioria dos Estados, além de imporem impostos sobre as transações desenvolvidas em seu território, também fazem incidir impostos sobre transações realizadas em

[24] HOLMES, op. cit., p. 19.

outros países, desde que beneficiem pessoas que residam em seu território[25]. Ou seja, pode-se afirmar que a dupla tributação possui sua principal origem na adoção simultânea, pela maioria dos países, dos critérios da territorialidade (*source jurisdiction*) e da universalidade (*residence jurisdiction*).

Com vistas a evitar a concretização desse nocivo fenômeno, e a facilitar a realização de trocas e investimentos transnacionais, apresentam-se os tratados internacionais como uma tradicional forma de eliminação da dupla tributação[26].

Referidas convenções internacionais têm como principal objetivo resolver o problema da dupla tributação através de regras que limitam e realocam as competências tributárias de cada país signatário. Em síntese, esse tipo de tratado internacional almeja "evitar os 'conflitos positivos de tributação' e os efeitos distorcivos por eles produzidos sobre a competição"[27].

O funcionamento dos tratados contra a dupla tributação é bem sintetizado por Alberto Xavier, que reconhece que eles contêm dois tipos de regra de reconhecimento de competência (ou "regras distributivas"): **(i)** as de competência exclusiva, que alocam o poder de tributar ou ao país da fonte dos rendimentos, ou ao da residência do beneficiário, de forma excludente, e **(ii)** as de competência cumulativa, que reconhecem a possibilidade de ambos os países exercerem o poder de tributar. Para os casos em que a competência é cumulativa, o próprio tratado, por meio de uma terceira categoria de regras (diferentes das de reconhecimento de competência), prevê mecanismos destinados a eliminar ou atenuar a dupla tributação[28].

[25] VOGEL, op. cit., p. 9.

[26] ARNOLD, op. cit., p. 105.

[27] UCKMAR, Victor et al. **Manual de Direito Tributário Internacional**. São Paulo: Dialética, 2012. p. 37.

[28] XAVIER, op.cit., p. 621-622.

Reside na época imediatamente posterior à Primeira Guerra Mundial a origem histórica das convenções para evitar a dupla tributação, como desdobramento da intensificação das relações econômicas entre as Nações e do início da difusão da *Worldwide Taxation* (tributação em bases universais)[29]. No período entre-guerras, cerca de 20 tratados desse tipo foram firmados notadamente entre os países europeus, impulsionados pelos esforços empreendidos pela Liga das Nações, que chegou a cunhar os primeiros modelos (*draft models*) de convenções bilaterais para evitar a dupla tributação[30].

Novo impulso à assinatura de convenções internacionais dessa espécie verificou-se após a Segunda Mundial, especialmente a partir dos estudos desenvolvidos pela *Organization for European Economic Cooperation* (OEEC), que viria a ser sucedida pela OCDE[31].

Esta última organização ganhou notoriedade no âmbito do Direito Tributário Internacional ao apresentar um Modelo de convenção para evitar a dupla tributação, sujeito a revisões periódicas (tendo a última delas ocorrido no ano de 2017, de acordo com a página oficial da OCDE[32]), que constitui a base da grande maioria dos mais de 3000 tratados em matéria tributária vigentes atualmente. Esse modelo desempenha papel fundamental na tarefa de "conter a multiplicação de tentativas falidas de negociações para a estipulação de acordos internacionais destinados ao tratamento das categorias redituais com implicação transnacional", nas palavras de Heleno Tôrres[33].

29 Uckmar, op. cit., p. 24.

30 Xavier, op. cit., p. 75.

31 Uckmar, op. cit., p. 25.

32 Informação disponível em: <http://www.oecd.org/ctp/treaties/model-tax-convention-on-income-and-on-capital-condensed-version-20745419.htm>. Acesso em: 12 mai. 2018.

33 Tôrres, op. cit., p. 493.

Embora o Brasil não seja, formalmente, membro da OCDE, todos os 33 acordos internacionais para evitar a dupla tributação atualmente em vigor no país[34] seguem, em linhas gerais, a estrutura da Convenção-Modelo da OCDE, com algumas influências do Modelo de Tratado da ONU[35]. Assim, a estrutura comum aos acordos brasileiros (e, em grande parte, ao Modelo OCDE) pode ser resumida da seguinte forma:

- Capítulo I: abrangência da convenção, mediante indicação das pessoas e impostos visados pelo acordo (artigos 1 e 2);
- Capítulo II: definições para os propósitos do tratado, divididas em (a) definições gerais, (b) domicílio fiscal e (c) estabelecimento permanente (artigos 3 a 5);
- Capítulo III: tributação de rendimentos, dividida em vários artigos, cada um dedicado a um tipo de rendimento (rendimentos de bens imobiliários, lucros das empresas, lucros provenientes da navegação marítima e aérea, lucros obtidos por empresas associadas, dividendos, juros, royalties, ganhos de capital, rendimentos decorrentes do exercício de profissões independentes, rendimentos decorrentes de trabalho assalariado, remu-

[34] Países com os quais o Brasil mantém acordo vigente para evitar a dupla tributação: África do Sul, Argentina, Áustria, Bélgica, Canadá, Chile, China, Coreia do Sul, Dinamarca, Equador, Espanha, Filipinas, Finlândia, França, Hungria, Índia, Israel, Itália, Japão, Luxemburgo, México, Noruega, Países Baixos, Peru, Portugal, República Eslovaca, República Tcheca, Rússia, Suécia, Trininad e Tobago, Turquia, Ucrânia e Venezuela. Havia ainda um acordo dessa espécie com a Alemanha, mas este tornou-se sem efeito desde 1º de janeiro de 2006. Informações extraídas do site oficial da Receita Federal do Brasil, no seguinte endereço: http://idg.receita.fazenda.gov.br/acesso-rapido/legislacao/acordos-internacionais/acordos-para-evitar-a-dupla-tributacao/acordos-para-evitar-a-dupla-tributacao. Acesso em: 12 mai. 2018.

[35] ROCHA, Sérgio André. **Tributação de lucros auferidos no exterior (Lei nº 12.974/14)**. São Paulo: Dialética, 2014. p. 50.

neração de diretores, remuneração de artistas e esportistas, pensões, remunerações públicas, remuneração de professores, remuneração de estudantes e outros rendimentos não especificados (artigos 6 a 21 ou 22);
- Capítulo IV: métodos para eliminar a dupla tributação (artigo 22 ou 23);
- Capítulo V: disposições especiais (artigos 23 ou 24 a 26 ou 27); e
- Capítulo VI: disposições finais (artigos 28 e 29 ou 27 e 28).

Exatamente em virtude de existir tal estrutura comum, ao longo deste trabalho, quando houver referência a certo dispositivo de convenções internacionais firmadas pelo Brasil, não será necessário especificar exatamente de qual tratado se está falando. Apenas quando, ocasionalmente, houver peculiaridades de redação ou conteúdo que mereçam maior atenção, será referido o acordo específico.

Como já explicado acima, os tratados atuam limitando e realocando as competências tributárias dos países signatários. Isso significa que, nos casos em que há o pagamento de remuneração de serviços prestados por sociedades que residam em países com os quais o Brasil assinou um acordo para evitar a dupla tributação, a incidência do IRRF pode sofrer impactos relevantes (e, até mesmo, ser afastada).

A fim de identificar o possível alcance de tais impactos, é necessário analisar, sob o ponto de vista jurídico, a influência que os tratados internacionais podem exercer sobre a aplicação do direito interno brasileiro. É preciso identificar, por exemplo, se os tratados firmados pelo Brasil antes de vigorarem as atuais regras internas sobre a tributação dos serviços prestados por não-residentes devem prevalecer diante de tais regras, ou não. Por isso, na seção seguinte, será discutida a relação entre os tratados internacionais e o direito interno brasileiro.

2.2. Relação com o Direito Interno Brasileiro

2.2.1. Monismo, Dualismo e *Status* dos Tratados em Relação ao Direito Interno

A distinção entre as teorias do monismo e do dualismo é clássica no âmbito dos estudos do Direito Internacional, no tocante à relação entre os tratados e o direito interno, pelo que merece ser brevemente estudada.

Para a teoria dualista, o direito internacional e o direito interno são dois ordenamentos jurídicos absolutamente independentes, estanques, que não se confundem[36]. Como consequência, para que as normas internacionais passassem a vigorar no âmbito interno, deveriam ser expressamente incorporadas à legislação nacional, por meio de lei ou outro ato normativo[37], e assim assumiriam a mesma posição hierárquica do ato responsável por sua internalização[38].

Já a doutrina monista parte do princípio de que o direito é um só, constituindo o direito internacional e o direito interno meros ramos de um mesmo sistema jurídico[39]. Como corolário lógico dessa ideia, não há necessidade de incorporação expressa dos tratados ao ordenamento jurídico interno. Quanto à hierarquia entre tratados e leis nacionais, essa teoria subdivide-se em duas correntes: (**i**) a do monismo com primado do direito internacional, e (**ii**) a do monismo com primado do direito interno[40].

Em que pese ser clássica essa distinção entre monismo e dualismo, na verdade, como observa Igor Mauler Santiago, não tem ela a magnitude que por vezes se lhe quer emprestar. Isso

[36] ACCIOLY, Hildebrando; NASCIMENTO E SILVA, G.E. do; CASELLA, Paulo Borba. **Manual de Direito Internacional Público.** 17ª edição. São Paulo: Saraiva, 2009. p. 211.

[37] XAVIER, op. cit., p. 88.

[38] XAVIER, op. cit., p. 91.

[39] ACCIOLY, op. cit., p. 211.

[40] ACCIOLY, 2009, loc. cit.

porque, como observa o citado autor, a opção pelo monismo não torna clara a posição dos tratados ante a lei interna (em função de existirem correntes antagônicas sobre essa posição), bem como a concepção dualista não necessariamente impõe a paridade hierárquica entre os tratados e a lei interna[41].

Parece ser essa também a posição adotada pelo Ministro Celso de Mello ao proferir voto no julgamento da Medida Cautelar na Ação Direta de Inconstitucionalidade nº. 1.480, no qual afirmou que "*é na Constituição da República* – e *não* na controvérsia doutrinária que antagoniza monistas e dualistas – que se *deve* buscar a solução normativa para a questão da *incorporação* dos atos internacionais ao sistema de direito positivo interno brasileiro".

Atualmente, o entendimento que prevalece no Supremo Tribunal Federal (STF), remontando ao julgamento do RE 80.004/SE na década de 70, é de que os tratados internacionais, uma vez internalizados, gozam do *status* de lei ordinária. Essa posição, inclusive, foi reafirmada pelo STF no julgamento da já citada Medida Cautelar na Ação Direta de Inconstitucionalidade nº. 1.480, em 1997, em que foi estabelecido que somente haverá prevalência dos tratados internacionais sobre o direito interno "quando a situação de antinomia com o ordenamento doméstico impuser, para a solução do conflito, a aplicação alternativa do critério cronológico (*'lex posterior derogat priori'*) ou, quando cabível, do critério da especialidade".

Em outros termos, apenas seria possível falar em uma primazia dos tratados quando estes fossem posteriores às normas de direito interno que com eles conflitassem (pelo critério cronológico) ou, sempre que cabível, quando a especialidade da matéria neles versada justificasse sua aplicação em detrimento das regras de caráter geral no direito interno.

[41] SANTIAGO, Igor Mauler. **Direito Tributário Internacional**: métodos de solução dos conflitos. São Paulo: Quartier Latin, 2002. p. 26.

É ainda de se registrar que, mais recentemente, o STF, ao julgar os Recursos Extraordinários nº. 466.343/SP e 349.703/RS, concedeu tratamento diferenciado aos tratados sobre direitos humanos, considerando-os como de posição equivalente à das normas constitucionais ou, caso não observado o procedimento de incorporação instituído pela Emenda Constitucional nº. 45, reconhecendo-lhes um caráter de supralegalidade (posição acima das leis e abaixo da Constituição).

Ressalte-se, todavia, que permaneceu inalterada a jurisprudência em relação aos tratados que versem sobre matérias outras que não direitos humanos, inclusive os tratados em matéria tributária, devendo-se considerar que possuem eles posição hierárquica idêntica à das leis ordinárias[42].

2.2.2. Convenção de Viena e a Aplicação do Princípio da Especialidade

A criação, a interpretação e as consequências dos tratados internacionais em geral, inclusive das convenções para evitar a dupla tributação, sujeitam-se às regras contidas na Convenção de Viena sobre o Direito dos Tratados de 23 de Maio de 1969[43].

Embora tenha sido assinada pelo Brasil já em 1969, mais de 40 anos se passaram até que ela viesse a entrar em vigor no plano interno. Isso porque o texto da Convenção de Viena foi submetido ao Congresso Nacional em 22 de abril de 1992, e apenas veio a ser referendada pelo Congresso e promulgada pelo Executivo ao final do ano de 2009 (por meio do Decreto nº. 7.030, de 14 de dezembro de 2009)[44].

[42] ROSSI, Júlio César. Os tratados internacionais e a sua superioridade: a interpretação do artigo 98 do Código Tributário Nacional à luz da Convenção de Viena sobre o Direito dos Tratados. **Revista Dialética de Direito Tributário (RDDT)**, São Paulo, nº. 186, março/2011. p. 49.

[43] VOGEL, op. cit., p. 28.

[44] XAVIER, op. cit., p. 94-95.

O artigo 27 da Convenção de Viena estabelece a prevalência dos tratados internacionais sobre as legislações internas dos países signatários, ao dispor que "uma parte não pode invocar as disposições de seu direito interno para justificar o inadimplemento de um tratado". Tal disposição encontra-se em plena consonância com o reconhecimento, pela jurisprudência internacional, da primazia do direito internacional[45]. No Brasil, também parece apontar nesse sentido a doutrina majoritária, da qual são exemplos os autores Hildebrando Accioly[46] e Alberto Xavier[47].

Uma vez que é relativamente recente a promulgação da Convenção de Viena, ainda não houve tempo hábil para que o STF enfrentasse a questão da posição hierárquica dos tratados internacionais à luz do citado artigo 27. Mostra-se, portanto, plenamente possível que o STF reveja sua posição quanto ao tema em debate, fazendo prevalecer o voto vencido proferido pelo Ministro Gilmar Mendes no julgamento do Recurso Extraordinário nº. 466.343-1, bastante elogiado pela doutrina[48], no sentido de que a supralegalidade seria não uma característica exclusiva dos tratados sobre direitos humanos, mas pertinente a toda e qualquer convenção internacional. Essa, segundo Hildebrando Accioly, seria a conclusão mais acertada, sob pena de "esvaziar o processo de institucionalização do direito internacional e de construção de seu conteúdo"[49].

Caso, eventualmente, venha o STF a rechaçar novamente a tese da supralegalidade dos tratados, mesmo à luz do artigo 27 da Convenção de Viena, certamente não poderá deixar de aplicá-lo de alguma forma, sob pena de torná-lo inócuo. Há, na

45 Accioly, op. cit., p. 211.
46 Accioly, op. cit., p. 223.
47 Xavier, op. cit., p. 123-124.
48 Xavier, op. cit., p. 120-123.
49 Accioly, 2009, loc. cit.

verdade, um meio capaz de compatibilizar esse dispositivo com a atual jurisprudência do STF, sem necessidade de se alterar a posição hierárquica dos tratados internacionais: através da aplicação do princípio da especialidade.

Conforme se expôs anteriormente, já estabelecera o STF, por ocasião do julgamento da Medida Cautelar na Ação Direta de Inconstitucionalidade nº 1.480, que eventuais antinomias entre as convenções internacionais e o direito interno deveriam ser solucionadas por meio da "aplicação alternativa do critério cronológico (*'lex posterior derogat priori'*) ou, quando cabível, do critério da especialidade".

Entende o STF, pois, que sempre que cabível, deverá ser aplicado o princípio da especialidade (*lex specialis derogat legi generali* – lei especial derroga a lei geral). Tal princípio, no que diz respeito aos tratados para evitar a dupla tributação, conduzirá via de regra à prevalência de sua aplicação, como observa Alberto Xavier[50]. Alguns autores inclusive vislumbram a existência de um princípio de especialidade *sui generis*, segundo o qual "a natureza da especialidade estaria baseada na vontade do legislador de respeitar as obrigações internacionalmente assumidas"[51].

A nosso ver, de fato, é o princípio da especialidade o critério legítimo para explicar adequadamente a relação entre os acordos internacionais e o direito interno, inclusive no que respeita aos tratados para evitar a dupla tributação. Isso porque esse tipo de tratado possui âmbito de incidência específico, diverso do das leis tributárias internas, e por isso deve prevalecer sobre o direito interno. Nesse sentido, bastante lúcidas são as palavras de Igor Mauler Santiago, ao defender que a lei nova só afasta o tratado (lei especial) se o fizer de modo expresso[52].

[50] Xavier, op. cit., p. 119.
[51] Uckmar, op. cit., p. 41.
[52] Santiago, op. cit., p. 39.

Tal interpretação, ressalte-se, encontra-se em plena consonância com a atual jurisprudência do Supremo, que prega a aplicação alternativa do princípio da especialidade (sempre que cabível) e do critério cronológico (que se fará presente quando a lei nova expressamente afastar a incidência do tratado), bem como com o artigo 27 da Convenção de Viena, que estabelece a primazia dos tratados (ainda que assegurada por meio do princípio da especialidade).

2.2.3. Artigo 98 do CTN e os Tratados em Matéria Tributária

Em relação especificamente à posição dos tratados internacionais em matéria tributária, há ainda uma última questão a ser analisada: a interpretação a ser conferida à parte final do artigo 98 do Código Tributário Nacional (CTN), cuja dicção determina que "os tratados e as convenções internacionais revogam ou modificam a legislação tributária interna, e serão observados pela que lhes sobrevenha".

A inserção de tal dispositivo no texto do CTN buscou inspiração diretamente no artigo 27 da Convenção de Viena sobre o Direito dos Tratados, já examinado anteriormente, em razão de os responsáveis pelo projeto do CTN (Rubens Gomes de Sousa e Gilberto de Ulhôa Canto) terem sido influenciados pelo movimento internacional impulsionado pela referida Convenção[53].

Aduz Heleno Tôrres que o citado artigo 98 presta uma homenagem aos princípios do *pacta sunt servanda* ("os pactos devem ser cumpridos") e da prevalência de aplicabilidade das normas internacionais sobre o direito interno, vedando à atividade legislativa a possibilidade de desobediência unilateral ao conteúdo das convenções, que somente poderiam ter retirada sua vigência mediante procedimento específico (a denúncia)[54].

[53] Rossi, op. cit., p. 51-52.
[54] Tôrres, op. cit., p. 579-582.

Já o internacionalista Francisco Rezek enxerga o dispositivo como uma exceção à regra da paridade entre os tratados e a lei ordinária, de modo que consistiria em "uma norma hierarquizante naquele terreno onde o CTN foi qualificado pela Constituição para ditar 'normas gerais'"[55]. Posição semelhante é adotada por Alberto Xavier, no sentido de que o dispositivo confirmaria a superioridade hierárquica dos tratados em matéria tributária[56].

Por outro lado, Igor Mauler Santiago coerentemente sustenta ser equivocada a ideia de que o artigo 98 do CTN coloca os tratados em posição hierarquicamente superior à das leis ordinárias, pois não se pode interpretar a competência atribuída pelo artigo 146, III, da Constituição, à lei complementar para ditar normas gerais em matéria de legislação tributária como um "cheque em branco em favor do Congresso Nacional"[57]. Com efeito, a hierarquia entre diplomas normativos é questão eminentemente constitucional, pois influencia diretamente nas relações entre as diferentes esferas de poder, e portanto não se poderia cogitar que uma Lei Complementar, de natureza infraconstitucional, viesse a tratar sobre a matéria[58].

O próprio Igor Mauler Santiago sugere interpretação do artigo 98 do CTN que nos parece ser a mais acertada: a de que o dispositivo não almeja alçar os tratados a uma posição hierarquicamente superior, mas tão-somente reconhecer-lhes caráter especial face à lei interna (que deve ser vista como norma geral)[59]. Mais uma vez, vê-se, pois, a presença do critério da

55 REZEK, Francisco. **Direito Internacional Público:** curso elementar. 12ª edição. São Paulo: Saraiva, 2010. p. 101-103.

56 XAVIER, op. cit., p. 105.

57 SANTIAGO, op. cit., p. 53.

58 SANTIAGO, op. cit., p. 54.

59 SANTIAGO, op. cit., p. 56.

especialidade como definidor da aplicação dos tratados em detrimento da lei interna.

Inclusive, a orientação adotada na atual jurisprudência dominante do Superior Tribunal de Justiça (STJ) coincide com esse entendimento[60], atribuindo-se ao artigo 98 a característica de declarar a especialidade dos tratados face à lei interna, tornando-os assim, em princípio, intangíveis a esta.

Sem dúvidas, qualquer que seja a interpretação conferida ao artigo 98 do CTN, tem-se o resultado prático de reconhecer a prevalência dos tratados em matéria tributária, seja em virtude de sua posição hierarquicamente superior, como pretendem alguns autores, seja por aplicação do princípio da especialidade.

3. Discussões sobre a Aplicação dos Tratados para Evitar a Dupla Tributação às Remunerações de Serviços

Na seção anterior, estabeleceu-se que, de fato, os tratados internacionais em matéria tributária devem prevalecer sobre as regras internas relativas aos assuntos neles abordados. Como consequência, é de se esperar que tais tratados produzam efeitos relevantes no que diz respeito à incidência do IRRF sobre os rendimentos de serviços, seja impedindo-a, seja reduzindo o ônus desse tributo, ou ainda simplesmente garantindo mecanismos para atenuar a dupla tributação. No entanto, desde o final da década de 90, no Brasil, tem sido objeto de profundas discussões a forma correta de se aplicar os tratados contra a dupla tributação aos rendimentos de serviços auferidos por residentes no exterior.

Com efeito, vale lembrar, conforme já exposto na seção 3.1, que os tratados contêm artigos que estabelecem limites à competência tributária dos países signatários (as chamadas "regras

[60] A título de exemplo, podem ser citados o REsp 1.325.709/RJ e o REsp 1.161.467/RS.

distributivas"), ora concedendo competência cumulativa a ambos os países, ora concedendo-a em caráter exclusivo para um dos países (ou o da fonte, ou o da residência do beneficiário).

Em geral, essas regras distributivas estão contidas nos artigos 7 a 21 ou 22 dos tratados assinados pelo Brasil (que, lembre-se, seguem o modelo da OCDE com alterações pontuais), sendo que cada um desses artigos cuida de uma determinada espécie de rendimento. Desse modo, nos tratados, é a natureza do rendimento que determina qual artigo se aplica e, por consequência, se a competência para tributá-lo é cumulativa ou exclusiva.

O que se discute com relação à interpretação dos tratados tributários aos rendimentos de serviços é exatamente qual artigo deve ser aplicado. O efeito prático de tal discussão é que, a depender do artigo aplicável, pode ser admitida ou não a incidência do IRRF, ou ainda eventual limitação à sua alíquota aplicável.

Nas subseções seguintes, pretende-se traçar um histórico da evolução dessa discussão, em especial a partir de diversas mudanças sofridas no entendimento defendido pela RFB e pela Procuradoria-Geral da Fazenda Nacional (PGFN) ao longo dos anos e dos principais precedentes judiciais sobre o assunto.

3.1. O Caso Renault

Uma das primeiras manifestações relevantes da RFB quanto à aplicação dos tratados tributários aos rendimentos oriundos de serviços pagos para o exterior – e, segundo alguns autores, uma das poucas oportunidades em que as autoridades fazendárias teriam decidido corretamente[61] – foi a Decisão nº 9E97F007,

[61] DUARTE FILHO, Paulo César Teixeira. Caso Renault: aplicação do art. VII da Convenção Brasil-França aos pagamentos pela prestação de serviços não incluídos no conceito e *know-how*. In: CASTRO, Leonardo Freitas de Moraes e (coord.). **Tributação internacional: análise de casos**, volume 2. São Paulo: MP Editora, 2015. p. 251-252.

de 8 de outubro de 1997[62], oriunda de uma consulta fiscal formulada por subsidiária brasileira da Renault.

A referida Decisão, como observa a doutrina, discutiu a aplicação do tratado Brasil-França com relação a pagamentos efetuados pela Renault do Brasil Automóveis S.A. a uma empresa francesa, a título de remuneração para "realizar um pré-estudo de engenharia para a construção de sua fábrica, além da assistência quanto aos trabalhos de engenharia ligados ao empreendimento"[63].

O Chefe da Divisão de Tributação responsável pelo caso baseou-se em uma distinção entre os serviços envolvendo transferência de *know-how* (ou de tecnologia) e aqueles em que não há tal transferência. Para ele, no tratado Brasil-França, os serviços do primeiro tipo deveriam ser enquadrados no artigo 12 ("Royalties"), ao passo que os do segundo tipo, por falta de disposição específica, ficariam abrangidos pelo Artigo 7 ("Lucros das Empresas"). Como, no caso concreto em questão, os serviços prestados pela empresa francesa não envolviam transferência de tecnologia, prevaleceu a aplicação do artigo 7.

Como se verá em maiores detalhes ao longo da seção 5, enquanto o Artigo 12, no caso dos tratados brasileiros, reconhece competência tributária cumulativa para os países de fonte e de residência, o artigo 7 determina como regra que somente o país de residência do beneficiário dos rendimentos pode tributá-los. Por isso, no "Caso Renault", a aplicação do artigo 7 resultou em um reconhecimento, por parte das autoridades fiscais, de que o pagamento feito pela Renault à empresa francesa não deveria se sujeitar à incidência do IRRF.

[62] BRASIL. Ministério da Fazenda. Secretaria da Receita Federal. 9ª Região Fiscal. Divisão de Tributação. Decisão nº 9E97F007, 8 de outubro de 1997. **Diário Oficial da União**, Brasília, DF, 30 de dezembro de 1997. p. 34.

[63] DUARTE FILHO, op; cit., p. 254.

3.2. O Ato Declaratório Normativo COSIT nº 1/00

No ano de 2000, a então Secretaria da Receita Federal (SRF), em parte motivada pelas repercussões do Caso Renault[64], publicou o Ato Declaratório Normativo (ADN) COSIT nº 1/00, introduzindo uma radical mudança de entendimento quanto à forma de aplicação das convenções tributárias aos pagamentos a título de serviços.

Segundo esse ADN, os rendimentos decorrentes de contratos de prestação de assistência técnica e assistência técnica <u>sem</u> transferência de tecnologia seriam classificados no artigo "Rendimentos Não Expressamente Mencionados" (em geral, de número 21 ou 22) dos tratados assinados pelo Brasil, que admite competência tributária cumulativa e, portanto, permitiria a incidência do IRRF sobre remessas ao exterior a tal título. O ADN ainda esclarecia que deveriam ser entendidos, como contratos *sem* transferência de tecnologia, "aqueles não sujeitos à averbação ou registro no Instituto Nacional da Propriedade Industrial – INPI e Banco Central do Brasil". Como observa Alberto Xavier, o ADN deixou implícito que os serviços *com* transferência de tecnologia deveriam ser classificados, tal qual afirmado no Caso Renault, no artigo 12 ("Royalties").

O advento do ADN COSIT nº 1/00 produziu repercussões bastante negativas. Com efeito, a doutrina aponta que a aplicação do artigo 21/22, no caso de rendimentos de serviços, não encontrava nenhum paralelo na literatura e na experiência internacionais[65]. O isolamento da posição brasileira nesse ponto, inclusive, foi um dos motivos que levou a Alemanha a

[64] SANTOS, op. cit., p. 109.

[65] ROCHA, Sérgio André. Caso Copesul: tributação pelo IRRF da prestação de serviços, antes e depois do ADI RFB n. 5/14. In: CASTRO, Leonardo Freitas de Moraes e (coord.). **Tributação internacional: análise de casos, volume 3.** São Paulo: MP Editora, 2015. p. 225.

denunciar o seu tratado com o Brasil[66], e a Finlândia a ameaçar fazer o mesmo[67].

Como se verá adiante, a aplicação do ADN COSIT nº 1/00 passou a ser intensamente contestada pelos contribuintes, inclusive no âmbito do Poder Judiciário, levando o STJ a pronunciar-se sobre o assunto nos casos que viriam a ser conhecidos como "Copesul" e "Iberdrola" (em referência aos respectivos contribuintes envolvidos).

3.3. Os Atos Declaratórios Interpretativos SRF nº 27/04 e nº 4/06

Especificamente no caso do tratado entre Brasil e Espanha, a interpretação adotada pela RFB quanto à classificação dos rendimentos de serviços foi expressa no Ato Declaratório Interpretativo (ADI) RFB nº 27/04, em um primeiro momento, e depois pelo ADI RFB nº 4/06, que revogou o primeiro mas reproduziu o seu conteúdo quanto a esse assunto.

Na verdade, esses dois ADIs decorreram de negociação entre o Brasil e a Espanha, concluída em 2004, no âmbito de um procedimento amigável realizado em conformidade com o artigo 25 do respectivo tratado contra a dupla tributação[68]. Ou seja, diversamente do ADN COSIT nº 1/00, em que o Brasil apresentou sua posição de forma unilateral, os ADIs SRF nº 27/04 e nº 4/06 representam uma solução bilateral adotada consensualmente com a Espanha.

Em resumo, segundo os referidos ADIs, ressalvados os casos de serviços de caráter profissional (enquadrados no artigo 14 – "Profissões Independentes"), todos os serviços técnicos ou de assistência técnica, independentemente de haver ou não

[66] Filho, op. cit., p. 266.
[67] Santos, loc. cit.
[68] Santos, op. cit., p. 116.

transferência de tecnologia, são classificados como royalties e sujeitam-se, portanto, ao disposto no artigo 12 do tratado Brasil-Espanha. Os ADIs reconhecem, ainda, que em nenhuma hipótese seria aplicável o artigo 22 ("Rendimentos Não Expressamente Mencionados"), ao passo que o artigo 7 ("Lucro das Empresas") teria um "âmbito de aplicação reduzido", sem maiores esclarecimentos quanto a esse âmbito de aplicação.

Observa-se, assim, que a posição manifestada nos ADIs difere bastante daquela adotada no ADN COSIT nº 1/00, na medida em que afasta de forma absoluta a aplicação do artigo 22 e torna irrelevante a circunstância de os serviços envolverem ou não uma transferência de tecnologia.

Por outro lado, uma vez que é determinada, como regra, a aplicação do artigo 12 ("Royalties"), que contém regra de competência cumulativa conforme explicado anteriormente, a classificação dos rendimentos de serviços pelos ADIs também permite ao Brasil tributá-los na fonte, quando pagos a residentes na Espanha. Como reconhece o artigo 2º, inciso II, do ADI RFB nº 4/06, a alíquota do IRRF incidente sobre tais rendimentos é reduzida a 10% por força do tratado Brasil-Espanha[69].

[69] Embora o artigo 12, parágrafo 2, alínea "b", do tratado Brasil-Espanha, preveja uma limitação geral de 15% à alíquota do imposto incidente na fonte sobre pagamentos de royalties, o limite hoje vigente é, de fato, de 10%. Isso porque o item 4 do protocolo do referido tratado (apelidado de "cláusula da nação mais favorecida") prevê que caso o Brasil viesse a reduzir a tributação sobre royalties pagos por um residente do Brasil a um residente de um terceiro Estado não localizado na América Latina, igual redução passaria a ser automaticamente aplicável a royalties pagos a residentes na Espanha. Assim, como a convenção tributária entre Brasil e Israel, promulgada em 2005, estabelece um limite de 10% para a tributação de royalties na fonte, desde então esse mesmo limite passou a ser aplicável aos pagamentos a residentes na Espanha a título de royalties e também, por consequência, a título de rendimentos de serviços técnicos e de assistência técnica.

3.4. O Caso Copesul

Dentre os diversos casos que chegaram ao Judiciário para discutir a aplicação dos tratados tributários aos rendimentos de serviços, o que se tornou mais célebre, por ter sido o primeiro a ser apreciado pelo STJ, foi o da empresa Copesul Companhia Petroquímica do Sul (Recurso Especial nº 1.161.467/RS).

Nesse caso, foi discutida a possibilidade de exigência de IRRF sobre rendimentos de serviços *sem* transferência de tecnologia, pagos em favor de empresas estrangeiras, à luz dos tratados assinados pelo Brasil com a Alemanha e o Canadá.

Em particular, foi analisada a validade do ADN COSIT nº 1/00, que, como visto acima, determinava o enquadramento de tal tipo de rendimento no artigo 21/22 ("Rendimentos Não Expressamente Mencionados") dos tratados.

A Copesul defendeu a invalidade de tal ato infralegal e sustentou que a classificação correta dos rendimentos seria no artigo 7 ("Lucros das Empresas"), que impediria a incidência do IRRF. Já a PGFN alegou não ser possível a aplicação do artigo 7, sob o argumento de que as remessas ao exterior para pagamento de serviços não se encaixariam no conceito de "lucros" referido no dispositivo, mas sim de meras parcelas de receitas, uma vez que os "lucros" somente seriam verificados quando deduzidos os custos, despesas, encargos e perdas admitidos pela legislação do respectivo país.

Prevaleceu, contudo, a posição da Copesul. Com efeito, o Ministro Relator Castro Meira, em primeiro lugar, reconheceu a prevalência dos tratados sobre as disposições domésticas brasileiras, por força do princípio da especialidade. Baseado nessa premissa, então, afastou o argumento da PGFN de que os "lucros" passíveis de enquadramento no artigo 7 seriam somente aqueles apurados após as deduções cabíveis, por dois motivos principais: **(i)** tal interpretação é absurda, pois tornaria impossível aplicar o artigo 7, e **(ii)** a PGFN, ao defender essa posição, equiparou o "lucro das empresas" referidos no artigo 7 a um "lucro real" das empresas, ignorando que há mais de uma espécie de lucro.

Assim, considerando que o artigo 3 dos tratados determina que eventuais expressões não definidas nos próprios tratados devem ter o significado que lhes é atribuído pela legislação doméstica de cada país signatário, o STJ considerou que os "lucros" referidos no artigo 7 devem ser entendidos como "lucro operacional", definido pelo artigo 11 do Decreto-Lei nº 1.598/77 como o "resultado das atividades, principais ou acessórias, que constituam objeto da pessoa jurídica", o qual, por sua vez, é composto a partir das receitas de vendas de mercadorias e de serviços.

Por isso, tendo em vista que os rendimentos de serviços pagos a pessoas jurídicas estrangeiras são parcelas que integram o seu lucro operacional, o STJ reconheceu que tais rendimentos se enquadram no conceito de "lucros das empresas" do artigo 7 dos tratados com o Canadá e a Alemanha e, por consequência, afastou a possibilidade de exigência do IRRF por parte do Brasil.

Dessa forma, o STJ reconheceu a invalidade das disposições do ADN COSIT nº 1/00 e, na prática, fez prevalecer o entendimento que a própria RFB havia definido no Caso Renault (vide a seção 4.1).

3.5. O Parecer PGFN/CAT nº 2.363/13 e o Ato Declaratório Interpretativo RFB nº 5/14

Pouco após o julgamento do Caso Copesul pelo STJ, as autoridades fiscais inovaram mais uma vez em seu entendimento quanto à aplicação dos tratados tributários aos rendimentos de serviços. O novo entendimento tornou-se público com o advento do Parecer nº 2.363/13 da Coordenação-Geral de Assuntos Tributários (CAT) da PGFN, declaradamente elaborado com o intuito de rever o ADN COSIT nº 1/00 e de fornecer subsídios para um novo ato interpretativo sobre o tema.

Em grande parte, o Parecer aparenta se submeter à posição adotada pelo STJ no Caso Copesul, reconhecendo a prevalência dos tratados sobre a legislação interna brasileira, bem como a amplitude da abrangência do artigo 7 e a sua aplicação aos rendimentos de serviços, inclusive com base nos Comentários da OCDE à Convenção-Modelo (os quais, até então, costumavam ser ignorados pelas autoridades brasileiras). Dessa forma, o Parecer conclui que, em regra, não haveria incidência de IRRF sobre as remessas de rendimentos de serviços para países com os quais o Brasil possui acordo tributário.

Interessa observar, contudo, as ressalvas que o Parecer PGFN/CAT nº 2.363/13 faz em relação à aplicabilidade de sua conclusão quanto à não-incidência do IRRF. A primeira delas, que se refere aos casos em que a beneficiária dos rendimentos possui um estabelecimento permanente[70] no Brasil, não causa maiores surpresas, já que em tal hipótese o próprio texto do artigo do 7 autoriza a tributação dos "lucros das empresas" pelo país de fonte dos rendimentos.

Maior destaque, na verdade, merece uma segunda ressalva realizada pelo Parecer. Segundo a PGFN, mesmo com relação aos serviços que não envolvem transferência de tecnologia, nos casos de acordos tributários cujos protocolos caracterizem os rendimentos de serviços técnicos e assistência técnica como royalties, o enquadramento correto recairia no artigo 12, e não no artigo 7.

[70] O conceito de "estabelecimento permanente" é definido, em geral, no artigo 5 das convenções contra a dupla tributação assinadas pelo Brasil, correspondendo a uma instalação fixa de negócios por meio da qual as atividades de uma empresa são exercidas. O mesmo artigo fornece alguns exemplos que se enquadram nessa definição, como uma sede de direção, uma filial, um escritório, uma fábrica, uma oficina, uma mina etc.

Esse entendimento da PGFN viria a ser consolidado entre as autoridades fiscais por meio do Ato Declaratório Interpretativo RFB nº 5/14, podendo ser resumido da seguinte forma, com relação aos rendimentos de serviços técnicos e de assistência técnica *com* ou *sem* transferência de tecnologia (ou seja, sem fazer qualquer distinção entre eles): (**i**) quando o tratado contiver protocolo que equipare tais atividades a royalties, a classificação seria no artigo 12 ("Royalties"); (**ii**) quando os serviços forem relacionados com a qualificação técnica de uma pessoa ou grupo de pessoas, o enquadramento seria no artigo 14 ("Profissões Independentes"); (**iii**) nas demais hipóteses, a classificação correta seria no artigo 7 ("Lucros das Empresas"). Essas disposições, vale observar, encontram-se em linha com o que já constava nos ADIs SRF nº 27/04 e nº 4/06, relativos ao tratado Brasil-Espanha.

Como, conforme será demonstrado adiante na seção 5.2, a maioria dos acordos assinados pelo Brasil contém esse tipo de previsão em seus protocolos, o entendimento manifestado no Parecer PGFN/CAT nº 2.363/13 e no ADI RFB nº 5/14 acaba por tornar excepcional a aplicação do artigo 7, consagrando como regra, na prática, a aplicação do artigo 12 aos rendimentos de serviços. Dessa forma, a prevalecer tal entendimento, na maioria dos casos o Brasil poderia continuar a exigir o IRRF sobre as remessas de tais rendimentos.

3.6. O caso Iberdrola

Em 2015, o STJ tornou a se pronunciar sobre a aplicação dos tratados contra a dupla tributação aos rendimentos de serviços sem transferência de tecnologia, ao julgar o Recurso Especial nº 1.272.897/PE. Nessa ocasião, a contribuinte interessada era a Iberdrola Energia S/A, e o acordo analisado foi aquele celebrado entre Brasil e Espanha.

Em termos de argumentos explorados, o acórdão do STJ oriundo desse caso não apresenta maiores inovações, na medida em que adota fundamentação bastante similar àquela que prevaleceu no Caso Copesul e afasta a possibilidade de exigência do IRRF com base na aplicação do artigo 7 do acordo Brasil-Espanha.

Mais interessante, na verdade, é o fato de esse julgamento ter ocorrido quando já havia sido publicado o ADI RFB nº 5/14, bem como o ADI RFB nº 4/06 (que, lembre-se, interpreta o tratado Brasil-Espanha de forma específica). Tais atos sequer foram citados na fundamentação do acórdão, de modo que o resultado do Caso Iberdrola pode ser visto como um indício de que, na visão do STJ, o dispositivo aplicável aos rendimentos de serviços é realmente o artigo 7, mesmo quando o protocolo do respectivo tratado equiparar os rendimentos de serviços técnicos e assistência técnica a royalties (como ocorre com o acordo com a Espanha). Será necessário, contudo, aguardar novos julgamentos sobre o tema, a fim de identificar se essa impressão inicial será confirmada.

3.7. Questões Remanescentes

Como nenhum dos acórdãos do STJ sobre o assunto em análise foi proferido sob a sistemática dos recursos repetitivos prevista no artigo 1.036 do Código de Processo Civil, entende-se que não é possível afirmar que o entendimento manifestado nos Casos Copesul e Iberdrola representa a posição definitiva do Poder Judiciário.

Ainda, vale observar que algumas questões importantes não foram apreciadas nesses acórdãos. Com efeito, como observa a doutrina, em nenhum deles discutiu-se a questão de certos protocolos de tratados equipararem rendimentos de serviços técnicos a royalties[71], ou mesmo a possibilidade de enquadra-

[71] GARCIA, Ana Carolina Moreira; FONSECA, Frederico de Almeida. Não-incidência de IRRF sobre remessas ao exterior – Serviços técnicos sem transferência de tecnologia – Análise da jurisprudência. **Revista Dialética de Direito Tributário**, v. 172, jan 2010. p 17.

mento de tais rendimentos em outros artigos dos tratados que não o 7 ("Lucros das Empresas") ou o 21/22 ("Rendimentos não Expressamente Mencionados")[72]. Além disso, pouco foram exploradas as diferentes consequências tributárias aplicáveis a depender de os serviços envolverem, ou não, a transferência de tecnologia.

Especificamente quanto ao Caso Iberdrola, no qual foi discutida a aplicação do tratado Brasil-Espanha, vale observar que também não foram objeto de análise os efeitos dos ADIs SRF nº 27/04 e nº 4/06, decorrentes, vale lembrar, de negociação com a própria Espanha.

Essas questões não analisadas pelo STJ serão exploradas em maiores detalhes na seção seguinte, em que pretende-se expor nossas conclusões quanto à correta classificação dos rendimentos de serviços nos tratados contra a dupla tributação.

4. Análise dos Tratados para Evitar a Dupla Tributação: Enquadramento das Remunerações de Serviços Prestados por Pessoas Jurídicas no Exterior

Uma vez ultrapassada a evolução histórica das discussões sobre a aplicação dos tratados aos rendimentos de serviços, demonstrando-se a atual situação em que o assunto se encontra no Brasil, exporemos a seguir a nossa opinião quanto à correta classificação de tais rendimentos.

4.1. Artigos 7 ("Lucros das Empresas"), 14 ("Profissões Independentes") e 21/22 ("Rendimentos Não Expressamente Mencionados")

Segundo ensina Kees Van Raad, a classificação de uma modalidade de rendimentos em uma das disposições dos acordos tributários deve ser realizada, de forma sucessiva, em três etapas:

[72] LAVEZ, op. cit., p. 301.

(**i**) classificação em uma das cláusulas distributivas específicas (artigos 6, 8, 10, 11, 12, 16, 17, 18 ou 19); (**ii**) classificação em uma das cláusulas gerais (artigos 7º, 13, 14 e 15); e, por fim, (**iii**) classificação na cláusula residual (artigo 21/22 – "Rendimentos Não Expressamente Mencionados")[73]. Passa-se, então, a tentar adotar essas três etapas a fim de identificar a correta classificação dos rendimentos de serviços.

Já se mostra falha a tentativa de enquadrar os referidos rendimentos em uma das cláusulas distributivas específicas porque, seja na Convenção-Modelo da OCDE[74], seja nos 33 acordos contra a dupla tributação assinados pelo Brasil e atualmente vigentes, não há um artigo específico que trate de serviços. À exceção de alguns acordos que equiparam os serviços técnicos e a assistência técnica a royalties (cujo alcance será melhor examinado na seção 5.2), portanto, não há como aplicar as cláusulas distributivas específicas aos serviços.

Vale registrar que, embora seja essa a situação nos 33 acordos vigentes, o mesmo não se poderá dizer com relação a dois acordos recentemente assinados pelo Brasil, mas ainda não internalizados: o da Suíça[75] e o de Singapura[76]. Isso porque esses dois

[73] RAAD, Kees van. Escopo geográfico das regras de distribuição da convenção modelo da OCDE. **Revista Direito Tributário Atual**, v.22, 2008. p. 103.

[74] OCDE, op. cit., passim.

[75] BRASIL. Convenção entre a República Federativa do Brasil e a Confederação Suíça para Eliminar a Dupla Tributação em Relação aos Tributos sobre a Renda e Prevenir a Evasão e a Elisão Fiscais. **Ministério das Relações Exteriores**, Brasília, DF, 3 mai. 2018. Disponível em: <https://aplicacao.itamaraty.gov.br/ApiConcordia/Documento/download/26661>. Acesso em: 19 jun. 2018.

[76] BRASIL. Acordo entre a República Federativa do Brasil e a República de Singapura para Eliminar a Dupla Tributação em Relação aos Tributos sobre a Renda e Prevenir a Evasão e a Elisão Fiscais. **Ministério das Relações Exteriores**, Brasília, DF, 7 mai. 2018. Disponível em:<http://www.itamaraty.gov.br/pt-BR/notas-a-imprensa/18801-acordos-assinados-por-ocasiao-da-visita-do-ministro-aloysio-nunes-a-singapura-7-de-maio-de-2018#AC1>. Acesso em: 19 jun. 2018.

tratados contêm um artigo específico destinado aos "serviços técnicos", de modo que, especificamente para esses dois casos, a classificação dos serviços de tal tipo deverá recair em uma regra distributiva específica.

Para os 33 acordos vigentes do Brasil, então, é necessário passar à tentativa de classificar os rendimentos de serviços em uma das cláusulas distributivas gerais. Dentre elas, entende-se que somente é possível cogitar a aplicação de duas: o artigo 14 ("Profissões Independentes") e o artigo 7 ("Lucros das Empresas").

O artigo 14 foi excluído da Convenção-Modelo da OCDE[77], mas foi incluído e permanece vigente em todos os 33 acordos celebrados pelo Brasil. Trata-se de artigo destinado a serviços de caráter profissional, com diversas possíveis redações, de modo que é necessário analisar o seu alcance individualmente em cada um dos tratados assinados pelo Brasil[78]. Desde que presentes as condições previstas no respectivo tratado, assim, os rendimentos de serviços podem realmente ser enquadrados no artigo 14, de modo que andou bem, nesse ponto, o ADI RFB nº 5/14, como reconhece Ramon Tomazela Santos[79].

Tendo em vista, contudo, que por questões de corte metodológico optou-se por não incluir os serviços profissionais no escopo deste trabalho, mas tão somente os serviços de natureza empresarial, nosso enfoque não será detalhar a aplicação do artigo 14.

Cabe, por outro lado, analisar a possível aplicação de outra cláusula distributiva geral: o artigo 7 ("Lucros das Empresas"). Trata-se de um dispositivo que, no Modelo OCDE[80] e em todas as convenções celebradas pelo Brasil, atribui competência tributária exclusiva ao país de residência do beneficiário dos rendi-

[77] OCDE, loc. cit.

[78] SANTOS, op. cit., p. 116.

[79] SANTOS, op. cit., passim.

[80] OCDE, loc. cit.

mentos, exceto quando ele possui estabelecimento permanente no país de fonte. Assim, como regra, pelo artigo 7, os lucros de uma empresa somente podem ser tributados pelo país onde essa empresa possuir residência.

A importância e a generalidade do alcance do artigo 7 são amplamente reconhecidas na doutrina. Com efeito, Alberto Xavier chega a designá-lo como o "coração" dos tratados para evitar a dupla tributação[81]. Ramon Tomazela Santos destaca o seu alcance universal (caráter "guarda-chuva"), na medida em que se destina a abranger "a totalidade dos rendimentos decorrentes do exercício de uma atividade econômica, desde que não contemplados expressamente em artigos que versem acerca de categorias específicas"[82].

Paulo Duarte Filho, por seu turno, justifica a generalidade do alcance do artigo 7, bem como a atribuição de competência exclusiva ao país de residência, pelo fato de que é nesse país onde se tem condições de observar qual é, efetivamente, o lucro da empresa, já considerando o abatimento de todas as despesas dedutíveis[83]. Justifica-se a regra de competência exclusiva também com base no consenso de que, a menos que a empresa de um Estado tenha estabelecimento permanente em outro, não se pode considerar que ela participe da atividade econômica desse outro Estado a ponto de ter o seu lucro tributado por ele[84].

Embora o próprio artigo 7 não esclareça o que se deve considerar como "lucros das empresas", os Comentários à Convenção-Modelo da OCDE esclarecem que essa expressão deve ser entendida como abrangendo todo e qualquer rendimento (*income*) auferido na condução de uma empresa[85].

[81] Xavier, op. cit. p. 628.
[82] Santos, op. cit., p. 106-107.
[83] Duarte Filho, op. cit., p. 656-657.
[84] OCDE, op. cit., p. 175.
[85] OCDE, op. cit., p. 193.

Essa observação torna clara a insubsistência do argumento por muito tempo defendido pela PGFN e pela RFB, no sentido de que o artigo 7 não abrangeria as remessas relativas a serviços porque elas não representariam "lucro", mas sim "parcelas das receitas da empresa". Na verdade, os Comentários da OCDE tornam claro que artigo 7 é aplicável sempre que houver quaisquer pagamentos que venham a compor o lucro de uma empresa residente no outro Estado contratante.

Daí porque entendemos ser correto o entendimento do STJ nos Casos Copesul e Iberdrola, com relação à aplicação do artigo 7, como regra, às remessas relativas a serviços prestados por residentes em países com os quais o Brasil tem acordo, afastando-se a possibilidade de exigência do IRRF. Aliás, vale observar que a aplicação do artigo 7 a rendimentos de serviços é reconhecida pela própria OCDE[86].

Nesse mesmo sentido, Alberto Xavier reconhece que as convenções assinadas pelo Brasil tratam as remunerações de serviços não como rendimentos isolados, mas como receitas integrantes do conceito de "lucro de empresa"[87]. O mesmo autor, em outra obra, aponta para a ausência de lógica em distinguir vendas de mercadorias das vendas de serviços (como, até hoje, tenta fazer o governo brasileiro), uma vez que em ambos os casos há custos que devem ser levados em consideração para fins de tributação, de modo que somente deveria ser tributado o ganho efetivo (ou lucro) auferido pelo contribuinte em seu Estado de residência.

A possibilidade de aplicação do artigo 7 aos rendimentos de serviços é, ainda, reconhecida de forma praticamente unânime na doutrina nacional e internacional, por autores como

[86] OCDE, op. cit., p. 278.

[87] XAVIER, Alberto. A tributação da prestação internacional de serviços, em especial de serviços técnicos e de assistência técnica. **Revista Dialética de Direito Tributário**, v. 235, abril 2015.p. 8.

Klaus Vogel[88], Ramon Tomazela Santos[89], Paulo Duarte Filho[90] e Sérgio André Rocha[91].

Vale, por fim, um comentário quanto ao artigo 21/22 ("Rendimentos Não Expressamente Mencionados"), cuja aplicação aos rendimentos de serviços já foi defendida no passado pela RFB. Trata-se de cláusula distributiva residual, que se entende não ser aplicável aos serviços porque estes já estão abrangidos pelo artigo 7, em regra. Como aponta Ramon Tomazela Santos, esse dispositivo se aplica a espécies excepcionais de rendimentos, tais como "anuidades de previdência social, pagamentos de manutenção a parentes, indenizações, resgate de plano de pensão, pagamentos de seguridade social, heranças, pensão por invalidez, prêmios artísticos e acadêmicos, donativos de fundações, ganhos de jogos de azar"[92], dentre outros. A aplicação desse artigo aos serviços, vale lembrar, já foi superada nos Casos Copesul e Iberdrola, e abandonada definitivamente pela RFB no ADI nº 5/14.

Em resumo, portanto, ressalvados os casos de serviços profissionais enquadráveis no artigo 14, os rendimentos de serviços, em regra, devem ser classificados no artigo 7 das convenções contra a dupla tributação assinadas pelo Brasil. Por isso, quando os serviços forem prestados por residentes no exterior que não tenham estabelecimento permanente no Brasil, a aplicação do artigo 7 afasta a cobrança do IRRF quando da remessa dos respectivos pagamentos.

[88] Vogel, op. cit., p. 406.
[89] Santos, op. cit., passim.
[90] Duarte Filho, op. cit., p. 256.
[91] Rocha, op. cit., p. 224.
[92] Santos, op. cit., p. 111.

4.2. Equiparação a Royalties, por Protocolo, das Remunerações de Serviços Técnicos e Assistência Técnica, e Impossibilidade de Aplicação do Artigo 12 Quando não Houver Transferência de Tecnologia

O artigo 12 da Convenção-Modelo da OCDE e dos tratados tributários assinados pelo Brasil cuida de regra distributiva específica relacionada ao pagamento de royalties entre residentes dos Estados signatários. No caso dos acordos do Brasil, esse artigo atribui competência cumulativa aos países de fonte e de residência do beneficiário, com limitação de tributação na fonte a uma determinada alíquota máxima[93].

Como regra, o próprio artigo 12 contém um parágrafo 3º que delimita o conceito de royalties. Confira-se, por exemplo, o texto do referido parágrafo no acordo Brasil-Israel:

> 3. O termo "royalties", conforme empregado no presente Artigo, significa pagamentos de qualquer espécie recebidos como remuneração pelo uso, ou pelo direito de uso, de um direito de autor sobre uma obra literária, artística ou científica (inclusive filmes cinematográficos e filmes ou fitas para transmissão por rádio ou televisão), de qualquer patente, marca de indústria ou comércio, desenho ou modelo, plano, fórmula ou processo secreto, assim como pelo uso, ou pelo direito de uso, de um equipamento industrial, comercial ou científico, ou por informações relativas à experiência adquirida no setor industrial, comercial ou científico.

Facilmente se percebe, pela leitura da definição em questão, que ela não abrange os rendimentos de serviços.

93 Calazans, Fernanda Junqueira; Neves, Andrea Nogueira. Remessas de contraprestação por serviços técnicos para o exterior vis-à-vis aos tratados para evitar a dupla tributação. In: Tôrres, Heleno Taveira (coord.). **Direito tributário internacional aplicado – volume III**. São Paulo: Quartier Latin, 2005. p. 770.

Ocorre que, em algumas convenções assinadas pelo Brasil, os textos dos respectivos protocolos determinam que a definição de royalties prevista no parágrafo 3º do artigo 12 abrange a remuneração pela prestação de "assistência técnica" ou de "serviços técnicos". Para esses casos, então, é que o ADI RFB nº 5/14 determina que os rendimentos de tais atividades sejam classificados no artigo 12, *haja ou não transferência de tecnologia.*

Vale esclarecer que os protocolos dos tratados são partes integrantes destes, com a sua mesma natureza e eficácia, cujo objetivo é permitir aos países signatários incluir detalhamentos, esclarecimentos ou ressalvas sem macular a estrutura da Convenção-Modelo da OCDE[94].

A depender do tratado, essa equiparação dos serviços técnicos e da assistência técnica a royalties assume diversas possíveis redações, algumas mais específicas, outras mais amplas[95]. Uma recente emenda ao tratado Brasil-Argentina[96], ainda pendente de internalização, chega até mesmo a alterar o respectivo protocolo para estipular uma definição de serviços técnicos e assistência técnica (bastante similar, aliás, à prevista no artigo 17 da Instrução Normativa RFB nº 1.455/14). De modo geral, contudo, pode-se afirmar que o resultado é sempre o mesmo: incluir os serviços técnicos e a assistência técnica na definição de royalties prevista no parágrafo 3º do artigo 12.

[94] XAVIER, Alberto. A tributação da prestação internacional de serviços, em especial de serviços técnicos e de assistência técnica. **Revista Dialética de Direito Tributário**, v. 235, abril 2015. p. 25.

[95] SANTOS, op. cit., p. 112.

[96] BRASIL. Protocolo de Emenda à Convenção entre a República Federativa do Brasil e a República Argentina destinada a Evitar a Dupla Tributação e Prevenir a Evasão Fiscal em Matéria de Impostos sobre a Renda e seu Protocolo. **Ministério das Relações Exteriores**, Brasília, DF, 21 jul. 2017. Disponível em: <https://aplicacao.itamaraty.gov.br/ApiConcordia/Documento/download/22661>. Acesso em: 19 jun. 2018.

Dos 33 tratados celebrados pelo Brasil em vigor, apenas cinco não contêm uma regra semelhante a essa em seus protocolos: são aqueles firmados com Áustria, Finlândia, França, Japão e Suécia. Assim, caso rigorosamente observado o ADI RFB nº 5/14, apenas os rendimentos de serviços técnicos e assistência técnica pagos a residentes desses cinco países seriam classificados no artigo 7 ("Lucros das Empresas") dos tratados e, portanto, eximidos da exigência do IRRF; para todos os demais, a classificação recairia no artigo 12, com consequente incidência do imposto na fonte.

Contudo, entendemos ser cabíveis duas importantes ressalvas à aplicação do inciso I do artigo 1º do ADI RFB nº 5/14. Em primeiro lugar, pela própria literalidade da regra, só é possível a equiparação a royalties quando se tratar de rendimentos relativos a atividades qualificadas como "assistência técnica" ou "serviços técnicos".

Embora o excesso de amplitude da definição dessas duas categorias por parte do no artigo 17 da Instrução Normativa RFB nº 1.455/14 faça com que seja reduzido o âmbito dos "serviços em geral" (não técnicos), ainda assim há algumas atividades pontuais que exigem pouco ou nenhum grau de conhecimento técnico especializado. É esse o caso, conforme reconhecido pela própria RFB na Solução de Consulta COSIT nº 589/2017, dos serviços de corretagem ou mediação, para os quais foram admitidas a aplicação do artigo 7 do tratado Brasil-México e a não-incidência do IRRF.

Há ainda uma segunda ressalva, que, embora confronte o texto do ADI RFB nº 5/14, entendemos expressar uma melhor interpretação sistêmica dos acordos tributários: não é cabível a equiparação a royalties (e, assim, a aplicação do artigo 12) com relação a serviços técnicos ou assistência técnica *que não envolverem transferência de tecnologia*.

Reconheça-se, desde já, que parte da doutrina não concorda com essa posição, com base em argumentos bastante razoáveis.

Nesse sentido, Gerd Willi Rothmann defende que os protocolos não especificam a necessidade de haver transferência de tecnologia[97]. Já Ramon Tomazela Santos endossa a posição de Rothmann apontando a existência de acordos tributários, no cenário internacional, que delimitam expressamente a aplicação da equiparação aos casos em que há transferência de tecnologia, como aquele assinado entre Portugal e Venezuela[98]. Raphael Assef Lavez, corroborando a opinião de Tomazela Santos e Rothmann, lembra o fato de o protocolo do tratado Brasil-Índia aludir a "serviços de consultoria", os quais, segundo ele, tipicamente não envolvem transferência de tecnologia.

No entanto, parecem-nos mais sólidos os argumentos defendidos pela corrente doutrinária encabeçada por Alberto Xavier, no sentido de que a equiparação dos serviços técnicos e assistência técnica a royalties só é possível quando estiver presente a transferência de tecnologia. Essa, aliás, é a corrente defendida por autores como Sérgio André Rocha[99], Andreza Fonseca[100], e Frederico Fonseca e Ana Carolina Garcia[101].

Com efeito, como aponta Xavier, o fato de os protocolos dos tratados incluírem os serviços técnicos e a assistência técnica no parágrafo 3º do artigo 12 deixa implícito que tais atividades devem possuir características que sejam comuns às demais ope-

[97] Rothmann, Gerd Willi. A denúncia do acordo de bitributação Brasil-Alemanha e suas consequências. **Grandes questões atuais do direito tributário**. São Paulo: Dialética, 2005. vol. 9. p. 151.

[98] Santos, op. cit., p. 114.

[99] Rocha, op. cit., p. 227.

[100] Fonseca, Andreza Ribeiro. A qualificação dos rendimentos de assistência técnica e serviços técnicos no âmbito dos acordos contra a dupla tributação assinados pelo Brasil. **Revista Direito Tributário Atual**, v. 32, 2014. p. 59.

[101] Garcia, Ana Carolina Moreira; Fonseca, Frederico de Almeida. Não-incidência de IRRF sobre remessas ao exterior – Serviços técnicos sem transferência de tecnologia – Análise da jurisprudência. **Revista Dialética de Direito Tributário**, v. 172, jan 2010. p. 17.

rações descritas no referido dispositivo[102]. É razoável que assim seja, do ponto de vista sistêmico, para evitar que realidades completamente desconexas sejam tratadas como iguais.

Um dos elementos expressamente referidos pelo parágrafo 3º do artigo 12 como remuneráveis por meio de royalties é exatamente o das "informações correspondentes à experiência adquirida no setor industrial, comercial ou científico", que nada mais é do que a transferência de tecnologia ou o contrato de *know-how*. A noção de transferência de tecnologia parece, ainda, permear outros elementos do dispositivo, como as operações com patentes e planos, fórmulas ou processos secretos. Por isso, entendemos que os serviços técnicos e a assistência técnica somente podem ser equiparados a royalties quando tais atividades forem complementares a um contrato de *know-how* (ou, em outras palavras, quando envolverem transferência de tecnologia).

Há, ainda, elementos adicionais que corroboram essa interpretação. Veja-se, por exemplo, o caso específico da Espanha: foi necessário que os signatários do acordo Brasil-Espanha reconhecessem bilateralmente, por meio de negociação em procedimento amigável cujo resultado ficou consolidado nos ADIs SRF nº 27/04 e nº 4/06, que a equiparação dos serviços técnicos a royalties se estendia aos casos sem transferência de tecnologia. Trata-se, como aponta Andreza Fonseca, de uma "exceção que confirma a regra"[103], sendo a regra a necessidade de transferência de tecnologia para que o artigo 12 seja aplicável.

Observa-se também que, nos recentes acordos firmados com Suíça[104] e o de Singapura[105], o Brasil optou por incluir um dis-

[102] XAVIER, Alberto. **Direito Tributário Internacional do Brasil.** 8ª edição. Rio de Janeiro: Forense, 2015, p. 668.

[103] FONSECA, op. cit., p. 60.

[104] Disponível em: <https://aplicacao.itamaraty.gov.br/ApiConcordia/Documento/download/26661>. Acesso em 19 de junho de 2018, às 09:30.

[105] Disponível em:<http://www.itamaraty.gov.br/pt-BR/notas-a-imprensa/18801-acordos-assinados-por-ocasiao-da-visita-do-ministro-aloysio-nunes-a-singapura-7-de-maio-de-2018#AC1>. Acesso em 19 de junho de 2018, às 09:40.

positivo específico para tratar dos serviços técnicos no próprio corpo do tratado, e não em protocolo. O mero fato de o Brasil ter optado por essa nova técnica legislativa denota uma impossibilidade de que os serviços sem transferência de tecnologia pudessem ser incluídos no conceito de royalties por meio das disposições de protocolos, nos acordos hoje vigentes.

Vale, ainda, ressaltar que a necessidade de transferência de tecnologia para permitir a equiparação dos serviços técnicos a royalties tem sido reconhecida pelo Poder Judiciário, em especial pelo Tribunal Regional Federal da 3ª Região (TRF-3), como ocorreu no julgamento das Apelações Cíveis nº 0004166-76.2012.4.03.6130, em 16.08.2017, nº 0008354-29.2013.4.03.6114, em 07.06.2017, e 0016356-64.2012.4.03.6100, em 19.04.2017.

Conclui-se, em resumo, que nos casos de acordos tributários cujo protocolo equipara os serviços técnicos e assistência técnica a royalties, tal equiparação restringe-se às hipóteses em que se verificar transferência de tecnologia (isto é, quando as referidas atividades forem complementares a um contrato de *know-how*), ressalvado apenas o caso do tratado Brasil-Espanha, por força do resultado do procedimento amigável entre esses países (sintetizado no ADI SRF nº 4/06).

5. Conclusões

No Brasil, o regime da tributação dos serviços prestados por residentes no exterior pode ser sintetizado da seguinte forma: (**i**) a remuneração dos serviços técnicos, da assistência técnica e da assistência administrativa e semelhantes encontra-se sujeita à incidência do IRRF à alíquota de 15%; e (**ii**) a remuneração dos serviços em geral é tributada à alíquota de 25% do IRRF.

Quando a remuneração dos serviços for devida a residentes em países com os quais o Brasil possui tratado para evitar a dupla tributação, é necessário analisar a classificação correta do rendimento em uma das regras distributivas contidas em cada acordo, a fim de determinar se é cabível a cobrança do IRRF.

Os rendimentos de serviços em geral (não técnicos), como regra, são classificados no artigo 7 ("Lucros das Empresas") dos tratados vigentes, que afasta a possibilidade de o Brasil exigir o correspondente IRRF, exceto se o prestador dos serviços possuir estabelecimento permanente no território brasileiro.

Para os rendimentos de serviços técnicos e de assistência administrativa, a classificação dependerá da existência de previsão, no protocolo do respectivo acordo, de equiparação desses rendimentos a royalties.

Na hipótese de tal equiparação existir (como é o caso dos tratados com África do Sul, Argentina, Bélgica, Canadá, Chile, China, Coreia do Sul, Dinamarca, Equador, Espanha, Filipinas, Hungria, Índia, Israel, Itália, Luxemburgo, México, Noruega, Países Baixos, Peru, Portugal, República Eslovaca, República Tcheca, Rússia, Trininad e Tobago, Turquia, Ucrânia e Venezuela), entendemos que os rendimentos de serviços técnicos e assistência técnica somente serão classificados no artigo 12 ("Royalties") se tais atividades forem complementares a um contrato de *know-how* (isto é, se envolverem transferência de tecnologia). Figura como exceção a esse entendimento apenas o tratado com a Espanha, para o qual a classificação no artigo 12 independe de haver transferência de tecnologia, por força do resultado do procedimento amigável entre esses países, sintetizado no ADI SRF nº 4/06.

Não havendo dispositivo, no protocolo do respectivo acordo, que determine a equiparação dos serviços técnicos e assistência técnica a royalties (caso dos acordos do Brasil com Áustria, Finlândia, França, Japão e Suécia), ou tratando-se de serviços técnicos sem transferência de tecnologia (excetuado o caso do tratado com a Espanha), é necessário avaliar se é cabível a aplicação do artigo 14 ("Profissões Independentes"). Caso tal artigo não seja aplicável, em função das características dos serviços envolvidos e de seus prestadores, os rendimentos dos serviços técnicos ou da assistência técnica serão classificados no artigo 7 ("Lucros das Empresas"), com o consequente afastamento da exigência do IRRF, assumindo que o prestador não tenha estabelecimento permanente no Brasil.

Referências

ACCIOLY, Hildebrando; NASCIMENTO E SILVA, G.E. do; CASELLA, Paulo Borba. *Manual de Direito Internacional Público*. 17ª edição. São Paulo: Saraiva, 2009.

ANDRADE, André Martins de. *A tributação universal da renda empresarial*: uma proposta de sistematização e uma alternativa inovadora. Belo Horizonte: Fórum, 2008.

ARNOLD, Brian J.; MCINTYRE, Michael J. *International tax primer*. 2ª edição. Haia: Kluwer Law International, 2002.

BRASIL. Acordo entre a República Federativa do Brasil e a República de Singapura para Eliminar a Dupla Tributação em Relação aos Tributos sobre a Renda e Prevenir a Evasão e a Elisão Fiscais. *Ministério das Relações Exteriores*, Brasília, DF, 7 mai. 2018. Disponível em:<http://www.itamaraty.gov.br/pt-BR/notas-a-imprensa/18801-acordos-assinados-por-ocasiao-da-visita-do-ministro-aloysio-nunes-a-singapura-7-de-maio-de-2018#AC1>. Acesso em: 19 jun. 2018.

BRASIL. Ato Declaratório Interpretativo RFB nº 5, de 16 de junho de 2014. Dispõe sobre o tratamento tributário a ser dispensado aos rendimentos pagos, creditados, entregues, empregados ou remetidos, por fonte situada no Brasil, a pessoa física ou jurídica residente no exterior, pela prestação de serviços técnicos e de assistência técnica, com ou sem transferência de tecnologia, com base nos Acordos ou Convenções para Evitar a Dupla Tributação da Renda celebrados pelo Brasil. *Sistema Normas Gestão da Informação Receita Federal*, Brasília, DF, 16 jun. 2014. Disponível em: <http://normas.receita.fazenda.gov.br/sijut2consulta/link.action?visao=anotado&idAto=53416>. Acesso em: 26 jun. 2018.

BRASIL. Ato Declaratório Interpretativo SRF nº 27, de 27 de dezembro de 2004. Dispõe sobre a aplicação de dispositivos da Convenção entre a República Federativa do Brasil e o Estado Espanhol destinada a Evitar a Dupla Tributação e Prevenir a Evasão Fiscal em Matéria de Impostos sobre a Renda. *Sistema Normas Gestão da Informação Receita Federal*, Brasília, DF, 27 dez. 2004. Disponível em: <http://normas.receita.fazenda.

gov.br/sijut2consulta/link.action?idAto=5713&visao=original>. Acesso em: 26 jun. 2018.

BRASIL. Ato Declaratório Interpretativo SRF nº 4, de 17 de março de 2006. Dispõe sobre a aplicação de dispositivos da Convenção entre a República Federativa do Brasil e o Estado Espanhol destinada a Evitar a Dupla Tributação e Prevenir a Evasão Fiscal em Matéria de Impostos sobre a Renda. *Sistema Normas Gestão da Informação Receita Federal*, Brasília, DF, 17 mar. 2006. Disponível em: <http://normas.receita.fazenda.gov.br/sijut2consulta/link.action?idAto=5583&visao=anotado>. Acesso em: 26 jun. 2018.

BRASIL. Ato Declaratório Normativo COSIT nº 1, de 05 de janeiro de 2000. Dispõe sobre o tratamento tributário a ser dispensado às remessas decorrentes de contratos de prestação de assistência técnica e serviços técnicos sem transferência de tecnologia. *Sistema Normas Gestão da Informação Receita Federal*, Brasília, DF, 5 jan. 2000. Disponível em: <http://normas.receita.fazenda.gov.br/sijut2consulta/link.action?idAto=5754&visao=original>. Acesso em: 26 jun. 2018.

BRASIL. Convenção entre a República Federativa do Brasil e a Confederação Suíça para Eliminar a Dupla Tributação em Relação aos Tributos sobre a Renda e Prevenir a Evasão e a Elisão Fiscais. *Ministério das Relações Exteriores*, Brasília, DF, 3 mai. 2018. Disponível em: <https://aplicacao.itamaraty.gov.br/ApiConcordia/Documento/download/26661>. Acesso em: 19 jun. 2018.

BRASIL. Decreto nº 7.030, de 14 de dezembro de 2009. Promulga a Convenção de Viena sobre o Direito dos Tratados, concluída em 23 de maio de 1969, com reserva aos Artigos 25 e 66. *Palácio do Planalto Presidência da República*, Brasília, DF, 14 dez. 2009. Disponível em: <http://www.planalto.gov.br/ccivil_03/_ato2007-2010/2009/decreto/d7030.htm>. Acesso em: 26 jun. 2018.

BRASIL. Decreto nº 5.576, de 08 de novembro de 2005. Promulga a Convenção entre o Governo da República Federativa do Brasil e o Governo do Estado de Israel Destinada a Evitar a Dupla Tributação e Prevenir a Evasão Fiscal em Relação ao Imposto sobre a Renda, celebrada em Brasília, em 12 de dezembro de 2002. *Receita Federal*, Brasília, DF, 08 nov. 2005. Disponível em: <http://idg.receita.fazenda.gov.br/acesso-rapido/legislacao/acordos-internacionais/acordos-para-evitar-a-dupla-tributacao/israel/decreto-no-5-576-de-8-de-novembro-de-2005>. Acesso em: 26 jun. 2018.

BRASIL. Decreto nº 70.506, de 12 de maio de 1972. Promulga a Convenção com a França para Evitar a Dupla Tributação e Prevenir a Evasão Fiscal em Matéria de Impostos sobre o Rendimento. *Receita Federal*, Brasília, DF, 12 mai. 1972. Disponível em: <http://idg.receita.fazenda.gov.br/acesso-rapido/legislacao/acordos-internacionais/acordos-para-evitar-a-dupla-tributacao/franca/decreto-no-70-506-de-12-de-maio-de-1972>. Acesso em: 26 jun. 2018.

BRASIL. Decreto nº 76.975, de 02 de janeiro de 1976. Promulga a Convenção destinada a Evitar a Dupla Tributação e Previne a Evasão Fiscal em Matéria de Impostos sobre a Renda Brasil/Espanha. *Receita Federal*, Brasília, DF, 02 jan. 1976. Disponível em: <http://idg.receita.fazenda.gov.br/acesso-rapido/legislacao/acordos-internacionais/acordos-para-evitar-a-dupla-tributacao/espanha/decreto-no-76-975-de-2-de-janeiro-de-1976>. Acesso em: 26 jun. 2018.

BRASIL. Decreto-Lei nº 1.418, de 03 de setembro de 1975. Concede incentivos fiscais à exportação de serviços e dá outras providências. *Palácio do Planalto Presidência da República*, Brasília, DF, 3 set. 1975. Disponível em: <http://www.planalto.gov.br/ccivil_03/decreto-lei/1965-1988/Del1418.htm>. Acesso em: 26 jun. 2018.

BRASIL. Decreto-Lei nº 1.598, de 26 de dezembro de 1977. Altera a legislação do imposto sobre a renda. *Palácio do Planalto Presidência da República*, Brasília, DF, 26 dez. 1977. Disponível em: <http://www.planalto.gov.br/ccivil_03/decreto-lei/Del1598.htm>. Acesso em: 26 jun. 2018.

BRASIL. Decreto-Lei nº 5.844, de 23 de setembro de 1943. Dispõe sôbre a cobrança e fiscalização do imposto de renda. *Palácio do Planalto Presidência da República*, Brasília, DF, 23 set. 1943. Disponível em: <http://www.planalto.gov.br/ccivil_03/decreto-lei/Del5844.htm>. Acesso em: 26 jun. 2018.

BRASIL. Instrução Normativa SRF nº 252, de 03 de dezembro de 2002. Dispõe sobre a incidência do imposto de renda na fonte sobre rendimentos pagos, creditados, empregados, entregues ou remetidos para pessoas jurídicas domiciliados no exterior nas hipóteses que menciona. *Sistema Normas Gestão da Informação Receita Federal*, Brasília, DF, 3 dez. 2002. Disponível em: <http://normas.receita.fazenda.gov.br/sijut2consulta/link.action?idAto=15133&visao=anotado>. Acesso em: 26 jun. 2018.

BRASIL. Instrução Normativa RFB nº 1.455, de 6 de março de 2014. Dispõe sobre a incidência do imposto sobre a renda na fonte sobre rendimentos pagos, creditados, empregados, entregues ou remetidos para pessoas jurídicas domiciliadas no exterior nas hipóteses que menciona. *Sistema Normas Gestão da Informação Receita Federal*, Brasília, DF, 6 mar. 2014. Disponível em: <http://normas.receita.fazenda.gov.br/sijut2consulta/link.action?idAto=50414&visao=anotado>. Acesso em: 26 jun. 2018.

BRASIL. Lei nº 5.172, de 25 de outubro de 1966. Dispõe sobre o Sistema Tributário Nacional e institui normas gerais de direito tributário aplicáveis à União, Estados e Municípios. *Palácio do Planalto Presidência da República*, Brasília, DF, 25 out. 1966. Disponível em: <http://www.planalto.gov.br/ccivil_03/Leis/L5172.htm>. Acesso em: 26 jun. 2018.

BRASIL. Lei nº 9.249, de 26 de dezembro de 1995. Altera a legislação do imposto de renda das pessoas jurídicas, bem como da contribuição social sobre o lucro líquido, e dá outras providências. *Palácio do Planalto Presidência da República*, Brasília, DF, 26 dez. 1995. Disponível em: <http://www.planalto.gov.br/ccivil_03/Leis/L9249.htm>. Acesso em: 26 jun. 2018.

BRASIL. Lei nº 9.279, de 14 de maio de 1996. Regula direitos e obrigações relativos à propriedade industrial. *Palácio do Planalto Presidência da República*, Brasília, DF, 14 mai. 1996. Disponível em: <http://www.planalto.gov.br/ccivil_03/Leis/l9279.htm>. Acesso em: 26 jun. 2018.

BRASIL. Lei nº 9.779, de 19 de janeiro de 1999. Altera a legislação do Imposto sobre a Renda, relativamente à tributação dos Fundos de Investimento Imobiliário e dos rendimentos auferidos em aplicação ou operação financeira de renda fixa ou variável, ao Sistema Integrado de Pagamento de Impostos e Contribuições das Microempresas e das Empresas de Pequeno Porte – SIMPLES, à incidência sobre rendimentos de beneficiários no exterior, bem assim a legislação do Imposto sobre Produtos Industrializados – IPI, relativamente ao aproveitamento de créditos e à equiparação de atacadista a estabelecimento industrial, do Imposto sobre Operações de Crédito, Câmbio e Seguros ou Relativas a Títulos e Valores Mobiliários – IOF, relativamente às operações de mútuo, e da Contribuição Social sobre o Lucro Líquido, relativamente às despesas financeiras, e dá outras providências. *Palácio do Planalto Presidência da República*, Brasília, DF, 19 jan. 1999. Disponível em: <http://www.planalto.gov.br/ccivil_03/Leis/L9779.htm>. Acesso em: 26 jun. 2018.

BRASIL. Lei nº 10.168, de 29 de dezembro de 2000. Institui contribuição de intervenção de domínio econômico destinada a financiar o Programa de Estímulo à Interação Universidade-Empresa para o Apoio à Inovação e dá outras providências. *Palácio do Planalto Presidência da República*, Brasília, DF, 29 dez. 2000. Disponível em: <http://www.planalto.gov.br/ccivil_03/Leis/l10168.htm>. Acesso em: 26 jun. 2018.

BRASIL. Lei nº 10.332, de 19 de dezembro de 2001. Institui mecanismo de financiamento para o Programa de Ciência e Tecnologia para o Agronegócio, para o Programa de Fomento à Pesquisa em Saúde, para o Programa Biotecnologia e Recursos Genéticos – Genoma, para o Programa de Ciência e Tecnologia para o Setor Aeronáutico e para o Programa de Inovação para Competitividade, e dá outras providências. *Palácio do Planalto Presidência da República*, Brasília, DF, 19 dez. 2001. Disponível em: <http://www.planalto.gov.br/ccivil_03/Leis/LEIS_2001/L10332.htm>. Acesso em: 26 jun. 2018.

BRASIL. Medida Provisória nº 2.159-70, de 24 de agosto de 2001. Altera a legislação do imposto de renda e dá outras providências. *Palácio do Planalto Presidência da República*, Brasília, DF, 24 ago. 2001. Disponível em: <http://www.planalto.gov.br/ccivil_03/mpv/2159-70.htm>. Acesso em: 26 jun. 2018.

BRASIL. Ministério da Fazenda. Procuradoria-Geral da Fazenda Nacional. Coordenação-Geral de Assuntos Tributários. Parecer PGFN/CAT nº 2.363, de 19 de dezembro de 2013. *Decisões*, Brasília, DF, 19 dez. 2013. Disponível em: <http://files.decisoes.com.br/pdf_sincronismo/parecer_23632013_4779.pdf>. Acesso em: 26 jun. 2018.

BRASIL. Ministério da Fazenda. Receita Federal do Brasil. Coordenação-Geral de Tributação. Solução de Consulta COSIT nº 589, de 21 de dezembro de 2017. *Sistema Normas Gestão da Informação Receita Federal*, Brasília, DF, 21 dez. 2017. Disponível em: <http://normas.receita.fazenda.gov.br/sijut2consulta/link.action?idAto=89041&visao=anotado>. Acesso em: 26 jun. 2018.

BRASIL. Ministério da Fazenda. Secretaria da Receita Federal. 9ª Região Fiscal. Divisão de Tributação. Decisão nº 9E97F007, 8 de outubro de 1997. *Diário Oficial da União*, Brasília, DF, 30 dez. 1997. p. 34.

BRASIL. Ministério da Indústria, Comércio Exterior e Serviços. Secretaria de Comércio e Serviços. Departamento de Competitividade Internacional em Comércio e Serviços. *Serviços – panorama do comércio internacional – dados de 2016*. Brasília, DF, 2017. Disponível em: < http://www.mdic.gov.br/images/REPOSITORIO/scs/decin/Estat%C3%ADsticas_de_Com%C3%A9rcio_Exterior/2016/Panorama_Oficial_2016_Final_.pdf>. Acesso em: 12 mai. 2018.

BRASIL. Protocolo de Emenda à Convenção entre a República Federativa do Brasil e a República Argentina destinada a Evitar a Dupla Tributação e Prevenir a Evasão Fiscal em Matéria de Impostos sobre a Renda e seu Protocolo. *Ministério das Relações Exteriores*, Brasília, DF, 21 jul. 2017. Disponível em: <https://aplicacao.itamaraty.gov.br/ApiConcordia/Documento/download/22661>. Acesso em: 19 jun. 2018.

BRASIL. Superior Tribunal de Justiça. Acórdão em Recurso Especial. Recurso Especial nº 1.161.467/RS. Fazenda Nacional e Copesul Companhia Petroquímica do Sul. *Superior Tribunal de Justiça*, Brasília, DF, 17 mai. 2012. Disponível em: <https://ww2.stj.jus.br/websecstj/cgi/revista/REJ.cgi/ITA?seq=1124376&tipo=0&nreg=200901980512&SeqCgrmaSessao=&CodOrgaoJgdr=&dt=20120601&formato=PDF&salvar=false>. Acesso em: 26 jun. 2018.

BRASIL. Superior Tribunal de Justiça. Acórdão em Recurso Especial. Recurso Especial nº 1.325.709/RJ. Companhia Vale do Rio Doce e Fazenda Nacional. *Superior Tribunal de Justiça*, Brasília, DF, 24 abr. 2014. Disponível em: <https://ww2.stj.jus.br/processo/revista/documento/mediado/?componente=ITA&sequencial=1275096&num_registro=201201105207&data=20140520&formato=PDF>. Acesso em: 26 jun. 2018.

BRASIL. Superior Tribunal de Justiça. Acórdão em Recurso Especial. Recurso Especial nº 1.272.897/PE. Iberdrola Energia S/A e Fazenda Nacional. *Superior Tribunal de Justiça*, Brasília, DF, 19 nov. 2015. Disponível em: <https://ww2.stj.jus.br/processo/revista/documento/mediado/?componente=ITA&sequencial=1462267&num_registro=201101966849&data=20151209&formato=PDF>. Acesso em: 26 jun. 2018.

BRASIL. Supremo Tribunal Federal. Acórdão em Recurso Extraordinário. Recurso Extraordinário nº 80.004/SE. Belmiro da Silveira Goes e Sebastião Leão Trindade. Relator: Ministro Xavier de Albuquerque. *Supremo Tribunal Federal*, Brasília, DF, 01 jun. 1977. Disponível em: <http://redir.stf.jus.br/paginadorpub/paginador.jsp?docTP=AC&docID=175365>. Acesso em: 26 jun. 2018.

BRASIL. Supremo Tribunal Federal. Acórdão em Recurso Extraordinário. Recurso Extraordinário nº 349.703-1/RS. Banco Itaú S/A e Armando Luiz Segabinazzi. Relator: Ministro Carlos Britto. *Supremo Tribunal Federal*, Brasília, DF, 03 dez. 2008. Disponível em: <http://redir.stf.jus.br/paginadorpub/paginador.jsp?docTP=AC&docID=595406>. Acesso em: 26 jun. 2018.

BRASIL. Supremo Tribunal Federal. Acórdão em Recurso Extraordinário. Recurso Extraordinário nº 466.343-1/SP. Banco Bradesco S/A e Vera Lúcia B. de Albuquerque e Outros. Relator: Ministro Cezar Peluso. *Supremo Tribunal Federal*, Brasília, DF, 03 dez. 2008. Disponível em: <http://redir.stf.jus.br/paginadorpub/paginador.jsp?docTP=AC&docID=595444>. Acesso em: 26 jun. 2018.

BRASIL. Supremo Tribunal Federal. Medida Liminar em Ação Direta de Inconstitucionalidade. Ação Direta de Inconstitucionalidade nº 1.480-3/DF. Confederação Nacional do Transporte – CNT, Confederação Nacional da Indústria – CNI, Presidente da República e Congresso Nacional.

Relator: Ministro Celso de Mello. *Supremo Tribunal Federal*, Brasília, DF, 4 set. 1997. Disponível em: <http://redir.stf.jus.br/paginadorpub/paginador.jsp?docTP=AC&docID=347083>. Acesso em: 26 jun. 2018.

BRASIL. Tribunal Regional Federal da 3ª Região. Acórdão em Apelação/Remessa Necessária. Processo nº 0004166-76.2012.4.03.6130/SP. Fazenda Nacional e SGS do Brasil S/A. Relator: Desembargador Federal Antonio Cedenho. ***Tribunal Regional Federal da 3ª Região***, São Paulo, SP, 22 ago. 2017. Disponível em: <http://web.trf3.jus.br/acordaos/Acordao/BuscarDocumentoGedpro/6177269>. Acesso em: 26 jun. 2018.

BRASIL. Tribunal Regional Federal da 3ª Região. Acórdão em Apelação/Remessa Necessária. Processo nº 0008354-29.2013.4.03.6114/SP. Fazenda Nacional e Thyssenkrupp Indl/ Solutions Ltda. Relatora: Desembargadora Federal Mônica Nobre. *Tribunal Regional Federal da 3ª Região*, São Paulo, SP, 23 jun. 2017. Disponível em: <http://web.trf3.jus.br/acordaos/Acordao/BuscarDocumentoGedpro/5983687>. Acesso em: 26 jun. 2018.

BRASIL. Tribunal Regional Federal da 3ª Região. Acórdão em Apelação/Remessa Necessária. Processo nº 0016356-64.2012.4.03.6100/SP. Fazenda Nacional e Cia de Bebidas das Américas Ambev. Relatora: Desembargadora Federal Mônica Nobre. ***Tribunal Regional Federal da 3ª Região***, São Paulo, SP, 19 jun. 2017. Disponível em: <http://web.trf3.jus.br/acordaos/Acordao/BuscarDocumentoGedpro/5911886>. Acesso em: 26 jun. 2018.

CALAZANS, Fernanda Junqueira; NEVES, Andrea Nogueira. Remessas de contraprestação por serviços técnicos para o exterior vis-à-vis aos tratados para evitar a dupla tributação. In: TÔRRES, Heleno Taveira (coord.). *Direito tributário internacional aplicado – volume III*. São Paulo: Quartier Latin, 2005.

DUARTE FILHO, Paulo César Teixeira. Caso Renault: aplicação do art. VII da Convenção Brasil-França aos pagamentos pela prestação de serviços não incluídos no conceito e *know-how*. In: CASTRO, Leonardo Freitas de Moraes e (coord.). *Tributação internacional: análise de casos*, volume 2. São Paulo: MP Editora, 2015.

FONSECA, Andreza Ribeiro. A qualificação dos rendimentos de assistência técnica e serviços técnicos no âmbito dos acordos contra a dupla tributação assinados pelo Brasil. *Revista Direito Tributário Atual*, v. 32, 2014.

GARCIA, Ana Carolina Moreira; FONSECA, Frederico de Almeida. Não-incidência de IRRF sobre remessas ao exterior – Serviços técnicos sem transferência de tecnologia – Análise da jurisprudência. *Revista Dialética de Direito Tributário*, v. 172, jan 2010.

GODOI, Marciano Seabra de; ROCHA, Valdir de Oliveira (Coord.). A nova legislação sobre tributação de lucros auferidos no exterior (Lei 12.973/2014) como resultado do diálogo institucional estabelecido entre o STF e os Poderes Executivo e Legislativo da União. In: *Grandes questões atuais do Direito Tributário, 18º volume*. São Paulo: Dialética, 2014.

HOLMES, Kevin. *International tax policy and double tax treaties*. Amsterdã: IBFD, 2007.

LAVEZ, Raphael Assef. A retenção na fonte na importação de serviços técnicos: questões não resolvidas no caso Copesul. *Revista Direito Tributário Atual*, v. 28, 2012.

OCDE. *Model Tax Convention on Income and on Capital*: Condensed Version 2017. Paris: OECD Publishing, 2017.

RAAD, Kees van. Escopo geográfico das regras de distribuição da convenção modelo da OCDE. *Revista Direito Tributário Atual*, v.22, 2008.

REZEK, Francisco. *Direito Internacional Público*: curso elementar. 12ª edição. São Paulo: Saraiva, 2010.

ROCHA, Sérgio André. Caso Copesul: tributação pelo IRRF da prestação de serviços, antes e depois do ADI RFB n. 5/14. In: CASTRO, Leonardo Freitas de Moraes e (coord.). *Tributação internacional: análise de casos, volume 3*. São Paulo: MP Editora, 2015.

ROCHA, Sérgio André. *Tributação de lucros auferidos no exterior (Lei nº 12.974/14)*. São Paulo: Dialética, 2014.

ROSSI, Júlio César. Os tratados internacionais e a sua superioridade: a interpretação do artigo 98 do Código Tributário Nacional à luz da Convenção de Viena sobre o Direito dos Tratados. *Revista Dialética de Direito Tributário (RDDT)*, São Paulo, nº. 186, março/2011.

ROTHMANN, Gerd Willi. A denúncia do acordo de bitributação Brasil-Alemanha e suas consequências. *Grandes questões atuais do direito tributário*. São Paulo: Dialética, 2005. vol. 9.

SANTIAGO, Igor Mauler. *Direito Tributário Internacional*: métodos de solução dos conflitos. São Paulo: Quartier Latin, 2002.

SANTOS, Ramon Tomazela. A classificação da remuneração proveniente da prestação de serviços técnicos e de assistência técnica nos acordos de bitributação celebrados pelo Brasil. *Revista Tributária e de Finanças Públicas*, v. 121, mar-abr 2015.

TÔRRES, Heleno. *Pluritributação internacional sobre as rendas das empresas*. 2ª edição. São Paulo: Editora Revista dos Tribunais, 2001.

UCKMAR, Victor et al. *Manual de Direito Tributário Internacional*. São Paulo: Dialética, 2012.

VOGEL, Klaus. *Klaus Vogel on double taxation conventions*: a commentary to the OECD–, UN- and US model conventions for the avoidance of double taxation on income and capital with particular reference to German treaty practice/by Klaus Vogel. 3ª edição. Londres: Kluwer Law International, 1997.

XAVIER, Alberto. A tributação da prestação internacional de serviços, em especial de serviços técnicos e de assistência técnica. *Revista Dialética de Direito Tributário*, v. 235, abril 2015.

XAVIER, Alberto. *Direito Tributário Internacional do Brasil*. 8ª edição. Rio de Janeiro: Forense, 2015.

Reforma da Matriz Tributária Brasileira: Benefícios de se Alterar a Principal Base de Incidência Tributária, da sobre o Consumo para aquela sobre a Renda

Rafael Boccatto de Oliveira

Introdução

Tendo em vista as movimentações político-econômicas vivenciadas pelo Brasil nos últimos anos, não é fato desconhecido que esse período pode ser considerado como um dos mais conturbados da História do País.

O momento é de extrema delicadeza, uma vez que são enfrentados diversos tipos de crises, as quais, muito embora tenham diferentes naturezas, são totalmente interligadas, impactando-se mútua e diretamente.

A saúde financeira do Brasil está declaradamente debilitada, e a impressão que os representantes do País transmitem – não só ao Brasil, mas ao mundo – é de que não estão devidamente envolvidos com a situação ou particularmente empenhados em mudá-la.

No cenário atual, tendo em vista as inúmeras denúncias enfrentadas por grande gama de funcionários públicos do país, e em especial de políticos nacionais – atingindo parte relevante do Congresso Nacional e inclusive ex-presidentes –, grande parte das pessoas que deveriam se envolver e ajudar a promover o crescimento do país, propondo novas e melhores soluções às adversidades vivenciadas, de modo a impactar positivamente não apenas a economia, mas também a sociedade, parece estar mais preocupada em se manter em liberdade. Enquanto isso, o restante de nossos representantes parece dar maior enfoque a questões secundárias. Em meio a tais entraves – e, mais que isso, em razão deles – o Brasil presenciou, em outubro de 2018, uma de suas mais emblemáticas eleições presidenciais, que resultou na vitória daquele candidato que, além de se colocar como oposição ao partido que até então presidia o país e foi protagonista de alguns dos maiores escândalos de corrupção da atualidade, tinha uma agenda reformista de viés mais liberal.

Nesse contexto, cidadãos brasileiros atentos e preocupados têm exercido papeis significativos na busca por soluções para auxiliar o país a se desenvolver de maneira saudável e benéfica à sociedade de uma maneira geral.

Assim, o amor pelo Brasil e o dever, na condição de cidadão, de se procurar o melhor para o país, levantam, especialmente no momento atual, questões de extrema relevância relacionadas a temáticas como tributação, economia e finanças públicas. Nos cenários estudados, fica evidente que o sistema tributário brasileiro pode ser muito mais eficiente e eficaz do que atualmente é.E é exatamente isso que demonstra, por exemplo, a análise do relatório intitulado *Doing Business 2018*[1], publicado pelo *Wold Bank Group* em 2017, e daquele intitulado *Doing Business 2019*[2], elaborado em 2018, a qual contrasta o cenário mundial e revela

1 WORLD BANK GROUP. **Doing Business 2018: Reforming to Create Jobs**. 2017, p. 149. Disponível em: <http://portugues.doingbusiness.org/pt/reports/global-reports/doing-business-2018>. Acesso em: 07 de maio de 2019.

2 WORLD BANK GROUP. **Doing Business 2019: Training for reform**. 2018, p. 159. Disponível em: <http://portugues.doingbusiness.org/pt/reports/global-reports/doing-business-2019>. Acesso em: 10 de maio de 2019.

que o Brasil, quando se trata de pagamentos de tributos pelas empresas, ocupa uma das últimas posições.

Em um ranking de 190 países, o Brasil ocupou, em 2017 e 2018, a 184ª posição.

Imagem nº 1: Posição do Brasil no ranking de facilidade de fazer negócios em 2017.

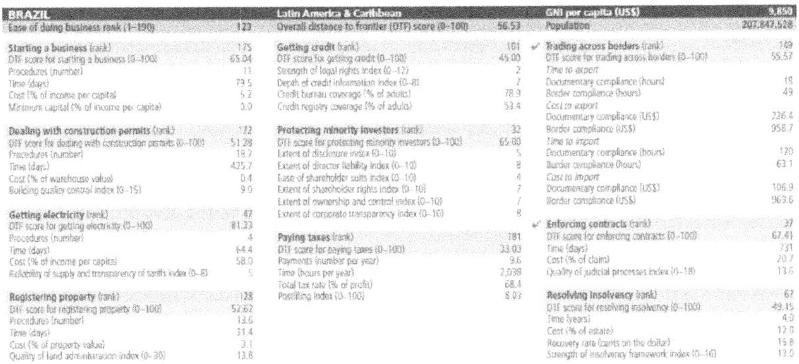

BRAZIL		Latin America & Caribbean		GNI per capita (US$)	9,850
Ease of doing business rank (1–190)	123	Overall distance to frontier (DTF) score (0–100)	56.53	Population	207,847,528
Starting a business (rank)	175	**Getting credit** (rank)	101	✓ **Trading across borders** (rank)	149
DTF score for starting a business (0–100)	65.04	DTF score for getting credit (0–100)	45.00	DTF score for trading across borders (0–100)	55.57
Procedures (number)	11	Strength of legal rights index (0–12)	2	*Time to export*	
Time (days)	79.5	Depth of credit information index (0–8)	7	Documentary compliance (hours)	18
Cost (% of income per capita)	5.2	Credit bureau coverage (% of adults)	78.9	Border compliance (hours)	49
Minimum capital (% of income per capita)	0.0	Credit registry coverage (% of adults)	53.4	*Cost to export*	
				Documentary compliance (US$)	226.4
Dealing with construction permits (rank)	172	**Protecting minority investors** (rank)	32	Border compliance (US$)	958.7
DTF score for dealing with construction permits (0–100)	51.28	DTF score for protecting minority investors (0–100)	65.00	*Time to import*	
Procedures (number)	18.7	Extent of disclosure index (0–10)	5	Documentary compliance (hours)	120
Time (days)	425.7	Extent of director liability index (0–10)	8	Border compliance (hours)	63.1
Cost (% of warehouse value)	0.4	Ease of shareholder suits index (0–10)	4	*Cost to import*	
Building quality control index (0–15)	9.0	Extent of shareholder rights index (0–10)	7	Documentary compliance (US$)	106.9
		Extent of ownership and control index (0–10)	7	Border compliance (US$)	969.6
Getting electricity (rank)	47	Extent of corporate transparency index (0–10)	8		
DTF score for getting electricity (0–100)	81.23			✓ **Enforcing contracts** (rank)	37
Procedures (number)	4	**Paying taxes** (rank)	181	DTF score for enforcing contracts (0–100)	67.41
Time (days)	64.4	DTF score for paying taxes (0–100)	33.03	Time (days)	731
Cost (% of income per capita)	58.0	Payments (number per year)	9.6	Cost (% of claim)	20.7
Reliability of supply and transparency of tariffs index (0–8)	5	Time (hours per year)	2,038	Quality of judicial processes index (0–18)	13.6
		Total tax rate (% of profit)	68.4		
Registering property (rank)	128	Postfiling index (0–100)	8.03	**Resolving insolvency** (rank)	67
DTF score for registering property (0–100)	52.62			DTF score for resolving insolvency (0–100)	49.15
Procedures (number)	13.6			Time (years)	4.0
Time (days)	31.4			Cost (% of estate)	12.0
Cost (% of property value)	3.1			Recovery rate (cents on the dollar)	15.8
Quality of land administration index (0–30)	13.8			Strength of insolvency framework index (0–16)	13.0

Fonte: *Doing Busness 2018*, 2017.

Imagem nº 2: Posição do Brasil no ranking de facilidade de fazer negócios em 2018.

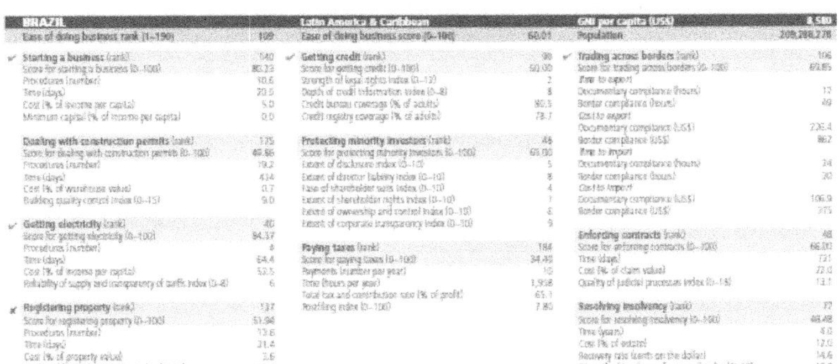

BRAZIL		Latin America & Caribbean		GNI per capita (US$)	8,580
Ease of doing business rank (1–190)	109	Ease of doing business score (0–100)	60.01	Population	209,288,278
✓ **Starting a business** (rank)	140	✓ **Getting credit** (rank)	99	✓ **Trading across borders** (rank)	106
Score for starting a business (0–100)	80.23	Score for getting credit (0–100)	50.00	Score for trading across borders (0–100)	69.85
Procedures (number)	10.6	Strength of legal rights index (0–12)	2	*Time to export*	
Time (days)	20.5	Depth of credit information index (0–8)	8	Documentary compliance (hours)	12
Cost (% of income per capita)	5.0	Credit bureau coverage (% of adults)	80.5	Border compliance (hours)	49
Minimum capital (% of income per capita)	0.0	Credit registry coverage (% of adults)	78.7	*Cost to export*	
				Documentary compliance (US$)	226.4
Dealing with construction permits (rank)	175	**Protecting minority investors** (rank)	48	Border compliance (US$)	862
Score for dealing with construction permits (0–100)	49.86	Score for protecting minority investors (0–100)	65.00	*Time to import*	
Procedures (number)	19.2	Extent of disclosure index (0–10)	5	Documentary compliance (hours)	24
Time (days)	434	Extent of director liability index (0–10)	8	Border compliance (hours)	30
Cost (% of warehouse value)	0.7	Ease of shareholder suits index (0–10)	4	*Cost to import*	
Building quality control index (0–15)	9.0	Extent of shareholder rights index (0–10)	7	Documentary compliance (US$)	106.9
		Extent of ownership and control index (0–10)	6	Border compliance (US$)	375
✓ **Getting electricity** (rank)	40	Extent of corporate transparency index (0–10)	9		
Score for getting electricity (0–100)	84.37			**Enforcing contracts** (rank)	48
Procedures (number)	4	**Paying taxes** (rank)	184	Score for enforcing contracts (0–100)	66.00
Time (days)	64.4	Score for paying taxes (0–100)	34.40	Time (days)	731
Cost (% of income per capita)	53.5	Payments (number per year)	10	Cost (% of claim value)	22.0
Reliability of supply and transparency of tariffs index (0–8)	6	Time (hours per year)	1,958	Quality of judicial processes index (0–18)	13.1
		Total tax and contribution rate (% of profit)	65.1		
✗ **Registering property** (rank)	137	Postfiling index (0–100)	7.80	**Resolving insolvency** (rank)	77
Score for registering property (0–100)	51.94			Score for resolving insolvency (0–100)	48.48
Procedures (number)	13.6			Time (years)	4.0
Time (days)	31.4			Cost (% of estate)	12.0
Cost (% of property value)	3.6			Recovery rate (cents on the dollar)	14.6
Quality of land administration index (0–30)	13.8			Strength of insolvency framework index (0–16)	13.0

Fonte: *Doing Business 2019*, 2018.

Dentre as inúmeras deficiências que justificam a posição do Brasil na retaguarda dos rankings acima mencionados quanto ao pagamento de tributos, temos, principalmente, (i) a má gestão das receitas governamentais, (ii) a imensa quantidade de obrigações acessórias requeridas para fins de arrecadação, e (iii) a grande carga tributária incidente sobre o consumo, especialmente em comparação à carga que recai sobre a renda.

Em relação à má gestão das receitas governamentais, é fato notório que os recursos obtidos pelas autoridades fiscais brasileiras (em todas as esferas) a título de arrecadação de tributos são mal geridos – o que, inclusive, é um dos motivos pelos quais se enfrenta este momento atribulado na História do País. Em razão dos montantes arrecadados e desviados dos cofres públicos, a população brasileira não recebe a sua contrapartida frente ao montante de tributos recolhidos, o que acarreta a falta de estímulo aos contribuintes em efetuar a declaração e o pagamento da tributação devida.

Já no que refere às obrigações acessórias, o fato de serem empenhados muitos esforços para que seja possível cumpri-las devidamente, exigindo grande dispêndio de tempo e dinheiro tanto por parte dos contribuintes quanto da fiscalização, também contribui significativamente para o resultado dos rankings.

São diversas as normas que regulam e determinam obrigações acessórias para que sejam promovidas as arrecadações às autoridades fiscais, sendo que os esforços investidos poderiam – e deveriam – ser empenhados de forma mais produtiva e menos custosa tanto para as empresas privadas quanto para o setor público.

Ademais, basta observar os relatórios *Paying Taxes 2017*[3] e *Paying Taxes 2018*[4], publicados pela *PricewaterhouseCoopers (PWC)*, para concluirmos que o Brasil é o país que exige mais horas para o cumprimento de toda a burocracia que envolve a declaração e o recolhimento de tributos.

Imagem nº 3: Total de horas gastas no Brasil para o cumprimento das obrigações acessórias tributárias em 2016.

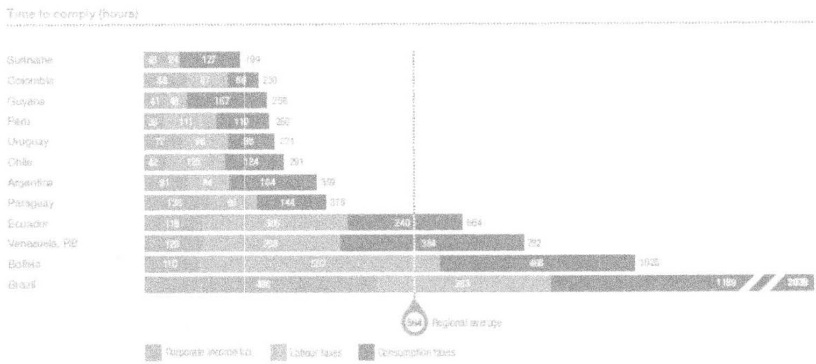

Fonte: Paying Taxes 2017, 2016.

[3] PRICEWATERHOUSECOOPERS – PWC. ***Paying Taxes 2017***. 2016, p. 122. Disponível em: <http://www.doingbusiness.org/content/dam/doingBusiness/media/Special-Reports/DB17-Paying-Taxes.pdf>. Acesso em: 07 de maio de 2019.

[4] PRICEWATERHOUSECOOPERS – PWC. ***Paying Taxes 2018***. 2017, p. 82. Disponível em: <http://www.doingbusiness.org/content/dam/doingBusiness/media/Special-Reports/2018-Paying-Taxes.pdf>. Acesso em: 07 de maio de 2019.

Imagem nº 4: Total de horas gastas no Brasil para o cumprimento das obrigações acessórias tributárias em 2017.

Figure 59: Time to comply (hours) in South America

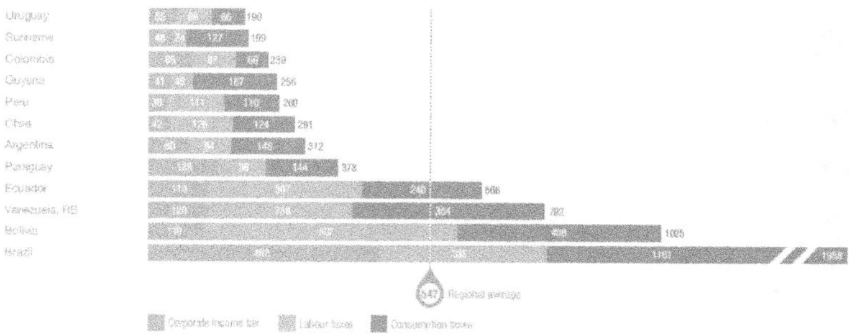

Fonte: Paying Taxes 2018, 2017.

Em paralelo, quanto ao terceiro quesito apontado – não menos relevante que os demais –, é sabido que a carga tributária incidente sobre o consumo é excessivamente alta dentro do sistema tributário brasileiro, inclusive quando comparada à carga sobre a renda, resultando numa evolução da desigualdade social no País. E é com base nessa constatação que realizaremos, por meio do presente do trabalho, um estudo que visa demonstrar como a alteração dessa sistemática de tributação, com consequente menor oneração relativa ao consumo, traria benefícios ao País, especialmente do ponto de vista social.

Estudos elaborados ao redor do mundo demonstram que quanto maior a tributação do consumo e, consequentemente, menor a tributação sobre a renda, há mais oneração para a parcela da sociedade que possui menos capacidade contributiva do que para a parcela com maior poder aquisitivo.

Para fins do presente trabalho, vislumbra-se demonstrar que a aplicação de um sistema tributário brasileiro mais eficaz, por meio da diminuição dos impactos da tributação sobre o consumo, beneficiaria a sociedade de uma maneira geral, promovendo uma maior justiça fiscal, atendendo-se aos preceitos constitucionais da igualdade, da capacidade contributiva e da progressividade.

As discussões relativas ao sistema tributário melhor aplicável à realidade estão sempre presentes na vida política de um Estado, especialmente em meio a contextos políticos e econômicos conturbados. Afinal, a tributação de um país tem implicações gigantescas sobre a sua economia, esta que, por sua vez, tem impacto direto sobre a política do país, a qual resulta em novas medidas fiscais e políticas, a depender da pressão popular interna e também da comunidade internacional, de forma cíclica.

Diante de tantas ineficiências do sistema tributário brasileiro, especialmente das acima mencionadas, mostram-se necessários os estudos que vislumbram entender desde as motivações por trás das mudanças que transformaram a figura da tributação para o Estado ao longo do tempo, até a posição que a República Federativa do Brasil ocupa atualmente nessa linha do tempo evolucionária.

Como se verá, o que se pretende é solidificar o entendimento no sentido de que a aplicação de uma matriz tributária que seja embasada em uma maior tributação sobre a renda, em detrimento daquela sobre o consumo – atualmente a de maior impacto –, é medida necessária para que o Brasil atinja os objetivos delimitados pela Constituição Federal, cujo sistema de tributação atualmente vigente não permite serem alcançados em sua plenitude.

1. Matriz Tributária e suas Principais Bases de Tributação

Considerando o atual contexto brasileiro, a tributação vem sendo cada vez mais objeto de debates. No entanto, muito embora exista grande interesse em se discutir a tributação pátria, o que se nota é um questionamento constante relativo ao peso da carga tributária suportada pelos contribuintes, em detrimento de uma reflexão relacionada à própria matriz tributária adotada pelo Brasil – esta que, em nossa visão, deveria ser debatida.

Nesse sentido, é de suma importância que sejam entendidos os conceitos relacionados à matriz tributária, bem como as formas de sua estruturação. Passemos, portanto, às devidas análises.

1.1. Matriz Tributária

O estudo da tributação ao longo da História nos permite concluir que, desde a antiguidade clássica – Grécia Antiga e Roma Antiga – foram criados, pelas sociedades e para as sociedades, instrumentos para financiar as despesas públicas, considerando os objetivos específicos de cada qual.

Entretanto, ainda que as sociedades, desde tempos longínquos, tenham se preocupado com o financiamento de suas despesas, sabe-se que cada uma adotou um conjunto diferente de instrumentos para tanto. Para esses conjuntos diferentes se dá o nome de matriz tributária.

Portanto, uma matriz tributária nada mais é do que um conjunto de escolhas feitas pela sociedade no campo da tributação[5].

Sobre o tema vale destacar os ensinamentos de GASSEN, de acordo com o qual uma matriz tributária representa:

> [...] as escolhas feitas em um determinado momento histórico no campo da ação social, no que diz respeito ao fenômeno tributário. Incorpora, portanto, a noção de matriz tributária não só o conjunto de normas jurídicas regulando as relações entre o ente

[5] D'ARAÚJO, Pedro Júlio Sales. **A regressividade da matriz tributária: Debatendo a tributação a partir de nossa realidade econômica, política e social**. 2015. 166 f. Dissertação (Mestrado em Direito) – Faculdade de Direito, Universidade de Brasília, Brasília, p. 19.

tributante e o contribuinte, não só a escolha feita das bases de incidência (renda, patrimônio e consumo) e sua consequente participação no total da arrecadação; não só as questões dogmáticas pertinentes à obrigação tributária; não só as opções que se faz no plano político de atendimento de determinados direitos fundamentais; não só a estrutura do Estado a partir das suas condições materiais de existência, no caso, das condições de financiamento do Estado ofertadas pela arrecadação de tributos.[6]

Perceba-se, portanto, que a matriz tributária de uma sociedade incorpora todas as escolhas feitas sobre tributação, desde a estrutura tributária até questões mais periféricas.

Uma das escolhas de maior importância consiste naquela relativa às bases de incidência que serão utilizadas para fins de composição da arrecadação tributária.

Historicamente, o que se observa é a adoção, de maneira majoritária, de três principais bases econômicas de incidência tributária, as quais: (i) a base de tributação incidente sobre o patrimônio; (ii) a base de tributação incidente sobre o consumo; e (iii) a base de tributação incidente sobre a renda[7]. No Brasil,

[6] Gassen, Valcir. **Equidade e eficiência da matriz tributária brasileira: Diálogos sobre Estado, Constituição e Direito Tributário.** Brasília: Consulex, 2012, p. 32.

[7] É importante ter em mente que nem todas as espécies tributárias utilizam necessariamente uma dessas três grandezas como forma de se fazer incidir o gravame fiscal. É o caso brasileiro das taxas, por exemplo, que, por serem vinculadas a uma atividade estatal e seguirem uma lógica comutativa orientada pelo princípio do benefício, não guardam a referibilidade a uma dessas três manifestações de riqueza, constituindo uma figura tributária a parte, ainda que de grande relevo para o desenho institucional de nossa comunidade. Todavia, tal constatação não retira a importância de análise das bases econômicas, uma vez que elas orientam a maior parte da arrecadação estatal e os tributos a elas relacionados são responsáveis pela realização das finalidades anteriormente trabalhadas de alocação de recursos, estabilização de resultados e distribuição

assim como na maior parte dos países, estas permanecem como as mais relevantes para fins arrecadatórios, razão pela qual serão objeto de estudo específico no presente capítulo.

1.1.1. Base de Incidência Tributária sobre o Patrimônio

Dentre as três principais bases de incidência tributária supracitadas, aquela sobre o patrimônio é considerada por muitos historiadores como a mais antiga a ser adotada por uma sociedade. Independentemente de ser ou não a mais antiga, o que se sabe é que, no passado, o patrimônio exerceu vital importância na estruturação de sistemas tributários[8].

Entretanto, a tributação do patrimônio perdeu força ao longo da História, de modo que a receita decorrente dessa exação passou a representar parcela de arrecadação consideravelmente aquém daquelas sobre o consumo e sobre a renda.

Acerca da base em comento, esclareça-se que esta, segundo TILBERY:

> [...] objetiva a tributação dos estoques das famílias enquanto manifestação de riqueza, seja sob a perspectiva estática de propriedade desse patrimônio propriamente dita, seja sob a perspectiva dinâmica, em que considera as hipóteses de transferência dessas riquezas, gratuita ou onerosamente.[9]

de renda. (D'ARAÚJO, Pedro Júlio Sales. **A regressividade da matriz tributária: Debatendo a tributação a partir de nossa realidade econômica, política e social**. 2015. 166 f. Dissertação (Mestrado em Direito) – Faculdade de Direito, Universidade de Brasília, Brasília, p. 34).

8 D'ARAÚJO, Pedro Júlio Sales. **A regressividade da matriz tributária: Debatendo a tributação a partir de nossa realidade econômica, política e social**. 2015. 166 f. Dissertação (Mestrado em Direito) – Faculdade de Direito, Universidade de Brasília, Brasília, p. 51.

9 TILBERY, 1987 *apud* D'ARAÚJO, Pedro Júlio Sales. **A regressividade da matriz tributária: Debatendo a tributação a partir de nossa realidade econômica,**

Perceba, portanto, que, por meio desta base de incidência, busca-se tributar o patrimônio e/ou a transmissão dele.

No entanto, é importante esclarecer que o "conceito de patrimônio para fins de tributação é algo relativo na experiência histórica da humanidade, variando com o passar do tempo e de comunidade para comunidade"[10].

Nas colônias romanas, por exemplo, os cidadãos estavam sujeitos ao recolhimento do *tributum*, este que tinha por base "o patrimônio registrado nos censos" [11]. Tal patrimônio, considerado de acordo com as conceituações da época, era composto por elementos como "a renda agrária, a renda dos imóveis e alguns elementos acessórios considerados indicadores de riqueza (pertinências do imóvel, escravos, animais, instrumentos de trabalho etc.)"[12].

Atualmente, por outro lado, "a tributação sobre patrimônio se orienta a partir da propriedade imobiliária ou de outros bens específicos"[13]. É o que se observa no ordenamento pátrio,

política e social. 2015. 166 f. Dissertação (Mestrado em Direito) – Faculdade de Direito, Universidade de Brasília, Brasília, p. 50.

[10] D'ARAÚJO, Pedro Júlio Sales. **A regressividade da matriz tributária: Debatendo a tributação a partir de nossa realidade econômica, política e social**. 2015. 166 f. Dissertação (Mestrado em Direito) – Faculdade de Direito, Universidade de Brasília, Brasília, p. 53.

[11] DAL RI JÚNIOR, Arno; DAL RI, Luciene. Dar a César o que é de César: imposições fiscais no mundo romano. *In*: BALTHAZAR, Ubaldo Cesar (Coord.). **O tributo na história: da antiguidade à globalização.** Florianópolis: Fundação Boiteux, 2006, p. 34.

[12] DAL RI JÚNIOR, Arno; DAL RI, Luciene. Dar a César o que é de César: imposições fiscais no mundo romano. *In*: BALTHAZAR, Ubaldo Cesar (Coord.). **O tributo na história: da antiguidade à globalização.** Florianópolis: Fundação Boiteux, 2006, p. 34.

[13] D'ARAÚJO, Pedro Júlio Sales. **A regressividade da matriz tributária: Debatendo a tributação a partir de nossa realidade econômica, política e social**. 2015. 166 f. Dissertação (Mestrado em Direito) – Faculdade de Direito, Universidade de Brasília, Brasília, p. 53.

cuja tributação sobre o patrimônio se dá: (i) sobre imóveis, por meio da incidência do imposto sobre a propriedade territorial rural (ITR)[14] e do imposto sobre a propriedade predial e territorial urbana (IPTU)[15]; (ii) sobre veículos automotores[16], por meio da incidência do imposto sobre a propriedade de veículos automotores (IPVA)[17]; e (iii) sobre a transmissão do patrimônio, por meio do imposto sobre a transmissão *causa mortis* e doação (ITCMD)[18] e do imposto sobre a transmissão de bens imóveis (ITBI)[19].

Diante do exposto, conclui-se que a tributação ora em comento pode se dar das mais variadas maneiras, especialmente em vista da mutabilidade do conceito de patrimônio com o decorrer da História e a depender do contexto da sociedade em que estiver inserido.

14 Artigo 153, VI, Constituição Federal de 1988 (CF/1988):
Art. 153. Compete à União instituir impostos sobre:
(...)
VI – propriedade territorial rural;

15 Artigo 156, I, CF/1988:
Art. 156. Compete aos Municípios instituir impostos sobre:
I – propriedade predial e territorial urbana;

16 Vale destacar que para o STF não abrange embarcações e aeronaves.

17 Artigo 155, III, CF/1988:
Art. 155. Compete aos Estados e ao Distrito Federal instituir impostos sobre:
(...)
III – propriedade de veículos automotores.

18 Artigo 155, I, CF/1988:
Art. 155. Compete aos Estados e ao Distrito Federal instituir impostos sobre:
I – transmissão causa mortis e doação, de quaisquer bens ou direitos;

19 Artigo 156, II, CF/1988:
Art. 156. Compete aos Municípios instituir impostos sobre:
(...)
II – transmissão "inter vivos", a qualquer título, por ato oneroso, de bens imóveis, por natureza ou acessão física, e de direitos reais sobre imóveis, exceto os de garantia, bem como cessão de direitos a sua aquisição;

Muito embora essa modalidade de tributação seja, a nosso ver, efetivo indicador de riqueza, podendo se adequar, com facilidade, aos princípios constitucionais – que serão mais detalhadamente abordados no capítulo seguinte – da igualdade, da capacidade contributiva e da progressividade, o que se nota é a sua aplicabilidade atual de forma bastante tímida.

Contudo, ainda que entendamos pela possibilidade e pelos benefícios do estudo de uma alteração na estrutura dessa base de incidência tributária, visando uma justiça fiscal cada vez maior, esta não é objeto do presente trabalho, razão pela qual daremos maior enfoque às seguintes.

1.1.2. Base de Incidência Tributária sobre o Consumo

A base de incidência tributária sobre o consumo é possivelmente uma das mais importantes bases adotadas ao longo da História, especialmente como decorrência de um enfraquecimento da utilização da base de incidência tributária sobre o patrimônio. Isso porque, na medida em que a tributação incidente sobre o patrimônio foi perdendo força, com o desenvolvimento do comércio nas sociedades da antiguidade clássica, a tributação do consumo foi se consolidando como:

> [...] a principal fonte de receita derivada dos Estados, seja através da incidência sobre o comércio exterior, naquilo que envolvia tanto a importação, quanto a exportação de mercadorias, seja na comercialização no mercado interno sobre produtos específicos, como tabaco ou tecidos.[20]

Ante a constatação acima, já se pode concluir, portanto, que a tributação do consumo, assim como aquela sobre o patrimô-

[20] D'ARAÚJO, Pedro Júlio Sales. **A regressividade da matriz tributária: Debatendo a tributação a partir de nossa realidade econômica, política e social**. 2015. 166 f. Dissertação (Mestrado em Direito) – Faculdade de Direito, Universidade de Brasília, Brasília, p. 42.

nio, foi adotada pelas sociedades da Antiguidade Clássica, tais quais as existentes em Atenas e Roma.

Na cidade-estado de Atenas, todo produto vendido nos centros comerciais atenienses estava sujeito à incidência de um tributo. Além disso, também era comum a incidência do *elliménion*, exação exigida sobre toda importação e exportação[21].

Já em Roma, um dos vetores que formavam a matriz tributária então utilizada era composto por uma série de tributos incidentes sobre o consumo, genericamente indicados como *vectigalia*. Dentre os mencionados tributos, um dos mais relevantes para a História consiste na *centesima rerum venalium*, que incidia sobre todos os produtos vendidos no mercado[22]. Além disso, podem ser citados, a título exemplificativo, a *quinta et vicesima venalium mancipiorum* e a *vicesima manumissionum*, que incidiam sobre a compra de escravos[23].

Percebe-se, portanto, que a tributação sobre o consumo, assim como a sobre o patrimônio, é base de incidência que teve aplicação de maneira relevante desde as sociedades existentes no Período Clássico. Aquela, no entanto, foi a que se consolidou como a mais relevante nas matrizes tributárias ao longo da História.

Interessante salientar que, muito embora o surgimento de exações sobre a renda – principalmente durante o fim da Idade

[21] GODOY, Arnaldo Moraes. Notas sobre o direito tributário na Grécia clássica. **Revista de Informação Legislativa**. v. 36, p. 5-7, abr./jun. 1999, p. 6.

[22] DAL RI JÚNIOR, Arno; DAL RI, Luciene. Dar a César o que é de César: imposições fiscais no mundo romano. *In*: BALTHAZAR, Ubaldo Cesar (Coord.). **O tributo na história: da antiguidade à globalização.** Florianópolis: Fundação Boiteux, 2006, p. 37.

[23] DAL RI JÚNIOR, Arno; DAL RI, Luciene. Dar a César o que é de César: imposições fiscais no mundo romano. *In*: BALTHAZAR, Ubaldo Cesar (Coord.). **O tributo na história: da antiguidade à globalização.** Florianópolis: Fundação Boiteux, 2006, p. 37.

Média – tenha resultado na diminuição da relevância que a tributação sobre o consumo detinha em seu auge, ainda assim esta última se mantém como a principal base utilizada pelos sistemas tributários ao longo da História.

Recentemente, contudo, em especial a partir do final da segunda metade do século XX, houve movimentação global, principalmente dos países-membros da *Organisation for Economic Co-operation and Development* (*OECD*), no sentido de alteração das matrizes tributárias então aplicadas, de forma a se promover uma tributação menos relevante sobre o consumo, de forma a consolidar outra base de tributação – aquela sobre a renda, que será estudada no próximo tópico – como mais relevante de suas matrizes.

No entanto, mesmo com a movimentação global supramencionada, é fato que diversos países ainda não reestruturaram as suas matrizes tributárias. É o caso do Brasil, país cujo principal instrumento de arrecadação tributária ainda consiste na tributação do consumo, a qual incide sobre: (i) importação (II) [24] e exportação (IE) [25]; (ii) produtos industrializados (IPI)[26]; (iii) o total de receitas[27]; (iv) operações relativas à circulação de mercadorias e sobre prestações de serviços de transporte interes-

[24] Artigo 153, I, CF/1988:
Art. 153. Compete à União instituir impostos sobre:
I – importação de produtos estrangeiros;
[25] Artigo 153, II, CF/1988:
Art. 153. Compete à União instituir impostos sobre:
(...)
II – exportação, para o exterior, de produtos nacionais ou nacionalizados;
[26] Artigo 153, IV, CF/1988:
Art. 153. Compete à União instituir impostos sobre:
(...)
IV – produtos industrializados;
[27] Importante destacar que os tributos que incidem sobre o total de receitas são: (i) os Programas de Integração Social (PIS) e de Formação do Patrimônio

tadual e intermunicipal e de comunicação (ICMS)[28]; e (v) sobre serviços de qualquer natureza (ISS)[29].

Percebe-se que, no Brasil, a base de tributação sobre o consumo foi subdividida em diversas bases menores[30], inclusive em descompasso com a sistemática adotada em grande parte dos países, que usam um sistema mais unificado de tributação do consumo por meio de apenas um tributo – em vários países denominado "Imposto sobre Valor Agregado" (IVA).

Ainda consideramos importante frisar, quanto à tributação sobre o consumo – e em especial considerando o estudo proposto pelo presente trabalho –, que esta tende a incentivar a desigualdade social, uma vez que o mesmo ônus tributário decorrente de tal modalidade incide indiretamente sobre o consumidor final, de maneira indistinta. Ou seja, quando compramos um produto, dentro do preço pago foi incorporado todo o imposto pago durante a cadeia produtiva, o qual é arcado, no mesmo montante, por todos os indivíduos, independentemente de seu status social ou sua capacidade contributiva.

do Servidor Público (Pasep) e (ii) a Contribuição para o Financiamento da Seguridade Social (Cofins).

[28] Artigo 155, II, CF/1988:
Art. 155. Compete aos Estados e ao Distrito Federal instituir impostos sobre:
(...)
II – operações relativas à circulação de mercadorias e sobre prestações de serviços de transporte interestadual e intermunicipal e de comunicação, ainda que as operações e as prestações se iniciem no exterior;

[29] Artigo 156, III, CF/1988:
Art. 156. Compete aos Municípios instituir impostos sobre:
(...)
III – serviços de qualquer natureza, não compreendidos no art. 155, II, definidos em lei complementar.

[30] Importante frisar que essa subdivisão da base de tributação sobre o consumo é diariamente criticada por inúmeros estudiosos do direito e da economia. Justamente por isso que, atualmente, vemos inúmeros projetos visando unificar os tributos incidentes sobre o consumo em um só.

Assim, o que se tem é uma igualdade disfarçada, já que se duas pessoas comprarem o mesmo produto, ambas terão o mesmo ônus tributário. Isso porque, ainda que todos paguem o mesmo montante de tributos pelo mesmo produto, a capacidade contributiva de uns pode ser menor ou maior do que a de outros, fazendo com que a carga efetivamente suportada para cada um seja diferente.

Portanto, se o mesmo produto for comprado por dois cidadãos, um rico e um pobre, ambos terão o mesmo ônus tributário. No entanto, o cidadão mais pobre será aquele cujo ônus arcado com a aquisição do produto teve maior impacto financeiro e social, considerando sua capacidade contributiva.

Justamente por situações como a descrita acima é que muitos países estão, ao longo dos anos, trabalhando intensamente para alterar a forma com que tributam seus cidadãos.

Diante de todo o exposto, cabe o estudo da mais recente base de incidência tributária, de uma perspectiva histórica, a qual vem sendo cada vez mais usada para se transformar sistemas tributários em sistemas mais justos e eficazes, do ponto de vista de redistribuição de renda, e que será objeto específico do nosso trabalho.

1.1.3. Base de Incidência Tributária sobre a Renda

Enquanto as bases de incidência tributária sobre o patrimônio e sobre o consumo tiveram as suas origens na antiguidade, aquela sobre a renda surgiu em períodos mais recentes da História.

O surgimento das primeiras formas de tributação da renda, muito embora haja certa controvérsia acerca de sua origem, muito provavelmente se deu com a criação da *scala* na Florença do século XV[31].

[31] D'ARAÚJO, Pedro Júlio Sales. **A regressividade da matriz tributária: Debatendo a tributação a partir de nossa realidade econômica, política e**

Sobre esse surgimento, ensina D'Araújo:

> Criada inicialmente como parte da percepção dos governantes da época de que a economia de suas comunidades se desenvolvia em função da crescente atuação da classe burguesa e que as formas tradicionais de tributação, majoritariamente a tributação sobre o patrimônio e a importação, não conseguiam atingir tais fenômenos, a tributação sobre a renda acabou se mostrando como substancial fonte de recursos, principalmente em situações de exceção, como as diversas guerras que assolaram aquele continente.[32]

Acontece que, com o passar do tempo, a tributação da renda começou a ser importada por outras sociedades, de maneira que a base de incidência tributária sobre a renda passou a ser parte integrante de diversas matrizes tributárias ao longo do globo, até, finalmente, se consolidar como uma das mais importantes bases de tributação.

Atualmente, já é possível ver sistemas tributários nos quais a tributação da renda é a mais relevante base de incidência, superando aquelas sobre o consumo e sobre o patrimônio.

Importante frisar que, ainda que os primeiros instrumentos de tributação sobre a renda tenham sido criados apenas para fins arrecadatórios, atualmente a motivação para a adoção dessa base de incidência tributária não mais se justifica apenas por esses objetivos.

Em realidade, diversos estudos mostraram que um sistema voltado para a tributação sobre a renda – em detrimento daquela

social. 2015. 166 f. Dissertação (Mestrado em Direito) – Faculdade de Direito, Universidade de Brasília, Brasília, p. 34.

[32] D'Araújo, Pedro Júlio Sales. **A regressividade da matriz tributária: Debatendo a tributação a partir de nossa realidade econômica, política e social**. 2015. 166 f. Dissertação (Mestrado em Direito) – Faculdade de Direito, Universidade de Brasília, Brasília, p. 34.

aplicada sobre qualquer das outras bases acima mencionadas – é mais saudável em termos de desenvolvimento para os países.

Isso se dá, principalmente, em razão de a tributação sobre a renda dever ser pautada pelos princípios da igualdade tributária, da capacidade contributiva e da progressividade, o que é, inclusive, constitucionalmente previsto no Brasil. Tais princípios, especialmente quando aplicados em conjunto, são fundamentais para a obtenção de uma melhor distribuição de renda.

A incidência tributária relativa à renda, que faz aplicarem-se alíquotas progressivas, a depender da efetiva capacidade contributiva dos contribuintes, é fator essencialmente relacionado aos índices sociais. Isso porque tal incidência acaba por impactar diretamente a carga tributária verdadeiramente suportada pelos contribuintes.

Ora, se sobre o contribuinte que tem menos capacidade contributiva incide uma menor carga tributária, este tem mais condições para buscar o seu bem-estar social. Por outro lado, ainda que sobre o contribuinte que tem maior capacidade contributiva incida uma carga tributária mais relevante, este, por ter mais capacidade contributiva, acaba por não ser tão afetado.

E é exatamente assim que a tributação da renda impacta do ponto de vista social o País. Por considerar a efetiva capacidade contributiva dos contribuintes e o montante com o qual eles efetivamente podem arcar, sem comprometer o seu bem-estar social, essa base de tributação mostra-se como a mais igualitária aplicada dentro de um sistema tributário.

2. Justiça Fiscal

A busca da justiça fiscal, que pode ser entendida "como a distribuição equitativa da carga tributária, na justa medida imprescindível à prestação dos serviços públicos por estado de direito, respeitada a capacidade contributiva de cada um dos indivíduos componentes do universo econômico nacional"[33], ocorreu, ao longo da História, por meio da instituição e aplicação de inúmeros instrumentos e políticas públicas, especialmente de viés tributário.

Dentre esses instrumentos, encontram-se os princípios tributários, os quais, como se verá no decorrer do presente capítulo, foram sendo definidos e adotados pelas sociedades ao longo da História até atingirem os moldes observados nos dias atuais.

Em assim sendo, e tendo em vista que o presente trabalho visa propor alterações na matriz tributária brasileira, com a finalidade de obtenção, em última instância, de uma maior justiça fiscal, faz-se necessário discorrer, ainda que brevemente, acerca dos princípios constitucionais[34] atrelados a este conceito.

Observando-se especificamente o cenário constitucional brasileiro, acreditamos que os instrumentos de maior eficácia, do ponto de vista fiscal, consistem na existência e na aplicação dos princípios (i) da igualdade, (ii) da capacidade contributiva, e (iii) da progressividade, os quais serão individualmente estudados no presente capítulo.

2.1. Princípios

A CF/88, na condição de Lei Maior do Brasil, traz uma vasta quantidade de princípios que devem ser seguidos não apenas pelo ordenamento jurídico, mas pela sociedade de uma forma geral, os quais devem ser considerados de maneira conjunta – ponderando-se, quando e se necessário – e nortear todas as demais condutas, sejam legais sociais, executivas, etc.

[33] GOUVÊA, Clóvis Ernesto de. **Justiça fiscal e tributação indireta.** 1988. 132 f. Dissertação (Doutorado em Direito) – Faculdade de Direito, Universidade de São Paulo, São Paulo, p. 81.

[34] Para fins do presente trabalho, nos atrelaremos àqueles princípios que são, em nossa visão, os que apresentam maior relação com a justiça fiscal e, paralelamente, representam maior impacto na matriz tributária brasileira – tanto atual como naquela que se pretende propor.

Nesse cenário, de se observar os mandamentos da CF/88 e deixá-los orientar todos os comportamentos daqueles que se encontram sob seu manto – dentre os quais se enquadram, sem dúvidas, pesquisas e análises tributárias, bem como os de qualquer outra ordem –, entendemos de grande relevância que todo e qualquer estudo relacionado ao funcionamento da sociedade tenha como ponto de partida o disposto no artigo 3º da Carta Magna:

> Art. 3º Constituem objetivos fundamentais da República Federativa do Brasil:
>
> I – construir uma sociedade livre, justa e solidária;
>
> II – garantir o desenvolvimento nacional;
>
> III – erradicar a pobreza e a marginalização e reduzir as desigualdades sociais e regionais;
>
> IV – promover o bem de todos, sem preconceitos de origem, raça, sexo, cor, idade e quaisquer outras formas de discriminação.

Partindo dos objetivos fundamentais determinados pela CF/88, nos termos do artigo supratranscrito, e em especial da necessidade de construção de uma sociedade mais justa e solidária e da redução das desigualdades sociais e regionais, a Carta Magna ainda traz princípios – explícita e implicitamente – que devem ser empregados nas relações pátrias.

Carvalho, sobre princípios, elucida:

> Muito bem. Toda vez que houver acordo, ou que um número expressivo de pessoas reconhecerem que a norma N conduz um vector axiológico forte, cumprindo papel de relevo para a compreensão de segmentos importantes do sistema de proposições prescritivas, estaremos diante de um "princípio". Quer isto significar, por outros torneios, que "princípio" é uma regra portadora de núcleos significativos de grande magnitude, influenciando visivelmente a orientação de cadeiras normativas, às quais outorga

> caráter de unidade relativa, servindo de fator de agregação de outras regras do sistema positivo.[35]

Dentre tais princípios, e para fins do presente trabalho, três são, em nosso entendimento, os que mais se destacam, do ponto de vista dos objetivos nacionais em conjunto com a finalidade de se propor uma alteração da matriz tributária nacional – proposta pelo presente trabalho –, os quais: (i) princípio da igualdade tributária; (ii) princípio da capacidade contributiva; e (iii) princípio da progressividade. Dessa forma, passemos ao estudo individualizado de cada um destes.

2.1.1. Princípio da Igualdade Tributária

Em linha do quanto abordado acima, especialmente em vista dos objetivos nacionais estabelecidos, de maneira explícita, pela CF/88, faz-se necessário discorrer acerca do princípio da igualdade tributária, o qual representa a inclusão do princípio da igualdade – previsto no art. 5º, *caput*, da CF/88[36] – na normatização constitucional específica relativa ao Sistema Tributário Nacional.

Previsto no artigo 150, II, da CF/88[37], o princípio da igualdade tributária é, a nosso ver, um dos mais relevantes de todo o sis-

[35] CARVALHO, Paulo de Barros. Sobre os princípios constitucionais tributários. **Revista de Direito Tributário.** São Paulo, v.55, p. 143-155, jan./mar. 1991.

[36] Art. 5º Todos são iguais perante a lei, sem distinção de qualquer natureza, garantindo-se aos brasileiros e aos estrangeiros residentes no País a inviolabilidade do direito à vida, à liberdade, à igualdade, à segurança e à propriedade, nos termos seguintes:

[37] Art. 150. Sem prejuízo de outras garantias asseguradas ao contribuinte, é vedado à União, aos Estados, ao Distrito Federal e aos Municípios:
(...)
II – instituir tratamento desigual entre contribuintes que se encontrem em situação equivalente, proibida qualquer distinção em razão de ocupação profissional ou função por eles exercida, independentemente da denominação jurídica dos rendimentos, títulos ou direitos;

tema tributário brasileiro, razão pela qual consideramos necessário que seja o primeiro a ser analisado – e inclusive pelo fato de tanto a capacidade contributiva quanto a progressividade estarem intrinsecamente relacionadas a ele, como se verá adiante.

Ademais, o princípio da igualdade encontra seu âmago no princípio republicano, base de nosso sistema social. CARRAZZA, nesse sentido, entende ser "intuitiva a inferência de que o princípio republicano leva à igualdade da tributação"[38], enfatizando que esses "dois princípios interligam-se e completam-se"[39]. E prossegue em seus ensinamentos, o mencionado doutrinador, revelando que de "fato, o princípio republicano exige que os contribuintes (pessoas físicas ou jurídicas) recebam tratamento isonômico"[40].

De grande importância, neste ponto, se faz esclarecer a abrangência e a amplitude do conceito de igualdade, este subjetivo e genitor dos princípios da igualdade e da igualdade tributária.

Para que se esclareça a subjetividade do mencionado conceito, partamos da averiguação de SCHOUERI:

> Se fosse perguntado ao mesmo grupo se eles consideram iguais, certamente obter-se-ia como resposta: "depende"; "iguais em relação a quê?". Por exemplo: "Somos iguais enquanto brasileiros?" "Somos iguais enquanto maiores de idade?" "Somos iguais enquanto torcedores de um time de futebol?"[41]

[38] CARRAZZA, Roque Antonio. **Curso de Direito Constitucional Tributário.** São Paulo: Malheiros Editores, 2008. p. 79.

[39] CARRAZZA, Roque Antonio. **Curso de Direito Constitucional Tributário.** São Paulo: Malheiros Editores, 2008. p. 79.

[40] CARRAZZA, Roque Antonio. **Curso de Direito Constitucional Tributário.** São Paulo: Malheiros Editores, 2008. p. 79.

[41] SCHOUERI, Luís Eduardo. **Direito tributário.** 6. ed. São Paulo: Saraiva, 2016, p. 347.

Percebe-se, portanto, que a noção de igualdade é relativa. Depende, a igualdade, de um critério comparativo e de um ponto de convergência. Nesse contexto, a CF/88 buscou delimitar – ainda que de forma vaga – que a igualdade deve ser buscada dentre aqueles que se encontram em situações equivalentes.

Em um contexto tributário, a CF/88 trouxe previsões específicas quanto à aplicação do princípio da igualdade. Sobre o tema, ensina MELO:

> O princípio da igualdade significa um dos fundamentos da tributação, estabelecendo a Constituição ser proibido aos Poderes Públicos "instituir tratamento desigual entre contribuintes que se encontrem em situação equivalente, proibida qualquer distinção em razão de ocupação profissional ou função por eles exercida, independentemente da denominação jurídica dos rendimentos, títulos ou direito" (art. 150, II).[42]

Constata-se, portanto, que, para que seja possível o respeito ao princípio da igualdade tributária é extremamente necessária a eleição de "um critério de comparação constitucionalmente justificado" [43]. É esta adoção de métodos e fundamentos comuns e constitucionais que evita a sujeição dos contribuintes a formas de tributação arbitrárias e/ou abusivas.

Nesse diapasão, ressaltem-se os ensinamentos de RODRIGUES:

> O princípio da igualdade é a base do Estado de Direito, desdobramento do princípio republicano, que prima pelo interesse da maioria, com a garantia da isonomia, não *discriminen*, e se exprime

[42] MELO, José Eduardo Soares. **Curso de direito tributário**. 10. ed. São Paulo: Dialética, 2012, p. 29

[43] SCHOUERI, Luís Eduardo. **Direito tributário**. 6. ed. São Paulo: Saraiva, 2016, p. 347.

na proibição do arbítrio, ou como ensina Baleeiro na proibição de um tratamento desigual que não se baseie em relevantes razões objetivas, ou na proibição de discriminações que não correspondam a critérios razoáveis e compatíveis com o sistema da Constituição.

Em matéria tributária, o entendimento de que "todos são iguais perante a lei" revela que não se pode dispensar tratamento fiscal desigual a indivíduos que se achem nas mesmas condições. Com isso há uma movimentação e objetivo de se evitar o abuso do poder de tributar e os privilégios daqueles que estão com maior riqueza[44].

Em relação ao princípio da igualdade tributária, bem como à vedação à discriminação tributária, versa PAULSEN:

> A isonomia imposta pelo art. 150, II, da CF impede que haja diferenciação tributária entre contribuintes que estejam em situação equivalente, ou seja, *veda a discriminação arbitrária*. Não há espaço, pois, para simples privilégios em favor de tais ou quais contribuintes.[45]

Dentro desse critério de comparação, portanto, pode haver o tratamento diferenciado de um contribuinte em relação a outro. Contudo, tal tratamento diferenciado deve ser devidamente justificado e proporcional, abrangendo todo o grupo de contribuintes que se enquadram em equivalente cenário.

Relativamente ao tema, observem-se os ensinamentos de CARRAZZA, no sentido de que o "tributo, ainda que institu-

[44] RODRIGUES, Sirley Aparecida Lopes. A sistemática da progressividade tributária como mecanismo de igualdade. **Revista de Direito Tributário**, São Paulo, v.124, 2015, p. 234.

[45] PAULSEN, Leandro. **Curso de direito tributário: completo**. 6. ed. Porto Alegre: Livraria do Advogado Editora, 2014, p. 72.

ído por meio de lei, editada pela pessoa política competente, não pode atingir apenas um ou alguns contribuintes, deixando a salvo outros que, comprovadamente, se achem nas mesmas condições"[46].

Importante frisar que "o princípio da Igualdade, nem sempre proíbe de distinguir. Algumas vezes, pelo contrário, obriga a distinguir, para que pessoas desiguais não venham a ser tratadas do mesmo modo, o que ensejaria flagrantes injustiças"[47].

CARRAZZA, nesse contexto, elucida:

> O princípio da igualdade exige que a lei, tanto ao ser editada, quanto ao ser aplicada: a) não discrimine os contribuintes que se encontrem em situação jurídica equivalente; b) discrimine, *na medida de suas desigualdades*, os contribuintes que não se encontrem em situação jurídica equivalente.[48]

Dessa forma, tem-se que a aplicação do princípio da igualdade por meio da adoção de critérios que façam incidir a isonomia tributária aos contribuintes que enfrentam cenários semelhantes pode ser assim ilustrada:

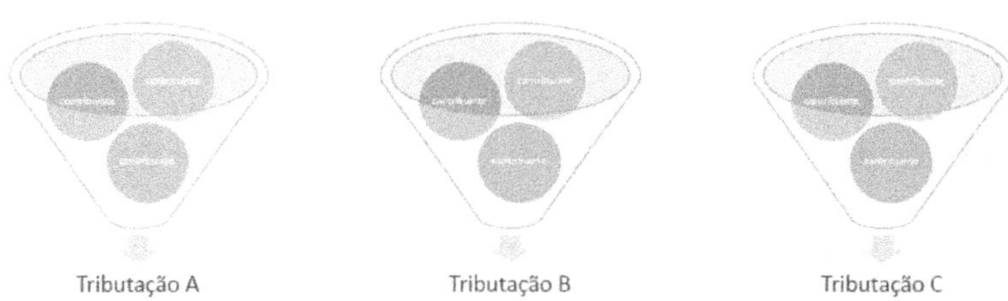

[46] CARRAZZA, Roque Antonio. **Curso de Direito Constitucional Tributário.** São Paulo: Malheiros Editores, 2008. p. 80.

[47] CARRAZZA, Elizabeth Nazar. **IPTU e Progressividade: igualdade e capacidade contributiva.** São Paulo: Quartier Latin, 2015, p. 51.

[48] CARRAZZA, Roque Antonio. **Curso de Direito Constitucional Tributário.** São Paulo: Malheiros Editores, 2008. p. 90.

Em linha do quanto demonstrado na ilustração acima, relativamente ao princípio da igualdade, SARAIVA FILHO elucida:

> Explicitando: o princípio da proibição de discriminação arbitrária entre contribuintes determina que a norma infraconstitucional deverá tratar igualmente pessoas que estejam nas mesmas condições e que, em face dessas condições, não seria justificável ou razoável trata-las desigualmente. Da mesma forma, a norma infraconstitucional deverá tratar desigualmente pessoas que estejam em situações diferentes e que, em face de particularidades relevantes de ordem econômica ou social; mereçam não ser tratadas igualmente.[49]

Diante desse cenário, observa-se que a própria CF/88 estabeleceu, por meio da instituição de outro princípio, um critério de comparação[50] que aplica a igualdade tributária. E é este princípio – o da capacidade contributiva – que se passa a estudar no tópico seguinte.

2.1.2. Princípio da Capacidade Contributiva

O princípio da capacidade contributiva, intimamente "ligado ao princípio da igualdade, é um dos mecanismos mais eficazes para que se alcance a tão almejada" Justiça Fiscal[51].

Como ensina SCHOUERI, não "convive com a ideia de justiça que se discriminem situações equivalentes sem que haja razão que justifique o tratamento diferenciado"[52]. Nesse sen-

49 SARAIVA FILHO, Oswaldo Othon de Pontes. O princípio da igualdade tributária. **Revista Fórum de Direito Tributário**, Belo Horizonte, v.57, 2012, p. 9-21, mai./jun. 2012.

50 SCHOUERI, Luís Eduardo. **Direito tributário**. 6. ed. São Paulo: Saraiva, 2016, p. 351.

51 CARRAZZA, Roque Antonio. **Curso de Direito Constitucional Tributário**. São Paulo: Malheiros Editores, 2008. p. 87.

52 SCHOUERI, Luís Eduardo. **Direito tributário**. 6. ed. São Paulo: Saraiva, 2016, p. 347.

tido, tem-se que a "lei deve tratar de modo igual os fatos econômicos que exprimem igual capacidade contributiva e, por oposição, de modo diferençado os que exprimem capacidade contributiva diversa"[53].

Conclui-se, portanto, que eventual tratamento diferenciado é aceito – e necessário – quando se está diante da aplicação por meio da adoção de critérios justificados. É o caso da capacidade contributiva.

Sobre esse princípio, discorre CARRAZZA:

> O princípio da capacidade contributiva hospeda-se nas dobras do princípio da igualdade e ajuda a realizar, no campo tributário, os ideais republicanos. Realmente, é justo e jurídico que quem, em termos econômicos, tem muito pague, proporcionalmente, mais imposto do que quem tem pouco. Quem tem maior riqueza deve, em termos proporcionais, pagar mais imposto do que quem tem menor riqueza. Noutras palavras, deve contribuir mais para a manutenção da coisa pública. As pessoas, pois, devem pagar impostos na proporção dos seus haveres, ou seja, de seus índices de riqueza. (CARRAZZA, 2008, p. 87)[54]

Pois bem. A tributação conforme a capacidade contributiva, critério adotado pela CF/88 para o emprego do princípio da igualdade tributária – especialmente no sentido de se tributar igualmente os iguais e desigualmente os desiguais –, não é temática recente, sendo objeto de inúmeros estudos e aplicações ao longo dos anos.

Em realidade, a preocupação em se respeitar o montante que poderia ser suportado por cada um, a depender da situação

[53] CARRAZZA, Roque Antonio. **Curso de Direito Constitucional Tributário.** São Paulo: Malheiros Editores, 2008. p. 90.

[54] CARRAZZA, Roque Antonio. **Curso de Direito Constitucional Tributário.** São Paulo: Malheiros Editores, 2008. p. 87.

econômica específica do cidadão é tema que remonta à Antiguidade Clássica. Na cidade-estado de Atenas, por exemplo, estudos nos mostram a existência de sistema tributário que isentava parcela da população com menor exteriorização de riqueza, ao passo que exigia dos cidadãos mais ricos a realização de contribuições relevantes para a *pólis*[55]. Acerca das origens longínquas do princípio da capacidade contributiva, CARRAZZA versa:

> O princípio da capacidade contributiva tem origens tão longínquas quanto a própria atividade tributária. Exemplo disso era, no Egito Antigo, a exigência da cobrança pelos escribas de um percentual fixo de tributo, de todos os cidadãos, sobre a renda que obtivesse das mais diversas formas possíveis, sendo inclusive praticada a remissão do tributo – chamada *philanthropa* – daque-

[55] Sólon distribuíra as pessoas em Atenas segundo quatro classes de acordo com sua renda. Em primeiro lugar, como mais ricos, havia os *pentacosiomedimnos* (ou aqueles das quinhentas medidas), capazes de apresentar uma produção anual combinada de grãos e líquidos equivalente a quinhentas medidas (*medimnoi*). Em segundo lugar, os *cavaleiros*, eram capazes de apresentar uma produção de trezentas medidas bem possuíam condições de manter cavalos para uso em caso de guerra. Em terceiro lugar, os *zeugitas* eram os que apresentavam duzentas medidas combinadas, e que fossem capazes de manter uma parelha de bois. Em uma quarta classe eram situados todos os demais cidadãos que não alcançassem ao menos a medida de um zeugita, e que eram denominados *tetes*.
Pois bem, no que tange à distribuição do ônus fiscal e das funções militares, vejamos, de forma aproximada, como eram distribuídos os cidadãos: os *tetes* serviam na marinha como remadores e em caso de necessidade, auxiliavam o exército como infantaria leve. Não pagam tributos por não alcançarem um patamar mínimo de riqueza. Os *zeugitas* servem como hoplitas e pagam o imposto extraordinário de guerra. Os cavaleiros, por óbvio, participam da guerra na cavalaria e desempenham as liturgias ordinárias. Os *pentacosiomedimnoi* servem igualmente na cavalaria ou como comandantes de trirremes, naus que eles eram obrigados a manter por meio da onerosa liturgia da trierarquia, correndo por sua conta a equipagem e os custos de operação (TANCREDI, Matheus Pires de Campos Borges. **Honra no direito ático**. 2013. 373 f. Dissertação (Mestrado em Direito) – Faculdade de Direito, Universidade de São Paulo, São Paulo, p. 284).

> les que, por motivos diversos, não conseguiram mais do que para sua subsistência[56]. A ideia de um tributo opressivo e brutal, com a qual se identificam os relatos habituais da prática tributária em tempos antigos, só vai surgir por volta do ano 1000 a.C., obscurecendo as práticas virtuosas de povos anteriores.
>
> Depois de um longo período de opressão tributária, a ideia de capacidade contributiva seria retomada durante a Idade Média com a doutrina da cauda da obrigação tributária, de origem na teologia medieval, em São Tomás de Aquino, para distinguir os impostos justos dos injustos, com uma doutrina construída sobre as quatro causas aristotélicas: a) *causa finalis* – vinculada com o bem comum e o interesse público que deveria orientar a destinação do tributo; b) causa *efficiens* – consistente na soberania e potestade tributária; c) causa *formalis* – a adequação à capacidade contributiva do contribuinte; d) causa *materialis* – a indicação de pessoas e coisas suscetíveis de imposição.[57]

Mas não apenas na Antiguidade Clássica e na Idade Média é que se pode observar a relevância dessa temática. A Declaração dos Direitos do Homem e do Cidadão, obra resultante da Revolução Francesa, que remonta ao ano de 1789, também prevê o princípio ora em estudo. O mencionado documento prevê expressamente que *para* "a manutenção da força pública e para as despesas de administração é indispensável uma contribuição comum, que deve ser repartida entre os cidadãos de acordo com suas possibilidades"[58].

[56] Adams, 1999 *apud* Carrazza, Elizabeth Nazar. **IPTU e Progressividade: igualdade e capacidade contributiva**. 2. ed. São Paulo: Quartier Latin, 2015, p. 59.
[57] Pomini, 1951 *apud* Carrazza, Elizabeth Nazar. **IPTU e Progressividade: igualdade e capacidade contributiva**. 2. ed. São Paulo: Quartier Latin, 2015, p. 59.
[58] MINISTÉRIO PÚBLICO FEDERAL. **Declaração dos direitos do homem e do cidadão de 1789**. 2 f. Disponível em: <http://pfdc.pgr.mpf.mp.br/atuacao-e-

Nota-se, portanto, que o princípio da capacidade contributiva teve seu papel e sua necessidade reiterados ao longo de toda a História, tamanha a importância de sua aplicação para a sociedade, de uma maneira geral.

Hodiernamente, no Brasil, o princípio da capacidade contributiva encontra seu fundamento no artigo 145, §1º, da CF/88, o qual prevê que, "sempre que possível, os impostos terão caráter pessoal e serão graduados segundo a capacidade econômica do contribuinte"[59].

Sobre o tema, ensina Melo:

> Considerando-se que a tributação interfere no patrimônio das pessoas, de forma a subtrair parcelas de seus bens, não há dúvida de que será ilegítima (e inconstitucional) a imposição de ônus superiores às forças desse patrimônio, uma vez que os direitos individuais compreendem o absoluto respeito à garantia de sobrevivência de quaisquer categorias de contribuintes.[60]

Carrazza, acerca do princípio constitucionalmente previsto, ainda explana:

> A capacidade contributiva à qual alude a Constituição e que a pessoa política é obrigada a levar em conta ao criar, legislati-

conteudos-de-apoio/legislacao/direitos-humanos/declar_dir_homem_cidadao.pdf>. Acesso em 11 de mai. de 2018.

[59] Artigo 145, §1º, CF/1988:
Art. 145. A União, os Estados, o Distrito Federal e os Municípios poderão instituir os seguintes tributos:
(...)
§ 1º Sempre que possível, os impostos terão caráter pessoal e serão graduados segundo a capacidade econômica do contribuinte, facultado à administração tributária, especialmente para conferir efetividade a esses objetivos, identificar, respeitados os direitos individuais e nos termos da lei, o patrimônio, os rendimentos e as atividades econômicas do contribuinte.

[60] Melo, José Eduardo Soares. **Curso de direito tributário**. 10. ed. São Paulo: Dialética, 2012, p. 31.

> vamente, os impostos de sua competência é *objetiva*, e não *subjetiva*. É *objetiva* porque se refere não às condições econômicas reais de cada contribuinte, individualmente considerado, mas às suas manifestações objetivas de riqueza (ter um imóvel, possuir um automóvel, ser proprietário de joias ou obras de arte, operar em Bolsa, praticar operações mercantis etc.).[61]

Destaquem-se, outrossim, as elucidações de Rodrigues sobre o princípio ora em comento:

> O princípio da capacidade contributiva desempenha a função de nortear o exercício da atividade tributária perante os indivíduos. Mensura a parte da riqueza de cada indivíduo para definir o grau de participação do patrimônio individual em prol do interesse público, por meio do pagamento de tributos, sem comprometer o mínimo vital.[62]

Por meio da aplicação de tributação que se utilize da análise do caráter pessoal e da capacidade econômica do sujeito passivo, atinge-se, na medida do possível, a igualdade tributária. Respeita-se, portanto, a máxima da igualdade, no sentido de tratar igualmente os iguais e desigualmente os desiguais[63].

Carrazza ainda elucida:

> Os impostos, quando ajustados à capacidade contributiva, permitem que os cidadãos cumpram, perante a comunidade, seus deveres de solidariedade política, econômica e social. Os que pagam este tipo de exação devem contribuir para as des-

[61] Carrazza, Roque Antonio. **Curso de Direito Constitucional Tributário.** São Paulo: Malheiros Editores, 2008. p. 90.

[62] Rodrigues, Sirley Aparecida Lopes. A sistemática da progressividade tributária como mecanismo de igualdade. **Revista de Direito Tributário**, São Paulo, v.124, 2015, p. 236.

[63] Conforme ensinamentos difundidos já por Aristóteles em sua época.

pesas públicas não em razão daquilo que recebem do Estado, mas de suas potencialidades econômicas. Com isso, ajudam a remover os obstáculos de ordem econômica e social que limitam, de fato, a liberdade e a igualdade dos menos afortunados.[64]

Sob outro viés, CARRAZZA ainda destaca seu entendimento no sentido de que o "princípio da capacidade contributiva é mais uma das limitações constitucionais ao poder de tributar"[65]. A nosso ver, tal entendimento é correto, uma vez que, como norteador das condutas da sociedade de uma maneira geral, e inclusive de seus entes federativos, o princípio ora em estudo deve ser sempre obedecido, obstando qualquer tentativa de se instituir tributação que caminhe em sentido contrário ao seu postulado.

Muito embora a existência do artigo 145, §1º, da CF/88, faça deixar clara a intenção do legislador pátrio em aplicar, em conformidade com os objetivos nacionais - expostos no artigo 3º da CF/88 - e com o princípio da igualdade tributária, cabem, quanto ao texto legal constante do mencionado dispositivo algumas considerações, especialmente em relação à expressão "sempre que possível" e à utilização da palavra "impostos".

2.1.2.1. A Expressão "Sempre que Possível"

Sobre a expressão normativa "sempre que possível", vinculada à análise do caráter pessoal e da capacidade contributiva previstos na CF/88, é certo que aquela "não poderia jamais vislumbrar a eventual impossibilidade de tal mensuração (como se poderia cogitar)"[66]. Nesse diapasão, ensina MELO:

64 CARRAZZA, Roque Antonio. **Curso de Direito Constitucional Tributário.** São Paulo: Malheiros Editores, 2008. p. 87.

65 CARRAZZA, Elizabeth Nazar. **IPTU e Progressividade: igualdade e capacidade contributiva.** 2. ed. São Paulo: Quartier Latin, 2015, p. 73.

66 MELO, José Eduardo Soares. **Curso de direito tributário.** 10. ed. São Paulo: Dialética, 2012, p. 32.

> Como a estrutura da norma tributária sempre revela a intensidade econômica do ônus imputado ao contribuinte, forçoso defluir o entendimento de que sempre é possível apreender o caráter pessoal e a capacidade econômica do contribuinte. O que nem sempre será possível é obter, com absoluta segurança e certeza, o caráter eminentemente pessoal e a exata capacidade econômica.
>
> (...)
>
> A expressão *sempre que possível* deve significar o ingente e exaustivo esforço a ser pautado pelo legislador, para disciplinar o ônus tributário, com a maior segurança (possível), e com a menor margem de engano (também possível), a fim de que o contribuinte participe das necessidades coletivas (interesse público), com suportável parcela do seu patrimônio.[67]

Dessa forma, mesmo que, com relação a alguns tributos (como Imposto sobre a Renda e Proventos de Qualquer Natureza), a identificação e mensuração da capacidade econômica dos contribuintes sejam de mais fácil efetivação, isso não significa que não seja possível verificar tais elementos relativamente a outros tributos, ainda que, em outra modalidade de tributação, a capacidade total e real não seja, a princípio, facilmente observada ou obtida.

Como ensina MELO, "existem certos produtos, mercadorias e serviços, cujo consumo constitui verdadeira demonstração de capacidade contributiva. Automóveis de luxo, sofisticados aparelhos eletrodomésticos, iates, joias, casacos de pele evidenciam por seu uso, ou consumo, elevada capacidade contributiva"[68]. Não vislumbramos como razoável, portanto, que se admita, em

[67] MELO, José Eduardo Soares. **Curso de direito tributário**. 10. ed. São Paulo: Dialética, 2012, p. 32.

[68] MELO, José Eduardo Soares. **Curso de direito tributário**. 10. ed. São Paulo: Dialética, 2012, p. 33.

relação ao consumo de tais itens, por exemplo, que se defenda não ser possível mensurar a capacidade econômica do contribuinte.

2.1.2.2. A Palavra "Impostos"

A utilização da palavra "impostos" pelo legislador, quando da redação do §1º do artigo 145, da CF/88 – ao dispor sobre a pessoalidade e a graduação conforme a capacidade contributiva do sujeito passivo da obrigação tributária – é outro ponto que enseja divergências doutrinárias no que se refere ao alcance da aplicação do princípio da capacidade contributiva.

Dentre inúmeros instrumentos de justiça fiscal, o princípio deve ser utilizado para nortear toda a tributação em nosso País. Isso porque, ainda que o constituinte tenha determinado que apenas os impostos seriam, sempre que possível, graduados segundo a capacidade econômica do contribuinte, na verdade, ele se aplica a todas as espécies tributárias[69].

2.1.3. Princípio da Progressividade

O princípio da progressividade encontra-se intrinsecamente relacionado aos supracitados princípios da igualdade e da capacidade contributiva. A nosso ver, o preceito ora em comento deve ser entendido como medida garantidora da obtenção de igualdade tributária aos contribuintes.

Do ponto de vista tributário, a progressividade implica na aplicação de cargas tributárias graduais, as quais consideram a exteriorização de riqueza por parte do contribuinte. Em outras palavras, o ônus que a tributação terá sobre os contribuintes de menor capacidade contributiva será diferente daquele relacionado aos contribuintes com maior capacidade contributiva. Nas

[69] PAULSEN, Leandro. **Curso de direito tributário: completo**. 6. ed. Porto Alegre: Livraria do Advogado Editora, 2014, p. 64.

palavras de PAULSEN, "a progressividade, implicando tributação mais pesada quando a base de cálculo for maior, pressupõe maior capacidade contributiva daquele submetido às maiores alíquotas"[70].

RODRIGUES, por sua vez, versa:

> A doutrina conceitua o princípio constitucional da progressividade como orientação geral de caráter diretivo sobre as normas tributárias, que tem como característica a elevação dos tributos de maneira gradual, segundo critérios estabelecidos em lei. Decorre do princípio da capacidade contributiva e da igualdade, fundamentando-se nos mesmos.
>
> Esse princípio pode ser usado para atendimento de finalidades fiscais, elevando-se a exigência tributária à medida que aumenta a capacidade contributiva do contribuinte e, ainda, pode ser usado com conotação extrafiscal, de forma que, com a elevação de alíquotas, se possa estimular ou desestimular determinadas condutas.[71]

Relevantes, quanto ao tema, os ensinamentos de CARRAZZA:

> A progressividade das alíquotas tributárias, longe de atritar com o sistema jurídico, é o melhor meio de se afastarem, no campo dos impostos, as injustiças tributárias, vedadas pela Carta Magna. Sem impostos progressivos não há como atingir-se a igualdade tributária. Logo, o sistema de impostos, no Brasil, deve ser informado pelo critério da progressividade.
>
> Impostos com alíquotas crescentes em função do aumento das suas bases tributáveis (bases de cálculo *in concreto*) levam corre-

70 PAULSEN, Leandro. **Curso de direito tributário: completo.** 6. ed. Porto Alegre: Livraria do Advogado Editora, 2014, p. 67.

71 RODRIGUES, Sirley Aparecida Lopes. A sistemática da progressividade tributária como mecanismo de igualdade. **Revista de Direito Tributário**, São Paulo, v.124, 2015, p. 239.

> tamente em conta que o sacrifício suportado pelo contribuinte para concorrer às despesas públicas é tanto maior quanto menor a riqueza que possui (e vice-versa). Ademais, permitem que o Estado remova, pelo menos em parte, as desigualdades econômicas existentes entre as pessoas.
>
> Realmente, impostos com alíquotas fixas agravam as diferenças sociais existentes, porque tratam de maneira idêntica contribuintes que, sob o ângulo da capacidade contributiva, não são iguais.
>
> Em suma, salvo as exceções que a própria Lei Maior alberga, os impostos com alíquota fixa são inconstitucionais, por ofensa ao princípio da capacidade contributiva, que exige que cada contribuinte seja tributado de acordo com suas manifestações objetivas de riqueza.[72]

De maneira simplificada, pode-se afirmar que a "progressividade implica a elevação proporcional de alíquotas de acordo com o aumento do valor de riqueza tributado"[73].

Nesse diapasão, o resultado do princípio ora em comento consiste na existência de faixas de tributação, as quais serão aplicadas conforme a quantidade de riqueza de cada contribuinte. De maneira abstrata, a progressividade pode ser assim ilustrada:

[72] CARRAZZA, Roque Antonio. **Curso de Direito Constitucional Tributário.** São Paulo: Malheiros Editores, 2008. p. 89-90.

[73] RODRIGUES, Sirley Aparecida Lopes. A sistemática da progressividade tributária como mecanismo de igualdade. **Revista de Direito Tributário**, São Paulo, v.124, 2015, p. 239.

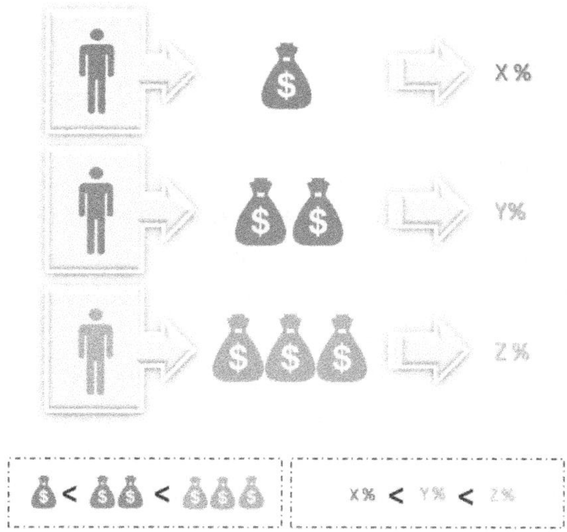

3. Consequências Econômicas de uma Alteração da Princpal Base de Incidência Tributária do Brasil

Quando do estudo da matriz tributária, observa-se que, muito embora tenha suas raízes no passado, houve um aperfeiçoamento contínuo de seu conceito e aplicação, de modo a obterem-se os cenários hodiernamente observados ao redor do mundo.

O que se pode notar, ao analisar o conjunto tributário dos países em geral, é que, atualmente, é extremamente incomum deparar-se com qualquer país que se utilize de matriz tributária que alcance apenas uma base de tributação.

No caso do Brasil, resta claro que o País possui matriz tributária de extrema complexidade, adotando instrumentos de tributação que se pautam não apenas no patrimônio, mas também no consumo e na renda – e ainda outras[74].

[74] É importante ter em mente que nem todas as espécies tributárias utilizam necessariamente uma dessas três grandezas como forma de se fazer incidir

Basta uma breve leitura dos dispositivos da CF/88 referentes ao sistema tributário nacional para concluir que o constituinte originário optou pela tributação do (i) **patrimônio**, por meio da incidência do ITR[75], do ITCMD[76], do IPVA[77], do IPTU[78] e do ITBI[79]; do (ii) **consumo**, por meio da incidência do IPI[80], do ICMS[81] e do ISS[82], etc.; e da (iii) **renda**, por meio do IR[83], para citar os principais exemplos.

Dentre todas as bases de tributação incorporadas à matriz tributária brasileira[84], sabe-se que a que possui maior relevância

o gravame fiscal. É o caso brasileiro das taxas, por exemplo, que, por serem vinculadas a uma atividade estatal e seguirem uma lógica comutativa orientada pelo princípio do benefício, não guardam a referibilidade a uma dessas três manifestações de riqueza, constituindo uma figura tributária a parte, ainda que de grande relevo para o desenho institucional de nossa comunidade. Todavia, tal constatação não retira a importância de análise das bases econômicas, uma vez que elas orientam a maior parte da arrecadação estatal e os tributos a elas relacionados são responsáveis pela realização das finalidades anteriormente trabalhadas de alocação de recursos, estabilização de resultados e distribuição de renda. (D'ARAÚJO, Pedro Júlio Sales. **A regressividade da matriz tributária: Debatendo a tributação a partir de nossa realidade econômica, política e social.** 2015. 166 f. Dissertação (Mestrado em Direito) – Faculdade de Direito, Universidade de Brasília, Brasília, p. 34).

75 Art. 153, inciso VI, da CF/88.

76 Art. 155, inciso I, da CF/88.

77 Art. 155, inciso III, da CF/88.

78 Art. 156, inciso I, da CF/88.

79 Art. 156, inciso II, da CF/88.

80 Art. 153, inciso IV, da CF/88.

81 Art. 155, inciso II, da CF/88.

82 Art. 156, inciso III, da CF/88.

83 Art. 153, inciso III, da CF/88.

84 Mencione-se que a matriz tributária adotada pela maioria dos países da América do Sul é muito semelhante, como se denota da análise das tabelas extraídas do sítio da OECD. Entretanto, considerando que o trabalho se refere ao sistema tributário brasileiro, analisaremos tão somente a tributação e suas implicações no Brasil.

econômica para fins de arrecadação é aquela sobre o consumo, como se observa dos quadros abaixo:

Quadro nº 1 – Países da América do Sul e média dos países da OECD: Percentual de arrecadação de tributos incidentes sobre a propriedade em comparação com o total arrecadado.

Government	Total														
Tax	4000 Taxes on property														
Variable	Tax revenue as % of total taxation														
Year	2001	2002	2003	2004	2005	2006	2007	2008	2009	2010	2011	2012	2013	2014	2015
Country															
OECD - Average	5,4	5,5	5,5	5,5	5,6	5,6	5,6	5,4	5,6	5,5	5,5	5,5	5,6	5,7	5,8
Argentina	11,1	12,7	12,4	11,4	11,2	10,7	10,1	9,7	9,2	9,0	9,0	9,0	9,3	9,1	8,9
Bolivia	0,0	0,0	0,0	2,5	4,2	2,6	1,6	1,4	1,4	1,3	1,1	0,9	0,8	0,7	0,7
Brazil	8,4	8,5	8,6	8,3	7,9	7,9	8,0	5,6	5,7	5,9	6,0	5,9	5,7	5,8	6,3
Colombia	6,9	9,9	9,5	8,2	7,9	7,4	7,8	9,9	8,8	8,7	11,1	10,4	10,5	10,5	11,0
Ecuador	0,9	1,1	1,5	1,4	0,9	0,9	0,8	0,7	0,7	0,7	0,7	0,9	0,9	1,0	1,1
Guyana	1,7	2,5	1,9	1,4	1,4	1,3	1,4	1,4	1,3	1,4	1,4	1,4	1,9	1,6	2,0
Paraguay	0,0	0,0	0,0	0,0	0,0	2,0	2,1	2,2	2,0	1,7	1,6	1,6	1,7	1,6	1,7
Peru	3,3	3,0	1,4	3,4	3,3	2,7	3,3	3,3	3,3	3,0	2,2	2,0	2,1	2,0	2,3
Uruguay	10,4	12,3	14,0	12,3	12,0	10,2	10,2	9,2	9,3	9,1	8,7	8,3	7,9	8,0	7,7
Venezuela	1,2	12,9	12,8	7,1	5,9	0,6	3,2	6,5	0,2	0,2	0,2	0,2	0,2	0,2	0,2

Quadro extraído do sítio: http://stats.oecd.org/

Quadro nº 2 – Países da América do Sul e média dos países da OECD: Percentual de arrecadação de tributos incidentes sobre bens e serviços em comparação com o total arrecadado.

Government	Total														
Tax	5000 Taxes on goods and services														
Variable	Tax revenue as % of total taxation														
Year	2001	2002	2003	2004	2005	2006	2007	2008	2009	2010	2011	2012	2013	2014	2015
Country															
OECD - Average	32,8	33,3	33,5	33,4	33,0	32,3	31,9	31,7	32,4	33,0	32,8	32,6	32,5	32,5	32,4
Argentina	52,0	55,1	55,3	55,2	54,6	54,2	54,3	55,2	52,2	52,4	51,2	50,5	49,6	49,5	47,5
Bolivia	71,2	71,7	70,3	63,6	66,4	66,6	69,0	66,4	59,2	63,3	64,1	58,2	57,6	56,7	55,2
Brazil	46,3	45,6	45,1	46,0	44,7	41,7	40,9	44,2	42,0	43,1	42,5	42,5	42,6	41,8	41,4
Colombia	43,1	41,7	43,4	41,3	42,1	43,0	42,2	43,4	40,6	43,0	42,2	38,8	36,8	37,5	37,6
Ecuador	66,5	62,8	59,4	57,8	57,4	55,0	53,5	48,7	48,8	54,4	49,1	52,1	53,4	53,3	52,6
Guyana	46,6	44,3	44,5	47,0	46,3	46,1	44,1	51,4	54,4	53,0	53,3	54,3	54,5	53,6	52,5
Paraguay	61,2	58,6	61,5	61,4	58,0	60,0	60,1	59,9	55,5	60,5	60,6	57,5	57,5	56,9	55,8
Peru	56,6	60,0	59,2	58,3	56,0	48,9	46,0	47,2	48,9	48,8	45,5	44,1	45,0	45,6	48,4
Uruguay	53,8	54,5	57,9	57,3	55,0	56,3	55,5	49,3	46,8	46,7	46,5	45,3	43,8	43,4	42,6
Venezuela	55,3	55,0	53,3	59,0	51,8	52,1	46,9	47,1	54,4	61,1	58,7	60,7	62,9	60,6	72,8

Quadro extraído do sítio: http://stats.oecd.org/

Quadro nº 3 – Países da América do Sul e média dos países da OECD: Percentual de arrecadação de tributos incidentes sobre a renda, o lucro e o ganho de capital em comparação com o total arrecadado.

Government	Total														
Tax	1000 Taxes on income, profits and capital gains														
Variable	Tax revenue as % of total taxation														
Year	2001	2002	2003	2004	2005	2006	2007	2008	2009	2010	2011	2012	2013	2014	2015
Country															
OECD - Average	34,6	33,8	33,4	33,7	34,5	35,4	36,1	35,7	33,5	33,2	33,6	33,7	33,8	33,8	34,1
Argentina	19,0	15,3	18,4	20,0	20,4	19,4	18,7	17,2	15,8	16,2	17,2	17,3	17,8	18,9	20,5
Bolivia	13,1	12,5	12,5	12,9	15,5	17,7	16,8	19,3	24,8	22,5	21,6	21,2	21,7	21,3	20,4
Brazil	19,6	20,1	20,3	19,3	21,0	19,3	20,2	22,4	21,9	20,6	21,6	20,6	20,9	20,8	20,9
Colombia	26,1	25,4	25,7	28,2	28,2	28,8	29,2	27,1	29,9	26,8	28,7	33,4	33,5	32,5	31,7
Ecuador	16,4	14,7	15,5	16,2	18,6	17,9	18,8	26,4	26,4	20,3	21,6	19,0	20,6	21,1	22,2
Guyana	39,6	40,4	40,8	38,9	39,5	40,5	41,8	35,4	33,9	35,4	35,3	33,9	33,1	34,1	34,4
Paraguay	11,8	13,1	12,0	13,9	12,6	11,8	12,7	13,4	17,2	13,4	14,7	15,1	15,1	15,0	15,2
Peru	20,3	21,0	24,8	24,9	29,5	37,7	40,9	38,6	35,2	36,7	40,8	41,2	38,3	39,8	35,8
Uruguay	8,7	8,5	7,4	10,8	11,8	12,2	13,6	20,6	20,6	20,8	20,4	20,5	21,7	20,7	21,9
Venezuela	37,3	26,8	28,9	29,2	38,4	43,0	44,8	41,1	38,8	30,7	29,2	30,6	28,9	32,9	22,7

Quadro extraído do sítio: http://stats.oecd.org/

Ainda como se nota da análise dos quadros acima, a arrecadação resultante da tributação incidente sobre o consumo é consideravelmente superior às arrecadações apuradas por meio das tributações relacionadas ao patrimônio e à renda.

Ao observarmos os resultados do Brasil entre os anos de 2001 e 2015, notamos que, do total arrecadado por meio de tributação no período, 46,36% do montante equivale à arrecadação advinda de tributos incidentes sobre o consumo. Enquanto isso, aproximadamente 21% do total arrecadado é fruto da tributação sobre a renda, e apenas cerca de 7% é resultado da tributação sobre o patrimônio.

No entanto, quando diante dos resultados – também disponibilizados pela OECD – relativos a países mais desenvolvidos, resta evidente que as matrizes tributárias destes têm como base econômica de tributação mais relevante para fins de arrecadação aquela incidente sobre a renda, em detrimento daquela sobre o consumo[85].

[85] Com exceção da França, a qual possui uma arrecadação com tributos sobre o consumo praticamente igual à com tributos sobre a renda.

Quadro nº 4 – Países desenvolvidos e média dos países da OECD: Percentual de arrecadação de tributos incidentes sobre a propriedade em comparação com o total arrecadado.

Government	Total														
Tax	4000 Taxes on property														
Variable	Tax revenue as % of total taxation														
Year	2001	2002	2003	2004	2005	2006	2007	2008	2009	2010	2011	2012	2013	2014	2015
Country															
OECD - Average	5,4	5,5	5,5	5,5	5,6	5,6	5,6	5,4	5,6	5,5	5,5	5,5	5,6	5,7	5,8
Australia	8,8	9,0	9,4	8,7	8,6	9,2	9,0	8,2	9,6	9,3	8,6	8,7	9,4	10,2	10,7
Canada	10,7	10,8	10,8	10,8	10,7	10,6	10,6	11,5	12,2	12,3	12,0	11,9	11,9	11,7	11,8
France	6,8	7,0	7,2	7,5	7,7	7,8	7,9	7,6	8,0	8,4	8,4	8,5	8,4	8,6	9,0
Germany	2,3	2,3	2,4	2,5	2,5	2,5	2,5	2,3	2,3	2,3	2,4	2,4	2,5	2,6	2,9
Japan	10,5	10,8	10,3	10,0	9,7	9,1	9,0	9,4	10,1	9,7	9,7	9,1	8,8	8,5	8,2
Korea	11,4	12,7	11,8	11,2	11,9	13,2	12,8	11,9	11,6	11,3	11,4	10,6	10,3	11,0	12,4
New Zealand	5,2	5,1	5,1	5,0	4,9	5,2	5,3	5,9	6,5	6,6	6,6	6,3	6,2	6,1	6,1
Sweden	3,2	3,2	3,2	3,2	3,0	2,9	2,4	2,3	2,4	2,4	2,4	2,4	2,5	2,5	2,4
United Kingdom	11,5	12,0	11,9	11,9	11,9	12,4	12,5	11,8	12,2	12,0	11,6	11,9	12,3	12,7	12,6
United States	10,7	11,9	12,1	12,0	11,4	11,2	11,4	12,0	14,1	13,1	12,4	12,0	11,3	10,7	10,3

Quadro extraído do sítio: http://stats.oecd.org/

Quadro nº 5 – Países desenvolvidos e média dos países da OECD: Percentual de arrecadação de tributos incidentes sobre bens e serviços em comparação com o total arrecadado.

Government	Total														
Tax	5000 Taxes on goods and services														
Variable	Tax revenue as % of total taxation														
Year	2001	2002	2003	2004	2005	2006	2007	2008	2009	2010	2011	2012	2013	2014	2015
Country															
OECD - Average	32,8	33,3	33,5	33,4	33,0	32,3	31,9	31,7	32,4	33,0	32,8	32,6	32,5	32,5	32,4
Australia	30,4	30,4	29,9	28,7	28,1	27,6	27,1	27,9	29,8	29,1	27,5	28,5	28,8	27,1	27,5
Canada	24,7	26,2	26,3	25,7	25,2	24,4	24,0	22,5	22,9	24,0	23,7	23,4	23,0	22,8	23,1
France	25,4	25,8	25,7	25,7	25,5	25,0	24,9	24,7	25,2	24,9	24,7	24,4	24,0	24,1	24,3
Germany	28,7	29,1	29,3	29,2	29,1	28,4	29,3	28,9	29,8	29,5	29,1	28,4	28,5	28,2	27,8
Japan	19,3	20,1	20,3	20,0	19,4	18,6	18,0	17,9	19,1	18,7	18,4	17,9	17,6	19,8	21,0
Korea	39,6	38,7	37,0	36,2	34,3	32,5	31,3	31,6	31,8	33,7	31,2	31,2	30,7	30,0	28,0
New Zealand	35,6	35,1	35,3	33,8	32,1	32,7	31,7	33,7	36,6	39,6	39,7	38,3	38,3	38,5	38,4
Sweden	25,8	26,9	26,7	26,1	26,1	26,1	26,6	27,7	28,9	29,3	29,1	28,9	28,6	28,4	28,1
United Kingdom	31,4	32,4	32,7	31,6	29,9	29,2	29,0	29,2	29,1	30,8	32,5	32,9	32,9	33,1	32,9
United States	16,4	17,8	18,4	18,4	17,7	17,2	16,8	17,1	18,4	18,3	18,5	18,4	17,5	17,3	17,0

Quadro extraído do sítio: http://stats.oecd.org/

Quadro nº 6 – Países desenvolvidos e média dos países da OECD: Percentual de arrecadação de tributos incidentes sobre a renda, o lucro e o ganho de capital em comparação com o total arrecadado.

Government	Total														
Tax	1000 Taxes on income, profits and capital gains														
Variable	Tax revenue as % of total taxation														
Year	2001	2002	2003	2004	2005	2006	2007	2008	2009	2010	2011	2012	2013	2014	2015
Country															
OECD - Average	34,6	33,8	33,4	33,7	34,5	35,4	36,1	35,7	33,5	33,2	33,6	33,7	33,8	33,8	34,1
Australia	56,3	56,2	56,3	58,2	58,8	58,6	59,3	58,7	55,4	56,4	58,6	57,7	56,6	57,6	56,7
Canada	47,8	45,2	45,0	46,2	47,0	48,4	49,0	49,4	47,8	46,6	47,3	47,5	47,6	48,2	47,9
France	25,4	23,9	23,2	23,4	23,5	24,2	23,9	24,1	20,7	22,7	23,3	24,0	24,5	23,8	23,5
Germany	28,8	28,0	27,4	27,3	28,2	30,3	31,2	31,8	28,9	28,5	29,4	30,5	30,8	30,9	31,2
Japan	33,4	30,6	30,5	32,0	33,8	35,4	36,4	33,6	29,5	30,2	30,2	31,1	32,5	31,8	31,2
Korea	26,4	25,5	27,9	27,8	29,2	29,5	31,8	31,0	28,5	28,0	30,1	29,9	29,3	29,1	30,3
New Zealand	59,1	59,8	59,6	61,1	63,0	62,1	62,9	60,3	56,9	53,8	53,7	55,4	55,4	55,4	55,5
Sweden	37,7	35,6	36,7	38,1	39,1	39,4	38,7	36,2	35,2	35,5	34,8	34,1	34,6	34,9	35,9
United Kingdom	39,5	38,2	36,7	37,3	39,2	39,5	39,8	39,3	38,6	37,6	36,8	35,7	35,6	35,1	35,3
United States	48,3	43,8	42,8	43,4	46,4	47,9	48,3	46,3	40,3	42,4	46,2	46,9	47,1	48,1	49,1

Quadro extraído do sítio: http://stats.oecd.org/

Portanto, conclui-se que a matriz tributária do Brasil[86] encontra-se em evidente descompasso com os sistemas tributários da maior parte dos países mais desenvolvidos do mundo, uma vez que a receita tributária relacionada à tributação incidente sobre a renda equivale a metade daquela arrecadada com os tributos sobre o consumo[87].

Em nosso entendimento, após estudos relacionados à temática, esse viés arrecadatório voltado para a tributação sobre o consumo é um dos grandes fatores que contribuem para a manutenção, e quiçá o aumento, da desigualdade social no Brasil.

Isso porque, quando se está diante de uma base econômica de tributação sobre o consumo, a incidência tributária – e, con-

[86] E de seus pares na América do Sul, vale mencionar.

[87] OXFAM BRASIL. **A distância que nos une: Um retrato das desigualdades brasileiras**. 2017, p. 48. Disponível em: <https://www.oxfam.org.br/o-que-fazemos/campanha-contra-as-desigualdades>. Acesso em: 22 de fevereiro de 2018.

sequentemente, a oneração – ocorre de maneira indireta, ou seja, o ônus tributário é repassado ao consumidor final, este que pode ter qualquer *status* social. Como consequência, tributa-se, no mesmo montante, qualquer pessoa que venha a adquirir determinado bem, independentemente de sua capacidade contributiva efetiva.

Acontece que o impacto que a tributação de determinado bem terá sobre uma pessoa que tem como renda familiar o equivalente a um salário mínimo será de proporção completamente diferente daquele sobre uma pessoa cuja renda familiar seja superior.

Por outro lado, ao se utilizar base de tributação que seja relacionada à renda – e, consequentemente, à capacidade contributiva efetiva – do contribuinte, onera-se, em proporções semelhantes, tanto o mais pobre quanto o mais rico, proporcionando uma maior justiça fiscal.

Sobre a questão, o relatório "A distância que nos une", publicado em 2017 pela OXFAM Brasil, concluiu que:

> Pouco mais da metade (53%) da receita tributária do Brasil é formada por tributação do consumo, que, por ter sua arrecadação atrelada a itens como alimentação, medicamentos, vestuário, transporte, aluguel etc., onera de maneira injusta os mais pobres, que gastam a maior parte de sua renda nestes itens".[88]

E completa o relatório, mostrando a consequência desse sistema de tributação:

> Como consequência, a carga tributária pesa mais nas menores rendas. Os 10% mais pobres no Brasil gastam 32% de sua renda

[88] OXFAM BRASIL. **A distância que nos une: Um retrato das desigualdades brasileiras**. 2017, p. 48. Disponível em: <https://www.oxfam.org.br/o-que-fazemos/campanha-contra-as-desigualdades>. Acesso em: 22 de fevereiro de 2018.

em tributos (28% dos quais são indiretos, ou seja, sobre produtos e serviços). Por outro lado, os 10% mais ricos gastam apenas 21% de sua renda em tributos, sendo 10% em tributos indiretos.[89]

Perceba-se, portanto, que uma matriz tributária que tributa mais o consumo do que a renda resulta em um sistema tributário extremamente regressivo.

Em razão disso, o presente trabalho visa propor a adoção de uma matriz tributária que priorize a tributação sobre a renda àquela sobre o consumo, especialmente com a finalidade de se obter, por meio dessa adoção, maior justiça fiscal e consequente menor desigualdade social. É o que se passará a mostrar.

3.1. Maior Justiça na Distribuição de Renda

Em um cenário em que se priorize a arrecadação tributária por meio da base econômica de tributação sobre a renda, em detrimento daquela sobre o consumo, atingir-se-ia, a nosso ver, em última instância, uma menor desigualdade social, obtida por meio do alcance de uma mais efetiva justiça fiscal.

De maneira oposta ao que ocorre em relação à tributação sobre o consumo, como previamente estudado, a tributação incidente sobre a renda tem como fundamentos primordiais (i) a capacidade contributiva efetiva dos contribuintes, considerando, portanto, o que cada pessoa – seja física ou jurídica – efetivamente pode contribuir a título de tributo; e (ii) a progressividade da tributação, de modo a fazer incidir, para aqueles com menor capacidade contributiva, um percentual menor devido a título de tributo, e àqueles que tenham maior capacidade contributiva, percentual maior. Ambos os princípios

[89] OXFAM BRASIL. **A distância que nos une: Um retrato das desigualdades brasileiras**. 2017, p. 48. Disponível em: <https://www.oxfam.org.br/o-que-fazemos/campanha-contra-as-desigualdades>. Acesso em: 22 de fevereiro de 2018.

mencionados, também como já estudado, têm suas raízes no princípio da igualdade, e permitem ao Estado brasileiro onerar seus contribuintes de forma a respeitar suas limitações.

Assim, uma mera alteração da matriz tributária brasileira, objetivando um percentual de arrecadação maior sobre a renda, já resultaria em uma melhora dos índices de desigualdade do País.

3.2. Maior Consumo de Bens e Serviços

Para que se possa chegar à conclusão de que a aplicação de uma matriz tributária cuja carga relativa à tributação sobre a renda tenha maior peso do que aquela sobre o consumo, é necessário esclarecer, ao leitor, alguns conceitos importantes. Nesse contexto, além dos conceitos jurídicos, também se faz necessário o estudo – ainda que breve – de determinados conceitos de ordem econômica.

Nesse diapasão, dentre os inúmeros conceitos econômicos que merecem aprofundamento, entendemos relevante citar, para fins do presente trabalho, aqueles relacionados à microeconomia.

Cumpre, primeiramente, frisar que a Teoria Microeconômica "preocupa-se em estudar o comportamento econômico das unidades econômicas individuais, tais como consumidores, empresas e proprietários de recursos"[90].

Perceba, portanto, que a microeconomia estuda alguns personagens que fazem parte das relações econômicas como um todo, tais quais: os consumidores, as empresas e os proprietários de recursos.

No entanto, considerando o objetivo do trabalho, daremos enfoque, dentre o estudo dos personagens acima listados, àquele relativo ao comportamento específico dos consumidores.

[90] NOGAMI, Otto; PASSOS, Carlos Roberto Martins. **Princípios de economia.** 7. ed. São Paulo: Cengage Learning, 2016, p. 75.

Nesse sentido, nos valeremos, a princípio, do estudo da demanda.

NOGAMI determina o seguinte acerca da Lei Geral da Demanda[91]:

> A quantidade demandada de um bem ou serviço, em qualquer período de tempo, varia inversamente ao seu preço, pressupondo-se que tudo o mais que possa afetar a demanda – especialmente a renda, o gosto e preferência do consumidor, o preço dos bens relacionados e as expectativas quanto à renda, preços e disponibilidades – permaneça o mesmo.[92]

Ou seja, considerando a inexistência de alterações na renda, gostos e expectativas dos consumidores, sempre que o preço de um produto aumentar, a quantidade demandada diminuirá. E sempre que o preço de um produto diminuir, a quantidade demandada aumentará[93].

Esta teoria econômica pode ser ilustrada pelo gráfico abaixo, no qual o eixo vertical é utilizado para representar o preço do Produto X, e o eixo horizontal, para representar a quantidade/mês do Produto X.

[91] A demanda (ou procura) de um indivíduo por um determinado bem (ou serviço) refere-se à quantidade desse bem que ele deseja e está capacitado a comprar, por unidade de tempo (NOGAMI, Otto; PASSOS, Carlos Roberto Martins. **Princípios de economia**. 7. ed. São Paulo: Cengage Learning, 201, p. 76).

[92] NOGAMI, Otto; PASSOS, Carlos Roberto Martins. **Princípios de economia**. 7. ed. São Paulo: Cengage Learning, 2016, p. 81.

[93] Existem duas exceções: (i) Bens de Giffen e os (ii) Bens de Veblen.

Gráfico nº 1 – Curva de demanda (Renda de R$ 2.500,00).

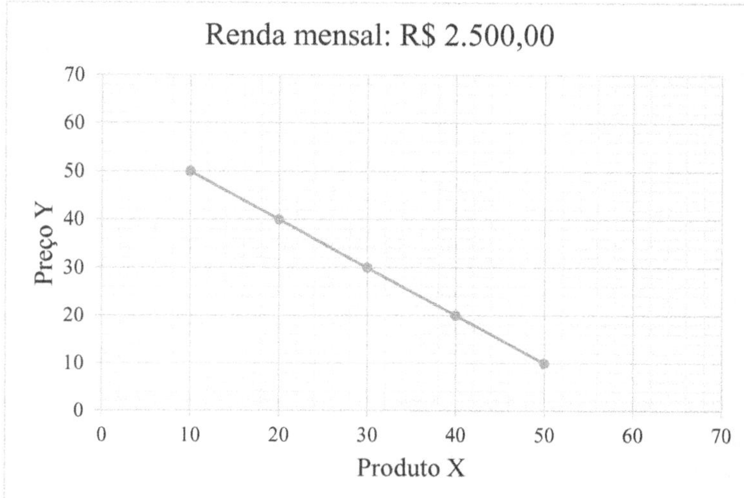

No gráfico acima, temos consumidores com renda mensal de R$ 2.500,00. Tais consumidores estariam dispostos a comprar, pelo preço de R$ 50,00, 10 unidades/mês do Produto X.

Ainda conforme o exemplo exposto no gráfico, considerando uma diminuição do preço para R$ 40,00, haveria uma mudança da quantidade demandada pelos mesmos consumidores. Partindo da premissa de que todos os outros fatores que poderiam influenciar tais consumidores permanecem constantes, estes estariam dispostos, no novo cenário – Produto X pelo preço de R$ 40,00 – a comprar 20 unidades/mês.

Entretanto, existem situações que podem deslocar a curva de demanda representada no gráfico nº 1. Dentre elas, podemos citar: a renda, o gosto e preferência do consumidor, o preço dos bens relacionados e as expectativas quanto à renda, preços e disponibilidades.

Considerando o objeto do trabalho, cumpre-nos analisar o que um aumento da renda dos consumidores ocasionaria na curva de demanda acima ilustrada.

Para isso, segue abaixo gráfico representando um contexto de aumento da renda dos consumidores.

Gráfico nº 2 – Deslocamento da curva de demanda (Renda de R$ 5.000,00).

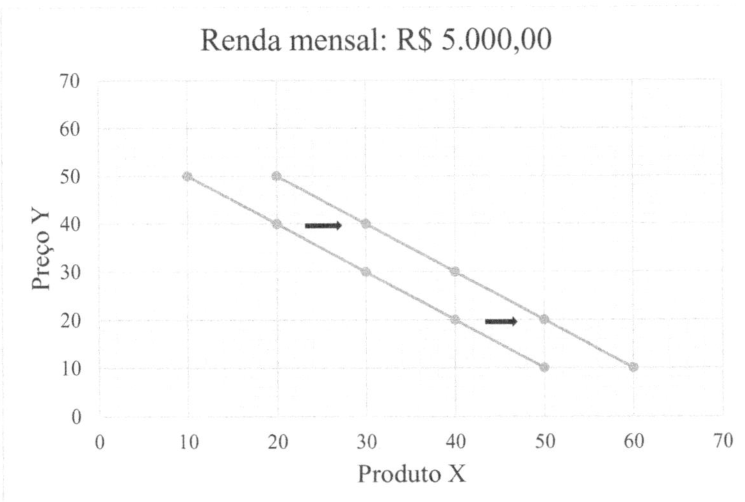

No gráfico nº 2, os consumidores que tinham inicialmente uma renda mensal de R$ 2.500,00 passaram a ter uma renda mensal de R$ 5.000,00.

Com isso, tudo o mais[94] permanecendo constante, os consumidores que estavam dispostos a comprar 10 unidades/mês do Produto X pelo preço de R$ 50,00 agora estão dispostos a comprar, pelo mesmo preço, 20 unidades/mês do mesmo produto.

[94] Outros fatores que eventualmente poderiam influenciar a compra do Produto X pelos consumidores.

Portanto, conclui-se que "uma elevação na renda provoca um aumento da demanda – a curva de demanda se desloca para a direita –, indicando que uma quantidade maior é demandada a cada preço"[95].

Se aplicarmos os conceitos sobre demanda supracitados para um contexto de reforma da matriz tributária brasileira, objetivando um sistema tributário que tenha como principal base econômica de incidência aquela sobre a renda, teríamos os seguintes gráficos:

Gráfico nº 3 – Curva de demanda (Matriz tributária brasileira com sua principal base de tributação aquela sobre o consumo).

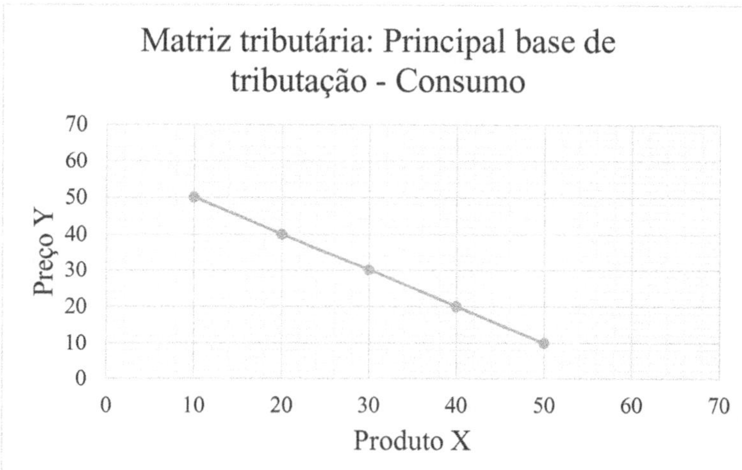

[95] NOGAMI, Otto; PASSOS, Carlos Roberto Martins. **Princípios de economia.** 7. ed. São Paulo: Cengage Learning, 2016, p. 136.

Gráfico nº 4 – Deslocamento da curva de demanda (Mudança da matriz tributária brasileira com sua principal base de tributação aquela sobre o consumo para aquela sobre a renda).

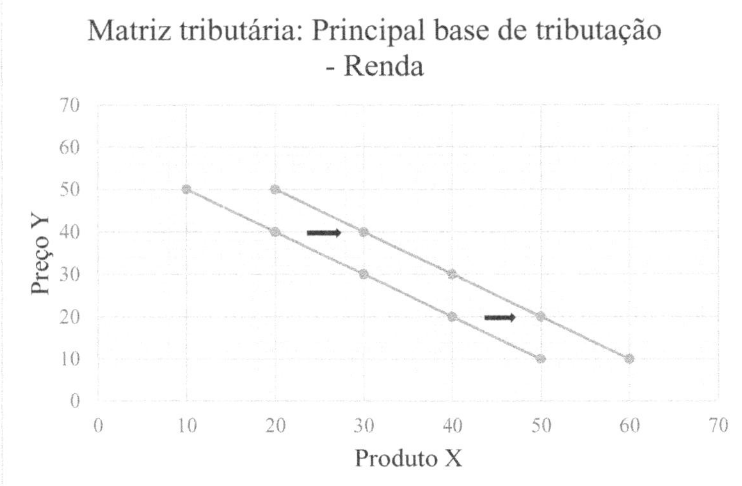

O gráfico nº 3 representa a curva de demanda dos consumidores brasileiros no contexto atual do País, em que há aplicação de matriz tributária que arrecada mais com o consumo do que com qualquer outra base econômica de incidência.

Já o gráfico nº 4 representa o Brasil em um possível contexto de reforma da sua matriz tributária, em um cenário em que se tribute mais a renda e menos o consumo.

Percebe-se, portanto, que a mudança da principal base de tributação brasileira – da sobre o consumo para a sobre a renda – proporcionaria um deslocamento da curva de demanda para a direita, representando um aumento da renda da população mais pobre. Esse aumento ocorreria devido à obtenção de uma maior justiça fiscal, uma vez que a parcela mais pobre da população passaria a ser menos onerada a título de tributação[96].

[96] Já que o percentual de tributação sobre o consumo (que é indiretamente repassado ao consumidor final, sempre no mesmo montante, independentemente

A nosso ver, essa maior justiça fiscal proporcionaria a diminuição da desigualdade social no País, uma vez que o ônus tributário seria melhor distribuído entre as classes sociais brasileiras, resultando em uma majoração do poder aquisitivo da população mais pobre.

Deste item, portanto, conclui-se que a alteração da base de tributação de maior relevância no Brasil acarretaria no aumento da renda da população mais pobre do País – como resultado de uma menor oneração fiscal –, o que resultaria na majoração do seu potencial de consumo, de acordo com a Lei da Demanda – segundo a qual os consumidores estariam dispostos a consumir mais do que anteriormente.

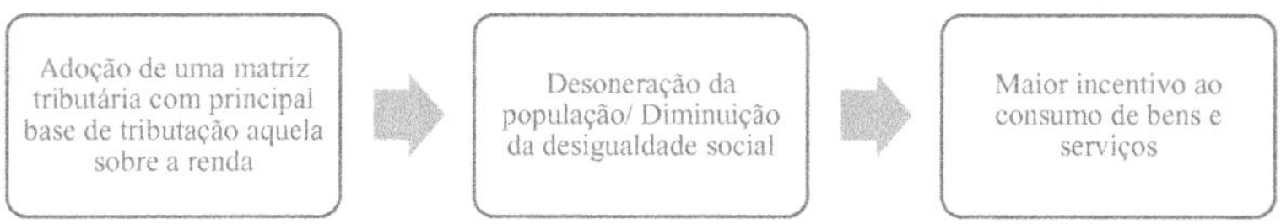

3.3. Maior Produção de Bens e Serviços

Como já mencionado, a Teoria Microeconômica se preocupa com o estudo do comportamento dos consumidores, empresas e proprietários de recursos.

Nesse sentido, considerando que já fizemos uma breve análise do comportamento dos consumidores, cabe estudarmos o comportamento das empresas e proprietários de recursos, bem como de sua relação com o comportamento dos consumidores.

Para tanto, é de suma importância tecermos breves esclarecimentos acerca da oferta.

de seu *status* social, como já mencionado anteriormente) teria um menor impacto do que a tributação sobre a renda (esta que considera a efetiva capacidade contributiva do contribuinte singularmente considerado).

NOGAMI, quanto a Lei Geral da Oferta[97], determina o seguinte:

> A oferta de um produto ou serviço qualquer, em determinado período de tempo, varia na razão direta da variação de preços desse produto ou serviço, a partir de um nível de preços tal que seja suficiente para fazer face ao custo de produção do mesmo até o limite superior de pleno emprego dos fatores (de produção), quando se tornará constante, ainda que os preços em referência possam continuar oscilando, mantidas as demais condições constantes.[98]

Logo, considerando a inexistência de alterações no preço do bem em questão, do preço dos fatores de produção, da tecnologia, do preço dos outros bens, das expectativas e das condições climáticas, sempre que o preço de um produto aumentar, a quantidade ofertada aumentará. E sempre que o preço de um produto diminuir, a quantidade demandada diminuirá[99].

[97] Define-se por oferta individual de um determinado bem (ou serviço) a quantidade desse bem que um único produtor deseja vender no mercado, por unidade de tempo (NOGAMI, Otto; PASSOS, Carlos Roberto Martins. **Princípios de economia**. 7. ed. São Paulo: Cengage Learning, 201, p. 87).

[98] NOGAMI, Otto; PASSOS, Carlos Roberto Martins. **Princípios de economia**. 7. ed. São Paulo: Cengage Learning, 2016, p. 92.

[99] NOGAMI, Otto; PASSOS, Carlos Roberto Martins. **Princípios de economia**. 7. ed. São Paulo: Cengage Learning, 2016, p. 88.

Graficamente teríamos a seguinte representação:

Gráfico nº 5 – Curva de oferta (Renda de R$ 2.500,00).

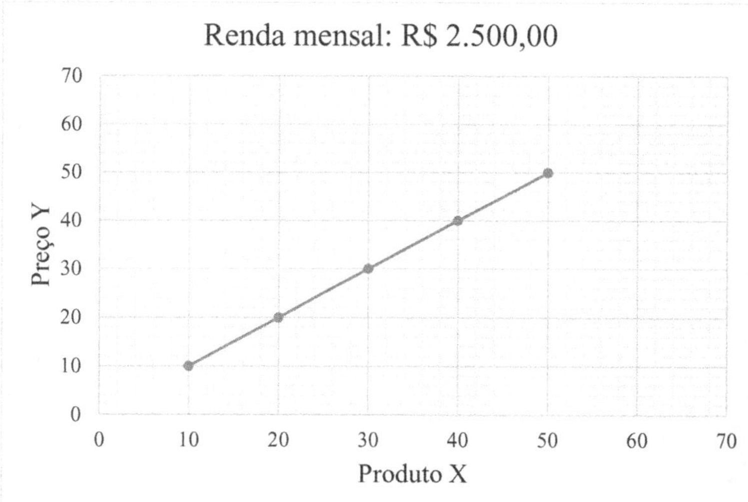

No gráfico acima temos produtores dispostos a produzir 10 unidades/mês do Produto X pelo preço de R$ 10,00.

No entanto, considerando um aumento do preço da unidade do Produto X para R$ 20,00, em um cenário em que todos os demais fatores permaneçam constantes, há uma mudança da quantidade de produtos que esses mesmos produtores estão dispostos a ofertar. Após esse aumento, os produtores estariam dispostos a ofertar 20 unidades/mês do Produto X e não apenas 10.

Quando consideramos esses fatores juntamente com o comportamento dos contribuintes, temos o gráfico abaixo.

Gráfico nº 6 – Equilíbrio (Renda de R$ 2.500,00).

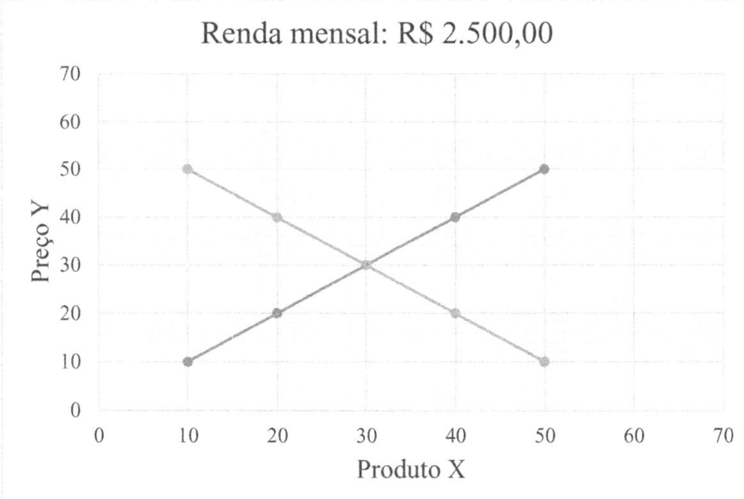

No gráfico nº 6, temos a representação de ambas as curvas já comentadas: a) a curva de demanda, linha vermelha, e b) a curva de oferta, linha azul.

Note-se que, no contexto acima ilustrado, temos uma intersecção da curva de demanda e de oferta de mercado. Isso significa que o mercado atingiu o seu equilíbrio, ou seja, tudo o que os consumidores estão dispostos a comprar, os produtores estão dispostos a ofertar.

Importante frisar que, uma vez atingido o equilíbrio, este tende a manter-se, caso as condições de demanda e de oferta permaneçam inalteradas[100].

No contexto apresentado pelo gráfico temos que com uma renda de R$ 2.500,00 os consumidores estão dispostos a comprar 30 unidades/mês do Produto X pelo preço de R$ 30,00

[100] Nogami, Otto; Passos, Carlos Roberto Martins. **Princípios de economia**. 7. ed. São Paulo: Cengage Learning, 201, p. 98.

cada. Enquanto isso os produtores estão dispostos a produzir 30 unidades/mês pelo preço de R$ 30,00. Este é o ponto de equilíbrio.

Há de ser observado que, caso alguma das condições de demanda e de oferta sofra alterações, teremos duas possíveis consequências: a) excesso de demanda ou b) excesso de oferta. Para fins do presente trabalho, cumpre-nos analisar mais a fundo aquela primeira – excesso de demanda – especialmente diante do contexto de aumento da renda da parcela mais pobre da população brasileira. Contexto esse que está representado no gráfico abaixo.

Gráfico nº 7 – Mudança no equilíbrio devido ao aumento da renda decorrente da alteração da matriz tributária brasileira

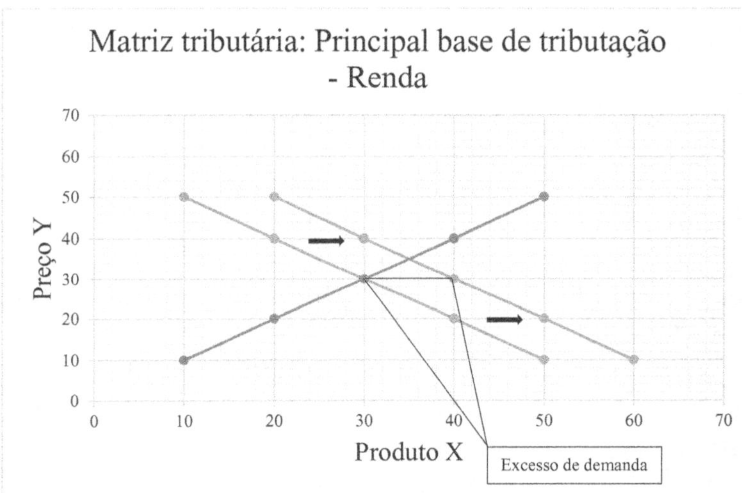

Perceba que ao preço inicial de R$ 30,00 os consumidores que antes tinham uma renda de R$ 2.500,00 e estavam dispostos a comprar 30 unidades/mês do Produto X, agora, com uma renda de R$ 5.000,00, estão querendo comprar 40 unidades/mês.

Mas, a esse mesmo preço, os produtores continuam dispostos a ofertar apenas 30 unidades/mês.

Portanto, o aumento da renda da população brasileira ora em comento resultou em um excesso de demanda – escassez[101] – do Produto X, uma vez que existem mais consumidores querendo comprar do que produtores querendo ofertar.

Consequentemente, "muitos consumidores – na tentativa de participar do mercado – se dispõem a pagar um preço mais elevado pelo produto. Surge entre eles uma disputa, uma verdadeira concorrência, cada qual disposto a pagar mais para obter uma quantidade de mercadoria que o satisfaça. Por essa razão, o preço do produto aumenta"[102].

Neste cenário, o preço do produto se elevará até atingir um novo equilíbrio, o qual será, na hipótese acima ilustrada, no ponto em que o preço for R$ 35,00 e a quantidade 35 unidades/mês.

Perceba, portanto, que uma alteração da principal base de tributação da matriz tributária brasileira para aquela sobre a renda incentivaria não apenas o consumo de bens e serviços, mas também a produção de bens e serviços.

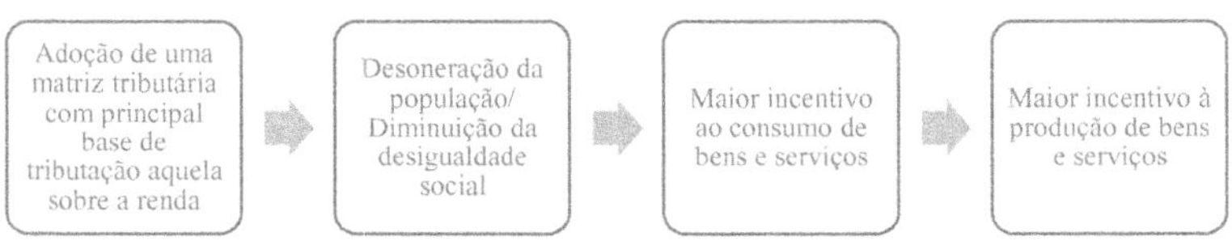

Conclusão

Conforme estudado no decorrer do presente trabalho, a evolução dos sistemas tributários ao longo da História nos permitiu identificar uma matriz tributária, de certa forma ideal, em

[101] No caso específico exposto, de 10 unidades/mês.

[102] NOGAMI, Otto; PASSOS, Carlos Roberto Martins. **Princípios de economia**. 7. ed. São Paulo: Cengage Learning, 2016, p. 100.

que a principal base de tributação é aquela sobre a renda e não aquelas sobre o consumo e o patrimônio.

Ainda como se viu, parte significativa dos países mais desenvolvidos do mundo procedeu com profundas mudanças em seus sistemas tributários, objetivando a diminuição da tributação sobre o consumo e o aumento daquela sobre a renda.

Entretanto, o contexto atual pátrio encontra-se descompassado com essa tendência dos países desenvolvidos. Isso porque, dentre as três principais bases tributárias aplicadas no sistema tributário nacional, aquela sobre o consumo é a mais relevante para fins arrecadatórios.

Acontece que essa estruturação da matriz tributária brasileira estimula a desigualdade social, uma vez que a tributação sobre o consumo implica em um ônus tributário mais significativo para os indivíduos que tem menor capacidade contributiva e menos significativo para aqueles que a capacidade contributiva é maior.

A tributação sobre a renda, por outro lado, tende a ocorrer de maneira progressiva, implicando menor carga tributária para a parcela da população com menor capacidade contributiva e maior para a aquela com maior capacidade contributiva.

Diante disso, cabe ao Brasil, seguir os passos daqueles países mais desenvolvidos, de forma a alterar a sua principal base de tributação para fins de se alcançar uma maior justiça fiscal, resultando em uma diminuição da desigualdade social e, consequentemente, incentivando o consumo e produção de bens e serviços.

Referências

BRASIL. Constituição Federal da República Federativa do Brasil, de 05 de outubro de 1988. *Palácio do Planalto Presidência da República*, Brasília, DF, 05 out. 1988. Disponível em: <http://www.planalto.gov.br/ccivil_03/constituicao/constituicao.htm>. Acesso em: 07 de mai. de 2019.

CARRAZZA, Elizabeth Nazar. *IPTU e Progressividade: igualdade e capacidade contributiva*. 2. ed. São Paulo: Quartier Latin, 2015. 220 f.

CARRAZZA, Roque Antonio. *Curso de Direito Constitucional Tributário*. 24. ed. São Paulo: Malheiros Editores, 2008. 1.080 f.

CARVALHO, Paulo de Barros. Sobre os princípios constitucionais tributários. *Revista de Direito Tributário*. São Paulo, v.55, p. 143-155, jan./mar. 1991.

D'ARAÚJO, Pedro Júlio Sales. *A regressividade da matriz tributária: Debatendo a tributação a partir de nossa realidade econômica, política e social*. 2015. 166 f. Dissertação (Mestrado em Direito) – Faculdade de Direito, Universidade de Brasília, Brasília. 166 f.

DAL RI JÚNIOR, Arno; DAL RI, Luciene. Dar a César o que é de César: imposições fiscais no mundo romano. *In*: BALTHAZAR, Ubaldo Cesar (Coord.). *O tributo na história: da antiguidade à globalização*. Florianópolis: Fundação Boiteux, 2006. 29-44 f.

GASSEN, Valcir. *Equidade e eficiência da matriz tributária brasileira: Diálogos sobre Estado, Constituição e Direito Tributário*. Brasília: Consulex, 2012.

GODOY, Arnaldo Moraes. Notas sobre o direito tributário na Grécia clássica. *Revista de Informação Legislativa*. v. 36, p. 5-7, abr./jun. 1999.

GOUVÊA, Clóvis Ernesto de. *Justiça fiscal e tributação indireta*. 1988. 132 f. Dissertação (Doutorado em Direito) – Faculdade de Direito, Universidade de São Paulo, São Paulo.

MELO, José Eduardo Soares. *Curso de direito tributário*. 10. ed. São Paulo: Dialética, 2012. 702 f.

MINISTÉRIO PÚBLICO FEDERAL. *Declaração dos direitos do homem e do cidadão de 1789*. 2 f. Disponível em: <http://pfdc.pgr.mpf.mp.br/atuacao-e-conteudos-de-apoio/legislacao/direitos-humanos/declar_dir_homem_cidadao.pdf >. Acesso em: 07 de mai. de 2019.

NOGAMI, Otto; PASSOS, Carlos Roberto Martins. *Princípios de economia*. 7. ed. São Paulo: Cengage Learning, 2016. 664 f.

OCDE. Disponível em: <https://stats.oecd.org/>. Acesso em: 07 de maio de 2019.

OXFAM BRASIL. *A distância que nos une: um retrato das desigualdades brasileiras*. 2017. 98 f. Disponível em: <https://www.oxfam.org.br/sites/default/files/arquivos/Relatorio_A_distancia_que_nos_une.pdf >. Acesso em: 07 de mai. de 2019.

PAULSEN, Leandro. *Curso de direito tributário: completo*. 6. ed. Porto Alegre: Livraria do Advogado Editora, 2014. 495 f.

PRICEWATERHOUSECOOPERS – PWC. *Paying taxes 2017*. 2016. 144 f. Disponível em: <http://www.doingbusiness.org/content/dam/doing-

Business/media/Special-Reports/DB17-Paying-Taxes.pdf>. Acesso em: 07 de mai. de 2019.

PRICEWATERHOUSECOOPERS – PWC. *Paying taxes 2018.* 2017. 104 f. Disponível em: <http://www.doingbusiness.org/content/dam/doingBusiness/media/Special-Reports/2018-Paying-Taxes.pdf>. Acesso em: 07 de mai. de 2019.

RODRIGUES, Sirley Aparecida Lopes. A sistemática da progressividade tributária como mecanismo de igualdade. *Revista de Direito Tributário,* São Paulo, v.124, p. 229-243, 2015.

SARAIVA FILHO, Oswaldo Othon de Pontes. O princípio da igualdade tributária. *Revista Fórum de Direito Tributário,* Belo Horizonte, v.57, p. 9-21, mai./jun. 2012.

SCHOUERI, Luís Eduardo. *Direito tributário.* 6. ed. São Paulo: Saraiva, 2016, p. 935.

TANCREDI, Matheus Pires de Campos Borges. *Honra no direito ático.* 2013. 373 f. Dissertação (Mestrado em Direito) – Faculdade de Direito, Universidade de São Paulo, São Paulo. 373 f.

WORLD BANK GROUP. *Doing business 2018: reforming to create jobs.* 2017. 303 f. Disponível em: <http://portugues.doingbusiness.org/pt/reports/global-reports/doing-business-2018>. Acesso em: 07 de mai. de 2019.

WORLD BANK GROUP. *Doing Business 2019: Training for reform.* 2018, p. 159. Disponível em: <http://portugues.doingbusiness.org/pt/reports/global-reports/doing-business-2019>. Acesso em: 10 de maio de 2019.

Obras Complementares

ADAMS, Charles. *For good and evil: the impact of taxes on the course of civilization.* 2 ed. New York: Madison Books, 1999.

PIKETTY, Thomas. *O capital no século XXI.* 1. ed. Rio de Janeiro: Intrínseca, 2014. 669 f.

POMINI, Renzo. *La causa impositionis nello svolgimento storico della dottrina finanziaria.* Milano: Giuffrè, 1951.

TILBERY, Henry. Reflexões sobre a tributação do patrimônio. *In: Imposto de renda: estudos 4.* São Paulo: Resenha Tributária, 1987. 283-347 f.

Créditos de PIS/PASEP e COFINS: Possibilidade de Tomada de Créditos em Relação as Despesas com Fretes Incorridas na Transferência entre Estabelecimentos do Mesmo Contribuinte

Renato de Andrade Bento

Introdução

Com o advento das Leis 10.637/2002 e 10.833/2003 as contribuições ao PIS/PASEP e a COFINS passaram a adotar o regime da não cumulatividade, adotando para fins de tomada de créditos o método indireto subtrativo.

Desta feita, para efetivação da não cumulatividade as leis acima citadas elegeram as hipóteses em que os contribuintes poderão calcular créditos, os quais serão subtraídos do valor devido ao final do período de apuração.

Entre os créditos admitidos pela legislação temos os relacionados as despesas com fretes, de grande relevância para muitas empresas, objeto de diversas discussões no âmbito doutrinário e jurisprudencial, pelo fato de que as empresas incorrem em diversas despesas dessa natureza, sejam elas na aquisição de mercadorias, na venda de mercadorias e, ainda, na transferência de mercadorias entre estabelecimentos da mesma empresa, o que pode vir a ocorrer por inúmeras razões; todavia, nem todas essas despesas são admitidas para fins de cálculo dos créditos de PIS/PASEP e COFINS pela Receita Federal do Brasil.

Importante observar que a legislação expressamente previu a tomada de créditos das despesas com fretes quando incorridos na operação de venda e desde que suportados pelo vendedor: é o que se observa no art. 3º, inciso IX, da Lei 10.833/03. Logo, com base nesse dispositivo, dúvida alguma existe quanto a possibilidade de se creditar com base na despesa de frete suportada pelo vendedor na transferência direta da mercadoria ao terceiro adquirente.

Ainda, está pacificado, atualmente, a possibilidade de tomada de créditos das despesas com fretes pelo adquirente na aquisição de bens para revenda, tendo como fundamento o inciso I, do art. 3º, das leis de regência das ditas contribuições.

Todavia, ponto ainda objeto de muita discussão nos dias atuais diz respeito a tomada de créditos em relação as despesas com fretes nas transferências internas, ou seja, entre estabelecimentos da mesma empresa.

Cumpre destacar que a interpretação extraída pela Receita Federal do Brasil é extremamente restritiva e, como regra geral, veda a tomada de créditos para despesas dessa natureza, sob qualquer fundamento; porém, conforme se demonstrará no presente trabalho, essa interpretação está eivada de vícios, sendo realizada de forma literal, sem perquirir o real objetivo da norma.

Em linhas gerais, podemos observar que o inciso IX, do artigo 3º, citado acima, autoriza a tomada de créditos na "operação de venda" e não somente na venda, sendo essencial essa distinção para observar que, por exemplo, a transferência da mercadoria do centro de distribuição para a loja tem nítido propósito de venda e muitas vezes se dá inclusive em razão de venda já realizada.

Assim, o termo "operação de venda", quando interpretado de forma sistemática, e não apenas literal como a Receita Federal pretende, admite uma interpretação mais ampla e que comporta a ocorrência de várias despesas de frete dentro de uma mesma venda, sendo possível a tomada de crédito sobre todas essas despesas.

É importante destacar que há controvérsia no âmbito doutrinário em relação ao tema, mas nesse não se encerra, haja vista as inúmeras discussões tanto no âmbito administrativo quanto judicial, acerca do que vem a ser considerado frete na operação de venda, sendo que ora as decisões se curvam em prol dos contribuintes e ora corroboram o posicionamento restritivo do fisco.

E não é só, a discussão não se encerra na interpretação do termo "operação de venda", pois, ainda, quando falamos das despesas com frete nas transferências internas, podemos estar diante da hipótese em que os produtos transportados assumem a qualidade de insumo e, assim, o crédito seria legítimo com fundamento no inciso II, do artigo 3º (insumos).

Cabe observar que para execução das suas atividades diversos contribuintes necessitam deslocar seus produtos entre estabelecimentos próprios, incorrendo em despesas com fretes, as quais, na maioria das vezes, são essenciais para as atividades da empresa, por exemplo, nas hipóteses de continuidade do processo produtivo, utilização das mercadorias para prestação de serviços, entre outras possibilidades.

Nessas hipóteses, é possível verificar que a despesa com frete se torna imprescindível para a execução das atividades do contribuinte, razão pela qual deve ser classificada como insumo; assim, em que pese não incorrida na operação de venda, é uma despesa com frete que deve gerar a possibilidade de tomada de créditos de PIS/PASEP e COFINS.

Nesse sentido, com fundamento na essencialidade, tais despesas com fretes incorridas entre os estabelecimentos do mesmo contribuinte são insumos da atividade, autorizando a tomada de créditos com fundamento no art. 3º, inciso II, das Leis 10.637/2002 e 10.833/2003.

No entanto, mais uma vez os contribuintes encontram óbice para aproveitamento desses créditos pois a Receita Federal do Brasil não adota o conceito de insumo atrelado a sua essencialidade, possuindo entendimento extremamente restritivo do conceito de insumo para PIS/PASEP e COFINS, adotando por empréstimo aquele utilizado para o IPI, o qual, frise-se, é um tributo distinto que se utiliza de outros referenciais que não poderiam ser aplicados ao PIS/PASEP e a COFINS, tal como o crédito físico.

Diante desse cenário, é imperioso observar a enorme relevância e pertinência dos estudos atrelados as ditas contribuições, e ainda, especificamente quanto ao tema proposto, é importante notar sua grande importância, haja vista que ao se demonstrar a possibilidade de tomada de créditos em maior extensão do que vem sendo admitido atualmente pelas autoridades fiscais, estaremos diante de uma oportunidade tributária para as empresas a fim de geração e aproveitamento de créditos com maior segurança, visando reduzir a carga tributária efetiva e por consequência aumentar os investimentos na atividade, gerando aumento dos empregos e produtividade.

Portanto, o presente trabalho terá como condão analisar a problemática acima exposta, ou seja, examinar as situações em que as despesas incorridas com fretes na transferência entre estabelecimentos do mesmo contribuinte podem ser utilizadas para tomada de créditos de PIS/PASEP e COFINS, quer sejam classificadas como insumo ou como operação de venda.

Dessa feita, no primeiro capítulo será importante para maior compreensão do tema, trazer considerações gerais acerca das contribuições destinadas ao PIS/PASEP e a COFINS não cumulativos, a fim de melhor compreender sua sistemática, a qual adotada procedimento de apuração de créditos diferente do adotado no IPI e no ICMS.

Após feitas essas considerações preliminares, o segundo capítulo será de fundamental relevância para melhor compreensão do conceito de insumo, tema objeto de grande polêmica e inúmeras discussões administrativas e judiciais; todavia, é imprescindível que seja esclarecido os pontos divergentes e definido o conceito a ser adotado no presente trabalho, a fim de que se possa avançar nas situações em que se virá admitir o crédito com base nesse conceito.

No terceiro capítulo faremos uma introdução geral a problemática e, por derradeiro, os capítulos quarto e quinto abordarão a problemática central do presente trabalho, examinando a possibilidade de tomada de créditos em relação as despesas com frete interno, quer seja assumindo a qualidade de "insumo", quer seja "incorrido na operação de venda", respectivamente.

1. Considerações Gerais acerca do PIS/PASEP e da COFINS ão Cumulativos

Para melhor compreensão do tema tratado no presente artigo, preliminarmente faremos nos próximos subcapítulos uma breve introdução com considerações gerais sobre as contribuições sociais do PIS/PASEP e da COFINS, tais como previsão constitucional, leis de regência, regimes e forma de apuração.

1.1. Considerações Introdutórias acerca das Contribuições para a Seguridade Social Destinadas ao PIS/PASEP e a COFINS

Conforme nos ensina Carraza[1], as contribuições são tributos qualificados constitucionalmente por suas finalidades. Ou seja, as contribuições são vinculadas aos fins para o qual foram criadas.

[1] CARRAZA, Roque Antônio. **Curso de Direito Constitucional Tributário.** 28ª ed.. São Paulo: Malheiros, 2012, p. 598.

Ainda, o saudoso professor Geraldo Ataliba observava que as contribuições são tributos vinculados "cuja hipótese de incidência consiste numa atuação estatal indireta e mediatamente (mediante uma circunstância intermediária) referida ao obrigado" [2].

Entre as principais contribuições sociais instituídas pelo poder público, merecem destaque as destinadas ao financiamento da seguridade social. Dentre elas cabe destacar as destinadas ao PIS/PASEP e à COFINS, as quais são cobradas das empresas e estão elencadas no inciso I, "b", do art. 195, tendo como fundamento de validade o art. 149, ambos da Carta Magna.

Conforme extraído de estudo realizado anteriormente[3], é possível observar que as Contribuições para o Programa de Integração Social (PIS) e para o Programa de Formação do Patrimônio do Servidor Público (PASEP) possuem a arrecadação destinada ao financiamento do seguro-desemprego e o abono de que trata o § 3º, do artigo 239[4], da Constituição Federal.

[2] Ataliba, Geraldo. **Hipótese de Incidência Tributária.** 6ª ed.. São Paulo: Malheiros, 2003, p. 134.

[3] Bento, Renato de Andrade. **O alcance do conceito de insumo no PIS e COFINS não cumulativos.** 2015. 62 f. Monografia (Especialização) – Curso de Especialização em Direito Tributário, Pontifícia Universidade Católica de São Paulo – COGEAE, São Paulo, 2015. p. 12.

[4] BRASIL. **Constituição da República Federativa do Brasil.** Brasília, DF, 1988. Disponível em: <http://www.planalto.gov.br/ccivil_03/Constituicao/Constituicao.htm>. Acesso em: 31 de maio de 2018.

Art. 239. A arrecadação decorrente das contribuições para o Programa de Integração Social, criado pela Lei Complementar nº 7, de 7 de setembro de 1970, e para o Programa de Formação do Patrimônio do Servidor Público, criado pela Lei Complementar nº 8, de 3 de dezembro de 1970, passa, a partir da promulgação desta Constituição, a financiar, nos termos que a lei dispuser, o programa do seguro-desemprego e o abono de que trata o § 3º deste artigo.

§ 3º Aos empregados que percebam de empregadores que contribuem para o Programa de Integração Social ou para o Programa de Formação do Patrimônio do Servidor Público, até dois salários mínimos de remuneração mensal, é

A Contribuição para o Financiamento da Seguridade Social (COFINS), criada em substituição à contribuição ao FINSOCIAL pela Lei Complementar nº 70, de 30.12.1991, tem seus recursos destinados exclusivamente ao custeio das despesas com atividades afins das áreas de saúde, previdência e assistência social, conforme previsão do artigo 1º da LC 70/91[5].

É imperioso notar que desde as suas instituições, as respectivas contribuições sofreram grandes mudanças, inclusive com a criação nos anos 2000, dos regimes de incidência não cumulativos.

Dessa forma, é possível observar que atualmente coexistem dois regimes de incidência, o que em apertada síntese se dividem da seguinte forma: (i) regime não cumulativo, regra geral aplicado para as empresas sujeitos ao Lucro Real as contribuições ao PIS/PASEP e à COFINS são reguladas pelas Leis 10.637/02 e 10.833/03, respectivamente, cuja base de cálculo será a totalidade das receitas auferidas pela pessoa jurídica, admitindo-se a compensação de créditos previstos em lei e (ii) regime cumulativo, regido pela Lei 9.718/98, e aplicado as empresas sujeitas ao Lucro Presumido, salvo algumas exceções, tendo como base de cálculo a receita bruta, sendo vedada a tomada de créditos[6].

assegurado o pagamento de um salário mínimo anual, computado neste valor o rendimento das contas individuais, no caso daqueles que já participavam dos referidos programas, até a data da promulgação desta Constituição.

[5] BRASIL. **Lei Complementar nº 70, de 30 de dezembro de 1991.** Disponível em: <http://www.planalto.gov.br/ccivil_03/Leis/LCP/Lcp70.htm>. Acesso em: 31 de maio de 2018.

Art. 1º Sem prejuízo da cobrança das contribuições para o Programa de Integração Social (PIS) e para o Programa de Formação do Patrimônio do Servidor Público (PASEP), fica instituída contribuição social para financiamento da Seguridade Social, nos termos do inciso I do art. 195 da Constituição Federal, devida pelas pessoas jurídicas inclusive as a elas equiparadas pela legislação do imposto de renda, destinadas exclusivamente às despesas com atividades-fins das áreas de saúde, previdência e assistência social.

[6] BENTO, op. cit, p. 12/13.

As contribuições destinadas ao PIS/PASEP e a COFINS são, atualmente, uma das maiores receitas derivadas obtidas pela União Federal. Conforme se verifica do gráfico abaixo, obtido no sítio da Receita Federal do Brasil na internet, no período de janeiro a outubro/2017 as contribuições destinadas ao PIS/PASEP e COFINS representaram a segunda maior arrecadação das receitas administradas pela Receita Federal do Brasil, vejamos:

Gráfico 1 – Arrecadação das Receitas Administradas Pela RFB

UNIDADE: R$ MILHÕES

RECEITAS	JAN-OUT/17 [A]	JAN-OUT/16 [B]	DIFERENÇAS	
			[A]-[B]	[A]/[B]%
IRPJ /CSLL	167.240	194.558	(27.319)	(14,04)
I. IMPORTAÇÃO / IPI-VINCULADO	38.593	39.063	(470)	(1,20)
IOF	28.809	29.060	(251)	(0,86)
IRRF-RENDIMENTOS DE CAPITAL	44.650	44.410	239	0,54
IRRF-OUTROS RENDIMENTOS	9.057	8.744	313	3,58
IRRF-RENDIMENTOS DE RESIDENTES NO EXTERIOR	20.695	20.132	563	2,80
IRPF	28.999	27.697	1.302	4,70
IPI (Exceto Vinculado)	28.136	26.598	1.539	5,79
COFINS / PIS-PASEP	227.873	224.068	3.805	1,70
RECEITA PREVIDENCIÁRIA	320.701	316.771	3.931	1,24
IRRF-RENDIMENTOS DO TRABALHO	91.309	83.431	7.878	9,44
DEMAIS RECEITAS ADMINISTRADAS	60.426	72.226	(11.800)	(16,34)
RECEITA ADMINISTRADA PELA RFB	**1.066.487**	**1.086.757**	**(20.270)**	**(1,87)**

Fonte: Ministério da Fazenda. Receita Federal (2017)[7] (Grifado)

Diante desse cenário, é imperioso observar a enorme relevância e pertinência dos estudos atrelados as ditas contribuições, dado seu enorme impacto na arrecadação tributária e sua relevância no dia a dia das empresas, o que garante intensos

[7] BRASIL. Ministério da Fazenda. Receita Federal. **Análise da Arrecadação.** Brasília, DF, 2017. Disponível em: <http://idg.receita.fazenda.gov.br/dados/receitadata/arrecadacao/relatorios-do-resultado-da-arrecadacao/arrecadacao-2017/outubro2017/apresentacao-arrecadacao-out-2017.pdf > Acesso em: 25 de setembro de 2017.

debates e discussões dado o conflito, há muito existente, entre a interpretação do fisco e a dos contribuintes.

Feitas tais considerações, se mostra importante realizar uma análise sucinta do regime não cumulativo dessas contribuições.

1.2. O PIS/PASEP e COFINS não Cumlativos e a Forma de Apuração das Contribuições

Inicialmente, importante observar que a regra geral para incidência do PIS/PASEP e COFINS será o regime não cumulativo. As exceções ao citado regime estão previstas nos artigos 8º da Lei 10.673/02 e 10º da Lei 10.833/03, que além excepcionar a aplicação do dito regime a determinadas pessoas jurídicas, também trazem exceções para receitas específicas que serão sujeitas ao regime cumulativo: nesse caso estaremos falando de um regime misto de apuração. Assim, observadas as exceções, as pessoas jurídicas cujo resultado é tributado em bases reais deverão se sujeitar ao regime não cumulativo.

Assim, tal como mencionado anteriormente, o regime não cumulativo é regulado pelas Leis 10.637/02 e 10.833/03. Conforme já abordado em estudo anterior[8], nesse regime a base de cálculo é mais abrangente do que no regime cumulativo alcançando o "total das receitas auferidas pela pessoa jurídica, independentemente de sua denominação ou classificação contábil", *ex vi* art. 1º das leis de regência do PIS/PASEP[9] e COFINS[10], e, ainda, as alíquotas também são diferentes das aplicadas no

[8] Bento, op. cit., p. 13.

[9] BRASIL. **Lei 10.637, de 30 de dezembro de 2002**. Disponível em: <http://www.planalto.gov.br/ccivil_03/leis/2002/L10637.htm>. Acesso em: 31 de maio de 2018.

Art. 1º A Contribuição para o PIS/PASEP, com a incidência não cumulativa, incide sobre o total das receitas auferidas no mês pela pessoa jurídica, independentemente de sua denominação ou classificação contábil. (Redação dada pela Lei nº 12.973, de 2014) (Vigência).

[10] BRASIL. **Lei 10.833, de 29 de dezembro de 2003.** Disponível em: <http://www.planalto.gov.br/ccivil_03/LEIS/2003/l10.833.htm>. Acesso em: 31 de maio de 2018.

regime cumulativo, tendo como regra geral os percentuais de 1,65% (um inteiro e sessenta e cinco centésimos por cento) e 7,6% (sete inteiros e seis décimos por cento), respectivamente, nos termos do artigo 2º, das referidas Leis[11].

Ademais, além das diferenças acima apontadas, a questão central diz respeito a possibilidade de desconto de créditos, o que confere ao regime em estudo a natureza de não cumulativo. Os créditos passíveis de desconto na apuração do PIS/PASEP e da COFINS foram previstos nas Leis de regência, no artigo 3º. Acrescenta-se que ambas as legislações possuem similaridade nos créditos previstos no artigo 3º; todavia, os que não foram previstos na Lei 10.637/02, de igual forma aplicam-se ao PIS/PASEP, por força do disposto no artigo 15, da Lei 10.833/03.

Assim, avançando na análise da não cumulatividade dessas contribuições, preliminarmente cumpre explicitar que adota-se no presente trabalho a definição trazida por Hugo de Brito Machado[12] e André Mendes Moreira[13] de que a não cumulativi-

Art. 1º A Contribuição para o Financiamento da Seguridade Social – Cofins, com a incidência não cumulativa, incide sobre o total das receitas auferidas no mês pela pessoa jurídica, independentemente de sua denominação ou classificação contábil. (Redação dada pela Lei nº 12.973, de 2014) (Vigência).

11 BRASIL. **Lei 10.637, de 30 de dezembro de 2002.** Disponível em: <http://www.planalto.gov.br/ccivil_03/leis/2002/L10637.htm>. Acesso em: 31 de maio de 2018.

BRASIL. **Lei 10.833, de 29 de dezembro de 2003.** Disponível em: <http://www.planalto.gov.br/ccivil_03/LEIS/2003/l10.833.htm>. Acesso em: 31 de maio de 2018.

Art. 2º Para determinação do valor da contribuição para o PIS/PASEP aplicar-se-á, sobre a base de cálculo apurada conforme o disposto no art. 1o, a alíquota de 1,65% (um inteiro e sessenta e cinco centésimos por cento).

Art. 2º Para determinação do valor da COFINS aplicar-se-á, sobre a base de cálculo apurada conforme o disposto no art. 1º, a alíquota de 7,6% (sete inteiros e seis décimos por cento).

12 MACHADO, Hugo de Brito. **Curso de Direito Tributário.** 29ª ed.. São Paulo: Malheiros, 2008, p. 217/218.

13 MOREIRA, André Mendes. **A não-cumulatividade dos tributos.** 2ª ed.. São Paulo: Noeses, 2012, p. 77/78.

dade é um princípio constitucional, que prescreve uma conduta e visa proteger os contribuintes da onerosidade excessiva que se cria com as múltiplas incidências tributárias sobre a mesma base, porém, depende de uma técnica para que haja a materialização do tributo e apuração do *quantum debeatur*.

Dito isso, no que tange a técnica utilizada pelo PIS/PASEP e COFINS, cabe verificar que ao instituir o regime não cumulativo, as Leis 10.637/2002 e 10.833/2003, adotaram para fins de tomada de créditos o método indireto subtrativo, conforme se pode observar da exposição de motivos da Medida Provisória nº 135/2003, a qual deu origem a COFINS, vejamos:

> 7. Por se ter adotado, em relação à não-cumulatividade, o método indireto subtrativo, o texto estabelece as situações em que o contribuinte poderá descontar, do valor da contribuição devida, créditos apurados em relação aos bens e serviços adquiridos, custos, despesas e encargos que menciona.[14]

Nesse sentido, percebe-se que a técnica da não cumulatividade adotada pelo PIS/PASEP e a COFINS em nada se assemelha aquela utilizada para o ICMS e IPI. Enquanto naqueles tributos temos uma não cumulatividade pura, na qual se compensa o valor do imposto pago na entrada com o valor que será pago na saída, nesses a não cumulatividade impõe a concessão de créditos fiscais sobre compras, insumos, entre outros especificados no art. 3º das Leis nº 10.637/02 e 10.833/03[15].

Em artigo publicado no jornal Valor Econômico, Fernandes demonstrou que de fato o método subtrativo indireto adotado pelo PIS/PASEP e a COFINS divergem daquele adotado pelo

14 BRASIL. **Medida Provisória nº 135, de 30 de outubro de 2003.** Disponível em: <http://www.planalto.gov.br/ccivil_03/Exm/2003/EM_no_197a2003__mf.htm>. Acesso em: 31 de maio de 2018.

15 Bento, op. cit., p. 21.

IPI e ICMS, implicando no alcance da não cumulatividade por meio da concessão de créditos fiscais sobre determinadas despesas, vejamos:

> Pelo Método Subtrativo Indireto, a não-cumulatividade é alcançada por meio da concessão de crédito fiscal sobre as compras (custos e despesas) definidas em lei, na mesma proporção da alíquota que grava as vendas (receitas). Trata-se, portanto, de uma sistemática distinta daquela adotada pela legislação do IPI e do ICMS, para os quais aplica-se o Método de Imposto contra Imposto, isto é, compensa-se o montante devido na saída (vendas) com o valor efetivamente recolhido por ocasião da entrada (compras).[16]

Portanto, na prática, no regime não cumulativo do PIS/PASEP e COFINS a apuração do valor a pagar se dará da seguinte forma: (i) apurar a base de cálculo (total das receitas) e aplicar as alíquotas previstas na legislação para encontrar o valor devido das contribuições; (ii) contabilizar o total das despesas/custos em que se admite a tomadas de créditos e aplicar as alíquotas previstas na legislação para encontrar o valor dos créditos passíveis de aproveitamento; (iii) do valor total devido, serão descontados os créditos apurados, encontrando o valor efetivamente a pagar a título de PIS/PASEP e COFINS.

2. O Conceito de Insumo Aplicável ao PIS/PASEP e a COFINS

A análise do conceito de insumo é grande relevância para que se possa analisar a possibilidade de o frete interno vir a se enquadrar nessa hipótese. Assim, diante da peculiaridade desse tema

[16] FERNANDES, Edison C.. **Reflexos da não-cumulatividade do PIS/Cofins.** 2006. Disponível em: <https://www2.senado.leg.br/bdsf/bitstream/handle/id/468046/noticia.htm?sequence=1>. Acesso em: 01 jun. 2018.

e da sua relevância, antes de avançarmos na análise especificamente do frete, é necessária uma breve análise do conceito de insumo aplicado pela Receita Federal do Brasil e, também, do conceito majoritariamente defendido pela jurisprudência administrativa e judicial.

2.1. Conceito Restritivo Aplicado pela Secretaria da Receita Federal do Brasil

Com o advento da não cumulatividade do PIS/PASEP e da COFINS, tal como observado no capítulo anterior, passou-se a admitir o desconto de créditos em relação a certas despesas, entre elas os dispêndios com "bens e serviços, utilizados como **insumo** na prestação de serviços e na produção ou fabricação de bens ou produtos destinados à venda [...]", *ex vi* artigo 3º, inciso II, das leis de regência.

Com a premissa de regulamentar as disposições gerais das contribuições no regime não cumulativo, a Receita Federal editou duas instruções normativas nº 247/02 e nº 404/04, para o PIS/PASEP e para COFINS, respectivamente, nas quais além de outras disposições, vieram a estabelecer aquilo que deveria ser compreendido como insumo, vejamos:

> Instrução Normativa nº 247/2002[17]
>
> Art. 66. A pessoa jurídica que apura o PIS/PASEP não-cumulativo com a alíquota prevista no art. 60 pode descontar créditos, determinados mediante a aplicação da mesma alíquota, sobre os valores:
>
> [...]

[17] BRASIL. **Instrução Normativa da Secretaria da Receita Federal nº 247, de 21 de novembro de 2002.** Disponível em: <http://normas.receita.fazenda.gov.br/sijut2consulta/link.action?idAto=15123&visao=anotado>. Acesso em: 17 de maio de 2018.

b) de bens e serviços, inclusive combustíveis e lubrificantes, utilizados como insumos: (Redação dada pela IN SRF 358, de 09/09/2003)

b.1) na fabricação de produtos destinados à venda; ou (Incluída pela IN SRF 358, de 09/09/2003)

b.2) na prestação de serviços; (Incluída pela IN SRF 358, de 09/09/2003)

[...]

§ 5º Para os efeitos da alínea "b" do inciso I do caput, entende-se como insumos: (Incluído pela IN SRF 358, de 09/09/2003)

I – utilizados na fabricação ou produção de bens destinados à venda: (Incluído pela IN SRF 358, de 09/09/2003)

a) as matérias primas, os produtos intermediários, o material de embalagem e quaisquer outros bens que sofram alterações, tais como o desgaste, o dano ou a perda de propriedades físicas ou químicas, em função da ação diretamente exercida sobre o produto em fabricação, desde que não estejam incluídas no ativo imobilizado; (Incluído pela IN SRF 358, de 09/09/2003)

b) os serviços prestados por pessoa jurídica domiciliada no País, aplicados ou consumidos na produção ou fabricação do produto; (Incluído pela IN SRF 358, de 09/09/2003)

II – utilizados na prestação de serviços: (Incluído pela IN SRF 358, de 09/09/2003)

a) os bens aplicados ou consumidos na prestação de serviços, desde que não estejam incluídos no ativo imobilizado; e (Incluído pela IN SRF 358, de 09/09/2003)

b) os serviços prestados por pessoa jurídica domiciliada no País, aplicados ou consumidos na prestação do serviço. (Incluído pela IN SRF 358, de 09/09/2003)

(grifado)

Instrução Normativa nº 404/2004[18]

Art. 8º Do valor apurado na forma do art. 7º, a pessoa jurídica pode descontar créditos, determinados mediante a aplicação da mesma alíquota, sobre os valores:

I – das aquisições efetuadas no mês:

a) de bens para revenda, exceto em relação às mercadorias e aos produtos referidos nos incisos III e IV do § 1º do art. 4º;

b) de bens e serviços, inclusive combustíveis e lubrificantes, utilizados como insumos:

b.1) na produção ou fabricação de bens ou produtos destinados à venda; ou

b.2) na prestação de serviços;

[...]

§ 4º Para os efeitos da alínea "b" do inciso I do caput, entende-se como insumos:

I – utilizados na fabricação ou produção de bens destinados à venda:

a) a matéria-prima, o produto intermediário, o material de embalagem e quaisquer outros bens que sofram alterações, tais como o desgaste, o dano ou a perda de propriedades físicas ou químicas, em função da ação diretamente exercida sobre o produto em fabricação, desde que não estejam incluídas no ativo imobilizado;

b) os serviços prestados por pessoa jurídica domiciliada no País, aplicados ou consumidos na produção ou fabricação do produto;

II – utilizados na prestação de serviços:

a) os bens aplicados ou consumidos na prestação de serviços, desde que não estejam incluídos no ativo imobilizado; e

[18] BRASIL. **Instrução Normativa da Secretaria da Receita Federal nº 404, de 12 de março de 2004.** Disponível em: <http://normas.receita.fazenda.gov.br/sijut2consulta/link.action?idAto=15304&visao=anotado>. Acesso em: 17 de maio de 2018.

> *b)* os serviços prestados por pessoa jurídica domiciliada no País, aplicados ou consumidos na prestação do serviço.
> (Grifado)

Ocorre que a mera leitura das disposições acima nos mostra que o conceito trazido pela Receita Federal do Brasil se assemelha ao utilizado pelo IPI, em que pese o PIS/PASEP e a COFINS em nada guardarem semelhança com tal tributo.

Nesse sentido se posicionou a Ministra Regina Helena Costa, no julgamento do REsp nº 1.221.170/PR, vejamos:

> Cabe observar que *o regramento estampado nas Instruções Normativas SRF ns. 247, de 2002, e 404, de 2004,* ao autorizar o creditamento das aquisições de bens e serviços utilizados como insumos na produção ou fabricação de bens ou produtos destinados à venda, ou na prestação de serviços, *traduz o conceito de insumo inerente ao sistema de não-cumulatividade próprio de impostos incidentes sobre operações que tenham por objeto bens, no caso, do Imposto sobre Produtos Industrializados – IPI.*[19] (grifado)

Cabe observar que, em razão da vigência das citadas instruções normativas, toda a administração tributária federal passou a adotar o conceito lá inserido, razão pela qual o aproveitamento de créditos de PIS/PASEP e COFINS passou a ser autorizado somente quando preenchidos os requisitos elencados na Instrução Normativa, ou seja, apenas sobre aquilo que era diretamente aplicado ou consumido na produção ou prestação de serviços.

[19] BRASIL. Superior Tribunal de Justiça. **Acórdão no Recurso Especial nº 1.221.170/PR.** Relator: Ministro Napoleão Nunes Maia Filho. Brasília, DF de 2018. Dje em 24 abr. 2018. Disponível em: https://ww2.stj.jus.br/processo/revista/documento/mediado/?componente=ITA&sequencial=1350777&num_registro=201002091150&data=20180424&formato=PDF>. Acesso em 02 jun. 2018.

Assim, a adoção do conceito trazido pelas instruções normativas implica em limitação considerável no que tange aos créditos a serem descontados pelos contribuintes, sendo equivocado equiparar o conceito de insumo previsto na legislação do PIS/PASEP e da COFINS ao utilizado no Imposto sobre Produtos Industrializados (IPI), haja vista que tais tributos não possuem a mesma materialidade, ou seja, enquanto no PIS/PASEP e COFINS temos como materialidade a totalidade das receitas, no IPI, a materialidade limita-se a industrialização de produtos, logo, o primeiro é muito mais extenso que o segundo, portanto, a expressão insumo pode assumir diversos significados, a depender do contexto a que venha ser empregado.[20]

Nesse sentido são os ensinamentos de Marco Aurélio Greco:

> No caso, estamos perante contribuições cujo pressuposto de fato é a receita ou o faturamento, portanto, sua não-cumulatividade deve ser vista como técnica voltada a viabilizar a determinação do montante a recolher em função deles (receita/faturamento).
>
> Enquanto o processo formativo de um produto aponta no sentido de eventos a ele relativos, o processo formativo da receita ou do faturamento aponta na direção de todos os elementos (físicos ou funcionais) relevantes para sua obtenção. Vale dizer, por mais de uma razão o universo de elementos captáveis pela não-cumulatividade de PIS/COFINS é mais amplo que o do IPI.
>
> *Embora a não-cumulatividade seja técnica comum a IPI e a PIS/COFINS, a diferença de pressuposto de fato (produtos industrializado versus receita) faz com que assuma dimensão e perfil distintos. Por isso, pretender aplicar na interpretação das normas de PIS/COFINS critérios ou formulações construídas em relação ao IPI é:*
>
> *a) desconsiderar os diferentes pressupostos constitucionais;*
>
> *b) agredir a racionalidade da incidência de PIS/COFINS; e*

[20] Bento, op. cit., p. 35.

> *c) contrariar a coerência interna da exigência, pois esta se forma a partir do pressuposto "receita/faturamento" e não do pressuposto "produto".*
>
> Em suma, palavra utilizada em contexto cujo pressuposto de fato é a receita ou o faturamento assume sentido e alcance diferente do que resulta de contexto em que o pressuposto de fato é o produto industrializado.[21]
>
> (grifado)

No mesmo sentido entende Melo:

> Insumo pode ser compreendido como cada um dos elementos (matéria-prima, equipamentos, capital, horas de trabalho etc.) necessários para produzir mercadorias ou serviços, abrangendo os fatores de produção (materiais ou intangíveis).
>
> Por conseguinte, o legislador não poderia modificar o conceito de insumo de modo a restringir o universo dos elementos que o compõem, implicando uma capenga não-cumulatividade, que se traduziria numa isenção parcial[22].

Todavia, em que pese esse conceito restritivo aplicado pela Receita Federal, na visão de muitos juristas, tenha se mostrado desde o início equivocado, o mesmo foi e ainda é utilizado pela Administração Pública, ensejando a edição de inúmeras soluções de consulta, inclusive com efeito vinculante, ocasionando, ainda, a autuação de diversos contribuintes que utilizam um conceito mais amplo para a tomada de créditos.

[21] GRECO, Marco Aurélio. **Conceito de insumo à luz da legislação de PIS/COFINS.** Revista Fórum de Direito Tributário RFDT, ano 1, nº 1, jan/fev.2003. Belo Horizonte: Fórum, 2003.

[22] MELO, José Eduardo Soares de. **Não-cumulatividade.** In: MACHADO, Hugo de Brito (Coord.). Não-cumulatividade tributária. São Paulo: Dialética, 2009, p. 287.

Destaca-se que até poucos meses antes a conclusão do presente trabalho, a questão mostrava-se ainda muito controvertida nos tribunais, sendo que inclusive alguns precedentes do Superior Tribunal de Justiça, entendiam pela legalidade das instruções normativas, sob o fundamento de que elas "apenas explicitam o conceito de insumos", conforme verificamos no REsp nº 1.128.018, de relatoria do E. Ministro Sergio Kukina:

> EMENTA
>
> PROCESSUAL CIVIL E TRIBUTÁRIO. AUSÊNCIA DE VIOLAÇÃO DO ART. 535 DO CPC. INCIDÊNCIA DA SÚMULA 211/STJ. PIS E COFINS. CREDITAMENTO. LEIS Nº 10.637/2002 E 10.833/2003. NÃO-CUMULATIVIDADE. ART. 195, § 12, DA CF. MATÉRIA EMINENTEMENTE CONSTITUCIONAL. INSTRUÇÕES NORMATIVAS SRF 247/02 e SRF 404/04. EXPLICITAÇÃO DO CONCEITO DE INSUMO. BENS E SERVIÇOS EMPREGADOS OU UTILIZADOS DIRETAMENTE NO PROCESSO PRODUTIVO. BENEFÍCIO FISCAL. INTERPRETAÇÃO EXTENSIVA. IMPOSSIBILIDADE. ART. 111 CTN.
>
> [...]
>
> 3. A análise do alcance do conceito de não-cumulatividade, previsto no art. 195, § 12, da CF, é vedada neste Tribunal Superior sob pena de usurpação da competência do Supremo Tribunal Federal. *4. As Instruções Normativas SRF 247/02 e SRF 404/04 não restringem, mas apenas explicitam o conceito de insumos previsto nas Leis 10.637/02 e 10.833/03. 5. Possibilidade de creditamento de PIS e COFINS apenas em relação aos os bens e serviços empregados ou utilizados diretamente sobre o produto em fabricação.* 6. Interpretação extensiva que não se admite nos casos de concessão de benefício fiscal (art. 111 do CTN). Precedentes: AgRg no REsp 1.335.014/CE, Rel. Ministro Castro Meira, Segunda Turma, DJe 8/2/13, e REsp 1.140.723/RS, Rel. Ministra Eliana Calmon, Segunda Turma,

DJe 22/9/10. 7. Recurso especial a que se nega provimento.[23] (Grifado)

Feitas tais considerações, é importante manter em mente que atualmente ainda é aplicado pela Receita Federal do Brasil o conceito restritivo extraído das instruções normativas nº 247/02 e nº 404/04, todavia, conforme observaremos adiante, está se consolidando na jurisprudência administrativa, e especialmente na judicial, no âmbito do Superior Tribunal de Justiça, um conceito de insumo mais adequado ao PIS/PASEP e COFINS, o qual será de fundamental importância para o tema objeto desse trabalho.

2.2. Conceito Próprio, Conforme Orientação Atual da Jurisprudência Administrativa (CARF) e Judicial (STJ)

Como visto acima, a Receita Federal do Brasil editou instruções normativas que em linhas práticas visam notadamente restringir a tomada de créditos de PIS/PASEP e COFINS sobre insumos. Para tanto, se utilizou desse um artifício costumeiro, qual seja a edição de Instruções Normativas, a qual acabam por vincular o entendimento a ser adotado pela Administração Pública, especialmente os auditores fiscais em eventuais fiscalizações.

Por essa razão, e, especialmente pelo fato de que as Instruções Normativas não traziam fundamentos jurídicos sustentáveis, os contribuintes e grande parte da doutrina jurídica passaram a analisar qual o melhor conceito de insumo a ser aplicado ao PIS/PASEP e COFINS, afastando a aplicação dessas instruções normativas, como bem destacado por Rocha, Faro e Barreto:

[23] BRASIL. Superior Tribunal de Justiça. **Acórdão no Recurso Especial nº 1.128.018/RS.** Relator: Ministro Sérgio Luíz Kukina. Brasília, DF de 2013. DJe em 04 dez. 2013. Disponível em: <https://ww2.stj.jus.br/processo/revista/documento/mediado/?componente=ITA&sequencial=1222377&num_registro=200900897398&data=20131204&formato=PDF>. Acesso em: 02 jun. 2018.

> As Leis n. 10.637/02 e 10.833/03 poderiam ter apresentado uma orientação mais clara a respeito do conceito de insumo para fins de creditamento de PIS e COFINS. Contudo, a ausência de um conceito-padrão legal não autoriza a Receita Federal a atribuir ao vocábulo insumo uma definição que não guarde coerência lógica da incidência das referidas contribuições.[24]

Importante ressaltar que a discussão ora em análise perdura há mais de uma década, razão pela qual não será possível neste artigo aprofundar demasiadamente a análise de todos os argumentos trazidos pela doutrina, todavia, é importante observar que a interpretação do conceito de insumo passou durante esses anos por algumas variantes que foram o aperfeiçoando, ao menos no meu ponto de vista.

Com isso podemos ter bem delimitado três momentos históricos, sendo o primeiro com a aplicação das instruções normativas, trazendo o conceito do IPI (restritivo), após um segundo momento é verificado quando passa a se defender a utilização do conceito do imposto de renda, conceituando insumo como todo custo e despesa da atividade (ampliativo) e por fim temos verificado um conceito próprio e mais adequado que traça uma linha intermediária visando pautar o conceito de insumo na essencialidade, pertinência e relevância de determinada despesa para a atividade do contribuinte.

Esse conceito próprio, como se passou a considerar na doutrina, traz uma interpretação racional e condizente com a materialidade das contribuições ao PIS/PASEP e COFINS, sem

[24] Rocha, Sergio André; FARO, Maurício Pereira; Barreto, Ana Carolina. **Créditos de insumos da PIS e COFINS nas decisões em processos de consulta e na jurisprudência do Conselho Administrativo de Recursos Fiscais.** In: Peixoto, Marcelo Magalhães; Moreira Junior, Gilberto de Castro (Coord.). PIS e COFINS à luz da jurisprudência do CARF. São Paulo: MP Ed., 2011. p. 585.

restringir, tampouco alargar demasiadamente, a possibilidade da tomada de créditos.

Essa interpretação há muito é defendida por Marco Aurélio Greco que ensina de forma clara e precisa a sua aplicação, vejamos:

> As leis mencionadas prevêem expressamente que o serviço pode ser utilizado como insumo na produção ou fabricação. Ora, como um serviço (atividade + utilidade) pode ser insumo da produção ou da fabricação de um bem?
>
> Será efetivamente insumo sempre que a atividade ou a utilidade forem necessárias à existência do processo ou do produto ou agregarem (ao processo ou ao produto) alguma qualidade que faça com que um dos dois adquira determinado padrão desejado. Vale dizer, quando atividade ou utilidade contribuírem para o processo ou o produto existirem ou terem certas características.
>
> Na medida em que os serviços configuram insumos no âmbito de PIS/COFINS, pois as respectivas utilidades são fruídas como tal (por condicionarem a existência ou integrarem funcionalmente o processo ou o produto), então os bens também estarão sendo utilizados como insumo na medida em que das utilidades que deles emanarem dependam a existência
>
> ou a qualidade do processo ou produto.
>
> [...] Vale dizer, "utilizar como insumo" é extrair os bens ou dos serviços todas as utilidades que lhes sejam próprias para o fim de fazer com que o processo produtivo ou o produto destinado a venda existam ou tenham as características almejadas. Vale dizer, fazer com que – no específico contexto da atividade econômica desenvolvida pelo contribuinte – processo e produto sejam o que são.

Portanto, o conceito de insumo adotado pelas Leis é amplo a ponto de abranger até mesmo as utilidades disponibilizadas através de bens e serviços, desde que relevantes para o processo ou para o produto. Terem as leis de regência admitido créditos relativos a "serviços utilizados como insumos"

> *é a prova cabal de que o conceito de "utilização como insumo" no âmbito da não-cumulatividade de PIS/COFINS não tem por critério referencial o objeto físico, pois um sem número de serviços não interfere direta nem fisicamente com o produto final; limita-se a assegurar que o processo exista ou se desenvolva com as qualidades pertinentes.*[25] (grifado)

A explicação acima demonstra com clareza as razões pela qual de fato o mais adequado para a correta interpretação do conceito de insumo no âmbito do PIS/PASEP e COFINS é se desvincular de interpretações até então existentes (IPI e IRPJ) para adotar um conceito próprio e adequado.

Nessa linha foi convergindo a jurisprudência pátria, quer seja no âmbito administrativo, quer seja no âmbito judicial, afastando a aplicação das instruções normativas para aplicar tal conceito pautado na essencialidade, relevância e pertinência. Como exemplo, imperioso a leitura de trecho do voto do Ilmo. Ministro do Superior Tribunal de Justiça Mauro Campbell, proferido no Recuso Especial nº 1.246.317/MG:

> Considerando todas essas peculiaridades da nova sistemática de não-cumulatividade instituída pelas Leis 10.637/2002 e 10.833/2003, as referidas Instruções Normativas ns. 247/02 e 404/04 não poderiam simplesmente reproduzir o conceito de insumo para fins de IPI (tributo cuja hipótese de incidência é a produção de bem, e que, portanto, pode ter o vocábulo insumo limitado àqueles itens que entram em contato direto com o produto final), restringindo, por conseguinte, os bens/produtos cujos valores poderiam ser creditados para fins de dedução das contribuições para o Pis e COFINS não-cumulativos, sob pena de distorcer o alcance que as referidas leis conferiram a esse termo,

25 GRECO, Marco Aurélio. **Conceito de insumo à luz da legislação de PIS/COFINS.** Revista Fórum de Direito Tributário RFDT, ano 1, nº 1, jan/fev.2003. Belo Horizonte: Fórum, 2003.

obstaculizando a operacionalização da sistemática não-cumulativa para essas contribuições[26].

Igualmente, da mesma forma passou a decidir o CARF, em inúmeros julgados, dos quais cabe citar um deles para fins de demonstração, no caso o Acórdão nº 3402-002.605 de Relatoria do Conselheiro Alexandre Kern, vejamos:

> ASSUNTO: PROCESSO ADMINISTRATIVO FISCAL
> Período de apuração: 01/01/2011 a 31/03/2011
> FALTA DE APRESENTAÇÃO DE PROVA DOCUMENTAL.
> PRINCÍPIO PROCESSUAL DA VERDADE MATERIAL. A busca da verdade real não se presta a suprir a inércia do contribuinte que tenha deixado de apresentar as provas dos créditos alegados, de acordo com o sistema de distribuição da carga probatória adotado.
> ÔNUS DA PROVA. FATO CONSTITUTIVO DO DIREITO NO QUAL SE FUNDAMENTA A AÇÃO. INCUMBÊNCIA DO INTERESSADO. Cabe ao interessado a prova dos fatos que tenha alegado. A realização de diligência ou perícia não se presta para a produção de provas que toca à parte produzir.
> ASSUNTO: CONTRIBUIÇÃO PARA O PIS/PASEP
> Período de apuração: 01/01/2011 a 31/03/2011
> NÃO CUMULATIVIDADE. CRÉDITOS. INSUMOS. CONCEITO. *Insumos, para fins de creditamento da Contribuição Social nãocumulativa, são todos aqueles bens e serviços pertinentes ao, ou que viabilizam o processo produtivo e a prestação de serviços, que neles possam ser direta ou indiretamente empregados e cuja subtração importa na*

[26] BRASIL. Superior Tribunal de Justiça. **Acórdão no Recurso Especial nº 1.246.317/MG**. Relator: Ministro Mauro Campbell Marques. Brasília, DF de 2015. Dje em 29 jun. 2015. Disponível em: <https://ww2.stj.jus.br/processo/revista/documento/mediado/?componente=ITA&sequencial=1089882&num_registro=201100668193&data=20150629&formato=PDF>. Acesso em: 02 jun. 2018.

> *impossibilidade mesma da prestação do serviço ou da produção, isto é, cuja subtração obsta a atividade empresária ou implica em substancial perda de qualidade do produto ou serviço daí resultantes.*
>
> As Leis de Regência da não cumulatividade atribuem o direito de crédito em relação ao custo de bens e serviços aplicados na "produção ou fabricação" de bens destinados à venda, inexistindo amparo legal para secção do processo produtivo da sociedade empresária agroindustrial em cultivo de matéria prima para consumo próprio e em industrialização propriamente dita a fim de expurgar do cálculo do crédito os custos incorridos na fase agrícola da produção.
>
> Os custos incorridos com bens e serviços aplicados na floresta de eucaliptos guardam relação de pertinência e essencialidade com o processo produtivo da pasta de celulose e configuram custo de produção, razão pela qual integram a base de cálculo do crédito das contribuições nãocumulativas.
>
> [...] Recurso Voluntário Provido em Parte[27]
>
> (Grifado)

Essa evolução jurisprudencial pode também ser bem observada na passagem abaixo:

> O CARF exerce o dever de preencher lacuna de reconhecimento (lacuna semântica), justamente, porque a legislação originária (Leis 10.637/2002 e 10.833/2003) omitiu-se em definir claramente o conceito de "insumo". Esta pesquisa detecta que o CARF exerceu com maestria sua missão: estabeleceu, originariamente, a tese restritiva pela aplicação da legislação do IPI; opôs,

27 BRASIL. Conselho Administrativo de Recursos Fiscais. **Acórdão nº 3402-002.605.** Relator: Conselheiro Alexandre Kern. Brasília, DF de 2015. DOU. Brasília, 26 fev. 2015. Disponível em: <https://carf.fazenda.gov.br/sincon/public/pages/ConsultarJurisprudencia/consultarJurisprudenciaCarf.jsf>. Acesso em: 02 jun. 2018.

dialeticamente a esta, a tese ampliativa da legislação do IRPJ; para, enfim, estabelecer a síntese da tese intermediária (ou própria do PIS/COFINS). A conotação da legalidade estabelecida pelo CARF importa para os contribuintes e é ouvida pelo Poder Judiciário como voz da expertise: prova disso é que as posições técnicas do CARF irradiam-se sobre o STJ, conforme verificamos no voto do Resp. 1.246.317/MG, proferido pelo Min. MAURO CAMPBELL que, de forma exemplar cita expressamente acórdãos do CARF (p.15), revelando esse processo dialético de aprendizado, em torno das teses dos insumos pela linha do IPI, IRPJ e intermediária. Assim, o CARF, ao seu modo, constrói a regra do jogo no deserto conotativo do sistema tributário brasileiro, realizando sua MISSÃO, sua VISÃO e seus VALORES, deixando rastros profundos que elucidam a denotação normativa para solução de litígios concretos do passado e criam segurança jurídica para os fatos do futuro, para além da operação Zelotes, e nenhum vento as apagará.[28]

Por fim, no curso desse processo de consolidação da jurisprudência, em fevereiro/2018, passamos a contar com um precedente importantíssimo, isso pelo fato de que julgado sob o rito dos recursos repetitivos, ou seja, com eficácia vinculante, no qual foi consagrada a ilegalidade das instruções normativas nº 247/2002 e 404/2004, bem como a necessidade do conceito de insumo observar a essencialidade ou relevância do bem ou serviço.

Dessa forma, vejamos a ementa do REsp 1.221.170/PR, de relatoria do E. Ministro Napoleão Nunes Maia:

> TRIBUTÁRIO. PIS E COFINS. CONTRIBUIÇÕES SOCIAIS. NÃO-CUMULATIVIDADE. CREDITAMENTO. CONCEITO DE INSUMOS. DEFINIÇÃO ADMINISTRATIVA PELAS

[28] VASCONCELOS, Breno Ferreira Martins et al. **Pis e Cofins – Conceito de insumos.** In: SANTI, Eurico Marcos Diniz de et al (Coord.). Repertório analítico de jurisprudência do CARF. São Paulo: Max Limonad, 2016. p. 705.

INSTRUÇÕES NORMATIVAS 247/2002 E 404/2004, DA SRF, QUE TRADUZ PROPÓSITO RESTRITIVO E DESVIRTUADOR DO SEU ALCANCE LEGAL. DESCABIMENTO. DEFINIÇÃO DO CONCEITO DE INSUMOS À LUZ DOS CRITÉRIOS DA ESSENCIALIDADE OU RELEVÂNCIA. RECURSO ESPECIAL DA CONTRIBUINTE PARCIALMENTE CONHECIDO, E, NESTA EXTENSÃO, PARCIALMENTE PROVIDO, SOB O RITO DO ART. 543-C DO CPC/1973 (ARTS. 1.036 E SEGUINTES DO CPC/2015).

1. Para efeito do creditamento relativo às contribuições denominadas PIS e COFINS, a definição restritiva da compreensão de insumo, proposta na IN 247/2002 e na IN 404/2004, ambas da SRF, efetivamente desrespeita o comando contido no art. 3o., II, da Lei 10.637/2002 e da Lei 10.833/2003, que contém rol exemplificativo.

2. O conceito de insumo deve ser aferido à luz dos critérios da **essencialidade ou relevância**, vale dizer, considerando-se a imprescindibilidade ou a importância de determinado item – bem ou serviço – para o desenvolvimento da atividade econômica desempenhada pelo contribuinte.

3. Recurso Especial representativo da controvérsia parcialmente conhecido e, nesta extensão, parcialmente provido, para determinar o retorno dos autos à instância de origem, a fim de que se aprecie, em cotejo com o objeto social da empresa, a possibilidade de dedução dos créditos relativos a custo e despesas com: água, combustíveis e lubrificantes materiais e exames laboratoriais, materiais de limpeza e equipamentos de proteção individual-EPI.

4. Sob o rito do art. 543-C do CPC/1973 (arts. 1.036 e seguintes do CPC/2015), assentam-se as seguintes teses: (a) é ilegal a disciplina de creditamento prevista nas Instruções Normativas da SRF ns. 247/2002 e 404/2004, porquanto compromete a eficácia do sistema de não-cumulatividade da contribuição ao PIS e da

COFINS, tal como definido nas Leis 10.637/2002 e 10.833/2003; e (b) o conceito de insumo deve ser aferido à luz dos critérios de essencialidade ou relevância, ou seja, considerando-se a imprescindibilidade ou a importância de terminado item – bem ou serviço – para o desenvolvimento da atividade econômica desempenhada pelo Contribuinte.[29]

Assim, atualmente, além da farta jurisprudência que já caminhava nesse sentido, hoje está devidamente consagrado na jurisprudência, com eficácia vinculante, a possibilidade de tomar créditos sobre as despesas com bens e serviços essenciais ou relevantes para a atividade do contribuinte, sem a necessidade de integração direta do mesmo. Dito isso, temos então um importante precedente capaz de sustentar os créditos que serão aqui analisados.

3. Dos Créditos de PIS/PASEP e COFINS com Despesas de Frete

Tal como destacado anteriormente, no curso das suas atividades os contribuintes incorrem com frequência em despesas com fretes. Isso não se restringe a um setor ou atividade econômica específica, sendo uma despesa reiterada nas empresas, quer sejam industriais, comerciais ou prestadoras de serviço, pois o objetivo final de qualquer empresa é fazer seu produto ou serviço chegar ao consumidor e no percurso das etapas para tanto as despesas com frete se mostram indissociáveis.

[29] BRASIL. Superior Tribunal de Justiça. **Acórdão no Recurso Especial nº 1.221.170/PR.** Relator: Ministro Napoleão Nunes Maia Filho. Brasília, DF de 2018. Dje em 24 abr. 2018. Disponível em: https://ww2.stj.jus.br/processo/revista/documento/mediado/?componente=ITA&sequencial=1350777&num_registro=201002091150&data=20180424&formato=PDF>. Acesso em 02 jun. 2018.

Bahr Neto e Souza Júnior dissertaram sobre o tema demonstrando com clareza situações em que se incorre em despesas com frete em cada setor:

> No *comércio*, gasta-se com frete na aquisição de mercadoria para revenda e na própria operação de venda; na *indústria*, o custo com frete está relacionado desde a aquisição de insumos até a venda dos produtos fabricados; na *prestação de serviço*, o dispêndio com frete é comumente necessário à aquisição de insumos para a realização do serviço. Também se gasta com frente no transporte de mercadoria importada até o estabelecimento adquirente ou importador; *gasta-se ainda com a transferência de mercadorias entre estabelecimentos do mesmo titular.*[30] (grifado)

Vemos nesse pequeno trecho que de fato as despesas com frete são inúmeras e ocorrem em diversos momentos, etapas e por diversas razões no curso da atividade exercida pelo contribuinte.

Feitas tais considerações, por se tratar de despesa tão comum a qualquer atividade econômica, é essencial analisar a possibilidade da tomada de créditos de PIS/PASEP e COFINS sobre tais despesas para as empresas sujeitas a não cumulatividade, sendo esse, como explorado anteriormente, requisito essencial para que seja possível a apuração de crédito.

No curso da legislação que trata sobre tais contribuições, especialmente, no caso, as Leis 10.637/2002 e 10.833/2003, inferir ao menos três possibilidades para que as despesas com frete sejam incluídas na base de cálculo para apuração dos crédi-

[30] Bahr Neto, Heroldes; Souza Júnior, Osnildo de. **Análise crítica da jurisprudência do CARF a respeito do creditamento de PIS/COFINS sobre dispêndios com frete (no comércio, na indústria e na prestação de serviços).** In: Moreira Junior, Gilberto de Castro; Peixoto, Marcelo Magalhães (Coord.). PIS e COFINS à luz da jurisprudência do Conselho Administrativo de Recursos Fiscais. São Paulo: MP, 2013. Vol.2. p. 221

tos dessas contribuições, quais sejam (i) com fundamento no inciso I, do art. 3º[31], de ambas as leis, cuja redação é idêntica, visto que o frete integra o custo de aquisição do bem adquirido para revenda; (ii) com fundamento no inciso II, do art. 3º[32], com redação similar para ambas contribuições, quando o frete for considerado insumo e (iii) com fundamento no inciso IX, do art. 3º[33], cumulado com o inciso II, do art. 15[34], da lei 10.833/03, quanto ao frete incorrido na operação de venda, desde que o ônus seja suportado pelo vendedor.

[31] BRASIL. **Lei 10.637, de 30 de dezembro de 2002.** Disponível em: <http://www.planalto.gov.br/ccivil_03/leis/2002/L10637.htm>. Acesso em 31 mar. 2018.
Art. 3º Do valor apurado na forma do art. 2º a pessoa jurídica poderá descontar créditos calculados em relação a:
I – bens adquiridos para revenda, exceto em relação às mercadorias e aos produtos referidos:
a) no inciso III do § 3º do art. 1º desta Lei; e
b) nos §§ 1º e 1°-A do art. 2º desta Lei;

[32] BRASIL. **Lei 10.637, de 30 de dezembro de 2002.** Disponível em: < http://www.planalto.gov.br/ccivil_03/leis/2002/L10637.htm>. Acesso em: 31 de maio de 2018.
II – bens e serviços, utilizados como insumo na prestação de serviços e na produção ou fabricação de bens ou produtos destinados à venda, inclusive combustíveis e lubrificantes, exceto em relação ao pagamento de que trata o art. 2º da Lei no 10.485, de 3 de julho de 2002, devido pelo fabricante ou importador, ao concessionário, pela intermediação ou entrega dos veículos classificados nas posições 87.03 e 87.04 da Tipi; (Redação dada pela Lei nº 10.865, de 2004)

[33] BRASIL. **Lei 10.833, de 29 de dezembro de 2003.** Disponível em: <http://www.planalto.gov.br/ccivil_03/LEIS/2003/l10.833.htm>. Acesso em: 31 de maio de 2018.
[...]IX – armazenagem de mercadoria e frete na operação de venda, nos casos dos incisos I e II, quando o ônus for suportado pelo vendedor.

[34] BRASIL. **Lei 10.833, de 29 de dezembro de 2003.** Disponível em: <http://www.planalto.gov.br/ccivil_03/LEIS/2003/l10.833.htm>. Acesso em: 31 de maio de 2018.
Art. 15. Aplica-se à contribuição para o PIS/PASEP não-cumulativa de que trata a Lei no 10.637, de 30 de dezembro de 2002, o disposto: (Redação dada pela Lei nº 10.865, de 2004)

Dito isso, atualmente está pacificado a possibilidade de crédito sobre o frete quando vier a compor o custo de aquisição do bem para revenda, e, ainda, a despesa de frete incorrida na venda final (direta) ao cliente, razão pela qual tal situação não é objeto de análise no presente artigo.

Todavia, ainda é alvo de grandes discussões o frete quando incorrido entre estabelecimentos da mesma empresa, quer seja classificando-o como insumo, quer seja considerando-o como incorrido na operação de venda.

No que tange a considerar tal despesa como insumo, a divergência existe em razão das restrições ao conceito aplicado pela Receita Federal do Brasil, o que com a decisão recente do Superior Tribunal de Justiça em recurso julgado sob o rito dos repetitivos, impõe um cenário de expectativas favoráveis aos contribuintes, em que pese ainda passível de grande subjetividade.

Outrossim, no que se refere ao frete entre estabelecimentos ser considerado despesa integrante da operação de venda, vemos que ainda existem inúmeras decisões, tanto no âmbito administrativo, quanto judicial, que não vislumbram tal possibilidade, admitindo para esse caso apenas o frete da venda direta ao cliente.

É imperioso notar que as empresas por diversas razões verificam a necessidade de transportar seu produto (acabado ou em elaboração) ou insumos entre as diversas filiais e centros de distribuição, quer por razões inerentes ao ciclo produtivo, logísticas e/ou operacionais, o que lhes é plenamente livre, haja vista que não compete ao Fisco impor ao contribuinte como deve gerir ou organizar sua atividade, e mais, não podendo esquecer que o objetivo maior de qualquer empresa é o lucro, logo, a mesma é amplamente livre para com base em tal objetivo se organizar da melhor forma que lhe convir.

Quando falamos em despesas com fretes internos, ou seja, despesa incorrida para transporte de produtos/insumos entre estabelecimentos da mesa empresa podemos nos deparar, em síntese, com as seguintes situações reproduzidas nas figuras abaixo:

Figura 01 – Transferência de produto em elaboração / insumo para a filial para continuidade do processo produtivo:

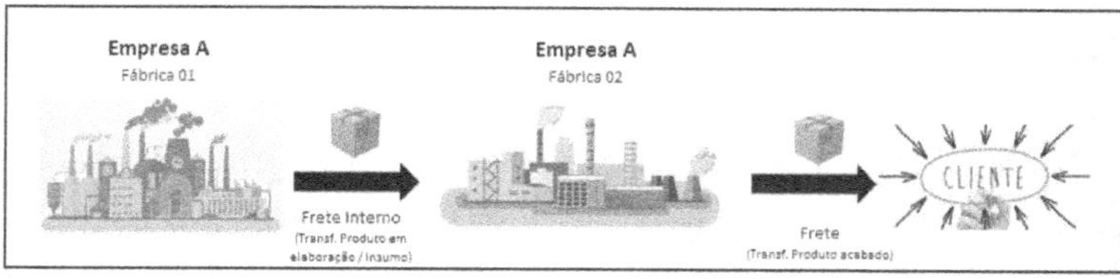

Fonte: Elaborado pelo Autor

Figura 02 – Transferência do produto acabado para o centro de distribuição para fins logísticos e operacionais da fase de venda:

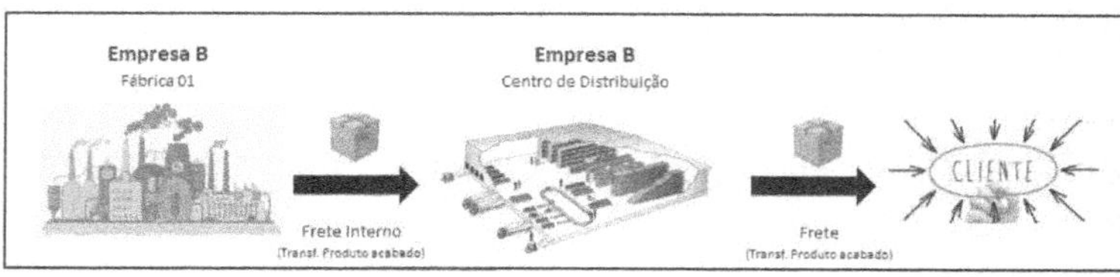

Fonte: Elaborado pelo Autor

Para que fique claro o que dissemos anteriormente, importa relembrar que esse último frete incorrido na transferência do produto acabado ao cliente constitui despesa passível de crédito, sem maiores divergências, desde que o ônus tenha sido suportado pelo vendedor.

Todavia, em ambas as situações acima elencadas (Figuras 1 e 2), o ponto de divergência é verificado no denominado "frete interno", quer seja para transferência de insumo/produto em elaboração, quer seja de produtos acabados. Frise-se que na ilustração considerou-se uma indústria, mais de forma geral a situação pode ser considerada tanto as indústrias, como as prestadoras de serviço, ou seja, é passível de extensão as demais atividades econômicas, feitas as adaptações necessárias.

Uma terceira situação em que se mostra recorrente as despesas com fretes internos, todavia, que diverge das acima elencadas é verificada no caso de empresas puramente comerciais (ex. redes de supermercados, grandes varejistas), vejamos:

Figura 03 – Transferência do produto acabado do centro de distribuição para a loja comercial para venda direta ao cliente:

Fonte: Elaborado pelo Autor

Feitas essas considerações, podemos facilmente verificar pelas situações demonstradas graficamente que de fato as empresas podem incorrer constantemente com despesas oriundas de frete interno e, por essa razão, a análise sobre a possibilidade ou não de creditar-se de PIS/PASEP e COFINS se mostra essencial.

Premissa básica a ser observada nessa análise é que não podemos aqui nos ater estritamente a letra fria da lei, em que pese tal interpretação seja indispensável, é de essencial e necessária a interpretação sistemática da norma, sem que isso implique em negar a aplicação da lei tributária tal como posta.

Por oportuno, em que pese não se pretenda aqui afastar a aplicação da lei tributária, tal como observado por Becker, muitas vezes isso se mostra necessário, especialmente pela situação caótica da legislação pátria, *verbis:*

> Se fosse integralmente aplicadas as leis tributárias, todos os contribuintes seriam passíveis de sanções, inclusive de cárcere e isto não tanto em virtude da fraude, mas principalmente pela desorientação que o caos da legislação tributária provoca no contribuinte.[35] Tão defeituosas costumam ser as leis tributárias que o contribuinte nunca está seguro das obrigações a cumprir e necessita manter uma dispendiosa equipe de técnicos especializados, para simplesmente saber quais exigências do Fisco[36].

Em que pese tenha sido escrita há muitos anos, a situação de caos permanece a mesma, ou não, talvez muito pior, visto que permanecemos a ter leis e mais leis, a cada dia tornando o ordenamento jurídico uma colcha de retalhos e, gerando ainda, uma complexidade exagerada no que tange a matéria tributária.

4. Da Tomada de Créditos de PIS/PASEP e COFINS em Relação as Despesas com Fretes, com Fundamento no Inciso II, do art. 3º das Leis 10.833/03 e 10.637/02 (Insumos), nas Transferências Internas

Passando a análise do tema proposto, cumpre avaliar se é possível, bem como em quais situações, classificar o frete interno, ou seja, aquele incorrido nas transferências entre estabelecimentos da mesma empresa como insumo da atividade, pautando-se no conceito defendido por esse autor, qual seja, o da essencialidade, relevância, pertinência da despesa. Para tanto,

[35] BECKER, Alfredo Augusto apud R. LIGUORI, 1951. **Teoria Geral do Direito Tributário.** 5. ed. São Paulo: Noeses, 2010. p. 9.

[36] BECKER, Alfredo Augusto apud SOARES MARTINEZ, 1953. **Teoria Geral do Direito Tributário.** 5. ed. São Paulo: Noeses, 2010. p. 9.

analisaremos as situações em que se deve admitir o crédito, e, após, serão expostas as decisões encontradas sobre a matéria que convalidam o posicionamento adotado.

4.1. Quando as Despesas com Fretes devem ser Consideradas Insumos

Conforme verificado no segundo capítulo, hoje temos pacificado no âmbito da jurisprudência do CARF e, especialmente, do Superior Tribunal de Justiça, sob o rito dos recursos repetitivos, que deve ser considerado insumo e portanto gerar crédito de PIS/PASEP e COFINS as despesas com bens e serviços essenciais ou relevantes, ou seja, "vale dizer, considerando-se a imprescindibilidade ou a importância de determinado item – bem ou serviço – para o desenvolvimento da atividade econômica desempenhada pelo contribuinte"[37].

Tal conceito é sem dúvida alguma o mais adequado, considerando a materialidade das citadas contribuições, todavia, gera uma infinidade de dúvidas, em face da sua total subjetividade. A quem cabe definir o que é relevante ou essencial? O Fisco que não está presente no dia a dia da atividade econômica desenvolvida pelo contribuinte ou ao próprio contribuinte? Isso sem qualquer dúvida ainda irá gerar muita polêmica, todavia, sob a análise que aqui se pretende realizar é possível traçar critérios que parecem seguros para a tomada de créditos.

Analisando as situações ilustradas no capítulo anterior podemos, inicialmente, perceber uma distinção importante entre

[37] BRASIL. Superior Tribunal de Justiça. **Acórdão no Recurso Especial nº 1.221.170/PR.** Relator: Ministro Napoleão Nunes Maia Filho. Brasília, DF de 2018. Dje em 24 abr. 2018. Disponível em: https://ww2.stj.jus.br/processo/revista/documento/mediado/?componente=ITA&sequencial=1350777&num_registro=201002091150&data=20180424&formato=PDF>. Acesso em 02 jun. 2018.

elas, qual seja, quando o frete interno é utilizado para transferência de *produto acabado* ou *em elaboração (não acabado) / insumos.*

Tal premissa é o primeiro fator de distinção essencial para caracterização do frete interno como insumo ou não da atividade. Isso, pelo fato de que é incontestável a essencialidade do frete quando ocorrido dentro no ciclo produtivo, ou seja, em uma das etapas do processo de industrialização / produção, o que se verifica na situação com clareza na situação demonstrada na figura 01, em que há a necessidade de transferência do produto em elaboração / insumo de uma fábrica para outra para que ele seja concluído e então vendido e efetivamente entregue ao consumidor final. Outro exemplo pode demonstrar com clareza, como no caso de uma empresa produtora de alumínio que tenha como atividade também a extração de minério e transporta tal insumo a fábrica para conclusão do produto. Se tal despesa não ocorre, é evidente que o processo produtivo não se conclui.

Rememorando o que restou esclarecido no subcapítulo 2.2. e, ainda, adotando o conceito firmado pelo Superior Tribunal de Justiça no Recurso Especial nº 1.221.170/PR não remanesce dúvida de que o frete nessa situação se mostra essencial e indispensável para conclusão do processo produtivo e por tal razão assume a qualidade de insumo.

Logo, quando a empresa necessita transitar com seu produto em elaboração e/ou insumo (matéria prima) entre mais de um estabelecimento para que sejam realizadas as etapas do processo produtivo, estaremos diante de um frete que deve ser tratado como insumo e servir de base para tomada de créditos de PIS/PASEP e COFINS. Para que não reste dúvida, igual situação pode ser verificada quando se tratar de prestação de serviço, nesse caso, muitas vezes se mostra necessário o deslocamento de bens e produtos que serão aplicados na prestação de serviço de uma filial para outra a fim de que o serviço seja efetivamente realizado.

Assim, em linhas gerais, o que se deve ter em mente é que quando o frete interno, se subtraído, implicar em impossibilidade de execução do serviço ou continuidade do processo produtivo, ele deverá ser tratado como insumo.

Avançando, dúvidas passam a surgir na análise das situações ilustradas nas figuras 02 e 03, nas quais temos a transferência de produto acabado, ou seja, o frete não ocorre no curso do processo produtivo ou da prestação de serviço.

Nesse caso, com todas as vênias as posições contrárias, *prima facie* não entendo possível que as empresas puramente comerciais tomem créditos sobre insumos, isso decorre do fato de que como nada produzem, tampouco prestam serviços, não há o que se falar em utilização do "insumo na prestação de serviços e na produção ou fabricação de bens ou produtos destinados à venda", tal como preceitua o inciso II, do artigo 3º, das Leis 10.637/02 e 10.833/03. Ainda que se priorize uma interpretação sistemática, não se vislumbra qualquer possibilidade de se classificar o frete interno destacado na situação 03 como insumo e por consequência impertinente a tomada de créditos sobre tal rubrica.

No que tange a figura 02, devemos ter muita cautela e certamente demandará uma análise mais dedicada da situação fática vivenciada por cada contribuinte. É sabido que muitas empresas transferem seus produtos acabados da fábrica para os centros de distribuição, normalmente localizados em vários cidades, com a finalidade desobstruir o pátio fabril e, principalmente, com a finalidade de gestão operacional e logística, isso porque a distribuição dos produtos acabados em diversos centros de distribuição pelo país facilita a operação de venda, tornando-a mais ágil e, ainda, muitas vezes acarretando redução dos custos de armazenagem.

Nesse sentido se posicionou Carneiro e Resende:

> No contexto dos contribuintes que necessitam do frete para transferir bens e produtos entre seus estabelecimentos, seja para coloca-los à disposição do cliente, ou mesmo no sentido de facilitar o emprego de seus bens ou serviços no processo industrial ou no próprio mercado, mesmo que esse frete não seja imprescindível, ele se torna fundamental na determinação do custo operacional e na atuação da sociedade em mercados não cobertos por suas fábricas.
>
> Em outras palavras, sem o referido gasto com o frete, seria impossível atingir o mesmo patamar de competitividade ou mesmo de atuação no mercado brasileiro (importante ressaltar aqui a extensão do nosso país, que muitas vezes faz-se importante ter estabelecimentos em todos os 27 estados da federação). Por esta razão, o dispêndio com frete entre estabelecimentos do mesmo contribuinte industrial, torna-se relevante insumo para o desenvolvimento do negócio e na estratégia dessas empresas e, é nesse importante conceito econômico de insumo que merecem ser pautadas as decisões do CARF e do STJ.[38]

Portanto, inúmeros podem ser os benefícios trazidos no que tange a gestão operacional e logística da remessa dos produtos acabados da indústria aos centros de distribuição, todavia, mais do que benefícios operacionais e logísticos, para que essa despesa assuma a qualidade de insumo é necessário que ela se mostre relevante e necessária, sem o que a manutenção as ven-

[38] Carneiro, Daniel Dix; Resende, Bruno Francisco Chaves de. **O posicionamento do CARF frente à apropriação de créditos das contribuições PIS/COFINS sobre os dispêndios com frete nas operações de transferências de produtos.** In: Moreira Junior, Gilberto de Castro; Peixoto, Marcelo Magalhães (Coord.). PIS e COFINS à luz da jurisprudência do Conselho Administrativo de Recursos Fiscais. São Paulo: MP, 2013. Vol.2. p. 99/100.

das, essenciais a perpetuidade da atividade da empresa, se tornaria impraticável.

Relembre-se que a tese firmada no Superior Tribunal de Justiça é pautada na essencialidade ou relevância, logo, embora não se mostre imprescindível é notadamente importante e relevante para a atividade econômico desenvolvida pela empresa.

Cabe reiterar que essa situação demandará maior cautela e uma análise de caso a caso a fim de entender a real relevância e importância da despesa com frete interno, visando tornar viável a venda e atividade econômica, ou, eventualmente, se ela se deu por mera conveniência e praticidade, sendo que nesse último não se qualificará como insumo.

Feitas tais considerações, temos que:

a) na situação ilustrada na figura 01 – Transferência de produto em elaboração / insumo para a filial para continuidade do processo produtivo: essencial ao processo produtivo e/ou prestação de serviços, por essa razão o frete interno assume a qualidade de insumo, autorizando a tomada de créditos;

b) na situação ilustrada na figura 02 – Transferência do produto acabado para o centro de distribuição para fins logísticos e operacionais da fase de venda: deve ser analisado pontualmente cada caso e verificar a relevância e importância do frete interno como fator essencial para viabilidade das vendas, nesse caso, assumirá a qualidade de insumo, autorizando a tomada de créditos;

c) na situação ilustrada na figura 03 – Transferência do produto acabado do centro de distribuição para a loja comercial para venda direta ao cliente: diante na natureza da atividade (empresa puramente comercial) não há como se admitir a tomada de créditos com fundamento no inciso II, do art. 3º, das Leis 10.637/02 e 10.833/03 (insumo);

4.2. Análise da Jurisprudência do CARF e STJ – Situações em que se Deve Autorizar a Tomada de Créditos com Base no Inciso II, do art. 3º, com Fundamento na Essencialidade e Relevância da Despesa

Nesse tópico caberá colacionar e analisar as decisões tomadas pelo do Conselho Administrativo de Recursos Fiscais (CARF) e pelo Superior Tribunal de Justiça (STJ) para se averiguar os casos em que se admitiu o crédito, com fundamento no inciso II, do art. 3º, ou seja, equiparando o frete interno à insumo.

No âmbito do CARF inúmeras decisões favoráveis foram localizadas, especialmente quando tratamos de casos análogos a situação de nº 01 (transferência de insumos e produtos em elaboração), abordada anteriormente. Nesses casos, embora ainda haja julgados desfavoráveis verificou-se um grande avanço da jurisprudência administrativa em favor dos contribuintes.

Nesse sentido, podemos verificar precedente recente consubstanciado no acórdão nº 3401-004.400, cuja sessão de julgamento ocorreu em 28 de fevereiro de 2018, e na qual acordaram por unanimidade a 04ª Câmara da 01ª Turma Ordinária por admitir o crédito de PIS/PASEP e COFINS nos casos de produtos da transferência interna de insumos e produtos em elaboração, vejamos o trecho da ementa:

> ASSUNTO: PROCESSO ADMINISTRATIVO FISCAL
> Período de apuração: 01/04/2011 a 30/06/2011
> [...]
> ASSUNTO: CONTRIBUIÇÃO PARA O FINANCIAMENTO DA SEGURIDADE SOCIAL COFINS
> [...]
> FRETES. TRANSFERÊNCIAS DE INSUMOS E PRODUTOS EM ELABORAÇÃO. CREDITAMENTO. POSSIBILIDADE.
> Os fretes relativos às transferências de insumos e produtos em elaboração, entre as unidades fabris da pessoa jurídica, qualifi-

> cam-se como serviços aplicados na produção de bens destinados à venda, com direito de crédito no art. 3º, II da Lei nº 10.833/03.[39]

Importa consignar que no julgado acima, a *ratio decidendi* para admitir o crédito está justamente no inciso II, da Lei 10.833/03, ou seja, considerou o relator que no caso o frete interno deve ser considerado insumo da atividade, tal como sustentado nesse artigo.

Outro caso a ser analisado, se refere ao acórdão nº 3302-002.974, no qual em apertada síntese, conforme extraído do relatório, buscava-se "o direito de o contribuinte tomar crédito de COFINS [...], proveniente de despesas de fretes decorrentes de transferência entre estabelecimentos, de insumos e de produtos em elaboração"[40].

Do mesmo relatório, verifica-se que a recorrente se trata de empresa "que atua em toda a cadeia de produção de fertilizantes, sendo responsável não apenas pela fabricação do mesmo, mas também pela extração de minerais e o beneficiamento de uma parte dos insumos utilizados no processo produtivo (fertilizantes)".

A decisão constante do v. Acórdão de forma acertada, em consonância com a posição aqui exarada, reconheceu o direito creditório, conforme se observa da ementa e de trecho do voto, *verbis:*

[39] BRASIL. Conselho Administrativo de Recursos Fiscais. **Acórdão nº 3401-004.400.** Relator: Conselheiro Robson José Bayerl, DF de 2018. DOU. Brasília, 12 mar. 2018. Disponível em: <https://carf.fazenda.gov.br/sincon/public/pages/ConsultarJurisprudencia/consultarJurisprudenciaCarf.jsf>. Acesso em: 02 jun. 2018.

[40] BRASIL. Conselho Administrativo de Recursos Fiscais. **Acórdão nº 3302-002.974.** Relator: Conselheiro Domingos de Sa Filho, DF de 2016. DOU. Brasília, 24 mar. 2016. Disponível em: <https://carf.fazenda.gov.br/sincon/public/pages/ConsultarJurisprudencia/consultarJurisprudenciaCarf.jsf>. Acesso em: 02 jun. 2018.

ASSUNTO: CONTRIBUIÇÃO PARA O FINANCIAMENTO DA SEGURIDADE

SOCIAL COFINS

Período de apuração: 01/10/2008 a 31/12/2008

PIS. INSUMO. FRETE. TRANSPORTE ENTRE MINA E COMPLEXO INDUSTRIAL. DESCONTO DE CRÉDITO. POSSIBILIDADE.

Insere-se no conceito de insumo a aquisição de matéria prima, materiais e embalagens, e, prestação de serviço quando esses se revela necessário e essencial atividade fabril, por ser específico e íntimo ao processo produtivo, sem o qual o processo de fabricação não acontece, no caso concreto, o frete pago pelo transporte de minérios, insumo básico a fabricação do produto, extraídos de minas de propriedade do mesmo proprietário do complexo industrial, por viabilizar a produção e guardar pertinência ao processo produtivo, insere no conceito de "insumo, e, sendo assim, autoriza a tomada do crédito.

Recurso Voluntário Provido.

[...]

A meu sentir, os minerais extraídos pela Interessada em minas longe do complexo industrial é pelo que se deduz dos autos o principal insumo na fabricação de fertilizantes, portanto, necessário ao processo produtivo/fabril, e, consequentemente, à obtenção do produto final, fato constatado pela fiscalização.

A questão é dirimir se o frete pago a terceiros pessoa jurídica na movimentação dessa matéria prima até o local de produção, fertilizante, integra o conceito de insumo por não se tratar de custo na operação de venda.

Cada caso deve ser examinado com observância das particularidades próprias de cada contribuinte. No caso concreto a extração dos minerais dá-se em minas de propriedade da empresa que produz o fertilizante, caso não possuísse, a aquisição dar-se-ia por meio de compra de fornecedores, cujo frete estaria diretamente interligado ao insumo, o que autoriza a tomada do crédito.

> *De outra banda, a transferência desse material se revela fundamental ao processo de fabricação, o que é cogente reconhecer nesse caso específico tratar-se, não de uma simples estocagem para venda, mas, sim, meio necessário e essencial a fabricação do produto final.*
>
> [...]
>
> Com essas considerações, conheço do recurso e dou provimento para autorizar a tomada de crédito decorrente de frete de insumos entre a extração dos minerais até o complexo fabril da Recorrente.[41]
>
> (grifado)

O voto do relator demonstra com clareza a razão pela qual, neste caso, é possível concluir que o frete é um insumo da atividade, razão pela qual assegura o direito creditório.

Prosseguindo, a fim de convalidar o posicionamento aqui sustentado acerca da possibilidade de considerar o frete na transferência de insumos e/ou produtos não acabados como insumo, cabe citar o acordão 9303-005.156 da 03ª Turma da Câmara Superior de Recursos Fiscais, que assim concluiu:

> ASSUNTO: CONTRIBUIÇÃO PARA O PIS/PASEP
>
> Período de apuração: 01/01/2008 a 30/09/2008
>
> CRÉDITO. FRETES NA TRANSFERÊNCIA DE MATÉRIAS PRIMAS ENTRE ESTABELECIMENTOS
>
> Os fretes na transferência de matérias primas entre estabelecimentos, essenciais para a atividade do sujeito passivo, eis que vinculados com as etapas de industrialização do produto e seu objeto social, devem ser enquadrados como insumos, nos termos do art. 3º, inciso II, da Lei 10.833/03 e art. 3º, inciso II, da Lei 10.637/02. Cabe ainda refletir que tais custos nada diferem daqueles relacionados às máquinas de esteiras que levam a matéria prima de um lado para o outro na fábrica para a continuidade

[41] Ibidem.

> da produção/industrialização/beneficiamento de determinada mercadoria/produto.[42]

Nesse sentido, no que tange ao frete na transferência de produtos não acabados e insumos, é possível concluir pela existência de diversos precedentes favoráveis no âmbito do CARF, os quais agregam segurança na opção do contribuinte pela tomada de tais créditos nessas situações.

No que tange ao frete de produtos acabados, tal como verificamos na ilustração da situação 02, passemos, inicialmente, a análise do Acórdão 3402-004.905, julgado em sessão realizada em 01 de fevereiro de 2018, no qual se analisou recurso voluntário interposto pela empresa BRF BRASIL FOODS S/A., e no qual, seguindo a premissa sustentada nesse artigo de que para tal situação se mostra essencial a análise das peculiaridades de cada caso, mostra como tal peculiaridade é observada pelo CARF.

Podemos verificar que nesse caso foi determinante para a autorizar o creditamento o fato de que a transferência dos produtos acabados entre estabelecimentos decorre de exigências sanitárias, vejamos:

> ASSUNTO: CONTRIBUIÇÃO PARA O PIS/PASEP
> Período de apuração: 01/01/2006 a 31/03/2006
> CREDITAMENTO. FRETE ESPECIALIZADO. ENTRE ESTABELECIMENTOS. PRODUTO ACABADO. EXIGÊNCIAS SANITÁRIAS. DESPESA OPERACIONAL.

[42] BRASIL. Conselho Administrativo de Recursos Fiscais. **Acórdão nº 9303-005.156.** Redator designado: Andrada Márcio Canuto Natal. Relatora: Conselheira Tatiana Midori Migiyama, DF de 2017. DOU. Brasília, 30 jun. 2017. Disponível em: <https://carf.fazenda.gov.br/sincon/public/pages/ConsultarJurisprudencia/consultarJurisprudenciaCarf.jsf>. Acesso em: 02 jun. 2018.

> Tratando-se de frete especializado de produtos acabados entre os estabelecimentos, para atender às exigências sanitárias essenciais para que o produto final chegue ao comprador sem perder suas qualidades intrínsecas, cabe o creditamento das contribuições sociais não cumulativas sobre tais dispêndios como insumos, por se tratar de despesas operacionais. [43]

Em seu voto o relator traz as seguintes conclusões sobre o tema:

No que concerne aos fretes de transferências de produtos acabados entre filiais, a recorrente afirma que seu processo produtivo não se esgota no estabelecimento industrial, pois quando o produto industrializado é finalizado ele deve ser entregue o destinatário final em condições de aptidão ao consumo humano, segundo critérios estabelecidos pelos órgãos competentes, razão pela qual participam do próprio processo de industrialização e obtenção de receita (Portaria da ANVISA SVS/MS nº326/2007 e Resolução CISA/MA/MS nº 10/1984).

Adiro ao entendimento majoritário desse colegiado, versado no Acórdão CARF nº 3402003.148, redigido pela Conselheira Maria Aparecida Martins de Paula, que reconhece o direito a este creditamento por se tratar de um frete especializado para atender a exigências sanitárias, essenciais para que o produto final chegue ao comprador sem perder suas qualidades intrínsecas, sendo despesas operacionais da Recorrente. [44]

No caso supra, é fácil constatar que o frete apenas foi considerado insumo analisando com cautela a atividade do con-

[43] BRASIL. Conselho Administrativo de Recursos Fiscais. **Acórdão nº 3402-004.905.** Relator: Conselheiro Carlos Augusto Daniel, DF de 2018. DOU. Brasília, 16 fev. 2018. Disponível em: <https://carf.fazenda.gov.br/sincon/public/pages/ConsultarJurisprudencia/consultarJurisprudenciaCarf.jsf>. Acesso em: 02 jun. 2018.

[44] Ibidem.

tribuinte e efetiva necessidade, relevância e importância dessa transferência, o que se comprovou ao demonstrar que se trata de exigência sanitária. Daí a importância da parte probatória em situações como essa.

Cabe citar, também, o acordão nº 3201-003.210, de 25 de outubro de 2017, que traz como recorrente outra empresa operante no ramo alimentício.

Mais uma vez a análise da situação fática específica da empresa demonstrou a essencialidade do frete, em que pese para transferência de produtos acabados, conforme foi verificado no relatório fiscal "Esses fretes referem-se à transferência de produtos acabados entre diversos estabelecimentos da empresa [...]"[45].

Nesse sentido vejamos trecho da ementa e voto:

> ASSUNTO: CONTRIBUIÇÃO PARA O FINANCIAMENTO DA SEGURIDADE SOCIAL COFINS
>
> Período de apuração: 01/07/2006 a 30/09/2006
>
> COFINS NÃO CUMULATIVA. CUSTO DE FRETE REFERENTE AO TRANSPORTE ENTRE ESTABELECIMENTOS DA MESMA EMPRESA. POSSIBILIDADE DE CRÉDITO.
>
> O custo referente ao frete pago pelo transporte de produtos entre estabelecimentos da mesma empresa integra a base de cálculo para o crédito previsto para a COFINS não cumulativos, sendo possível o seu creditamento.
>
> [...]
>
> Com relação ao tema, possui razão a recorrente. O frete na questão em debate é verdadeiro insumo necessário e indispensável para a consecução das atividades da recorrente.

[45] BRASIL. Conselho Administrativo de Recursos Fiscais. **Acórdão nº 3201-003.210.** Relator: Conselheiro Leonardo Vinicius Toledo de Andrade, DF de 2017. DOU. Brasília, 28 nov. 2017. Disponível em: <https://carf.fazenda.gov.br/sincon/public/pages/ConsultarJurisprudencia/consultarJurisprudenciaCarf.jsf>. Acesso em: 02 jun. 2018.

> [...]
>
> Assim, nos parece que o frete é um serviço indispensável na atividade da recorrente de modo que os produtos sejam remetidos para outro estabelecimento do mesmo titular, integrando-se de modo necessário na cadeia produtiva e, como dito pela recorrente o serviço de frete contratado por etapas possibilita, e facilita a operação de venda e que por se tratar de transporte de produtos perecíveis é delicado e demanda operação diferenciada.
>
> Nesta toada, o valor do frete imputado na transferência pode ser considerado como uma despesa necessária, em razão de ser imprescindível, sendo, então, possível o creditamento.[46]

Por derradeiro, é necessário mencionar que no âmbito do Superior Tribunal de Justiça não foram localizadas decisões favoráveis que viessem a considerar o frete nas transferências internas como insumo, quer seja de produtos acabados ou em elaboração. Destaca-se, ainda, que a pesquisa no âmbito desse tribunal, visando encontrar o maior número de resultados, foi realizada pelos termos "COFINS e FRETE e TRANSFERENCIA" e, também, por "PIS e FRETE e TRANSFERENCIA".

Todavia, é necessário esclarecer que as decisões localizadas no âmbito do Superior Tribunal de Justiça, analisando a questão do frete interno, não debateram de forma ampla a questão, tampouco distinguiram as situações de produtos acabados ou em elaboração/insumos. O que se verifica é que nos restritos casos em que se analisou sob viés do conceito de insumo, não se aplicou entendimento semelhante ao atual firmado no julgamento do Recurso Especial nº 1.221.170/PR, e, ainda, em alguns julgados nada analisaram quanto ao direito creditório por encontrar óbice de ordem processual no reexame da matéria fática, imprescindível para tanto.

[46] Ibidem.

Dito isso, está evidenciado que nessa corte judicial o tema não se encontra pacificado, não podendo conferir eficácia vinculativa as decisões encontradas. Ainda, é possível inferir que o fato de muitos casos se solucionarem de forma positiva aos contribuintes no âmbito administrativo, afasta o encaminhamento da discussão para o âmbito judicial, o que pode ser um dos fatores para existência de poucas decisões específicas sobre o tema.

5. Da Tomada de Créditos de PIS/PASEP e COFINS em Relação as Despesas com Fretes, com Fundamento no Inciso IX, do art. 3º da Lei 10.833/03, nas Transferências Internas

Como observado alhures, o frete interno é despesa relevante e presente em diversos momentos do dia a dia das empresas. Logo, ainda que ele não possa ser considerado insumo da atividade, a possibilidade de se tomar crédito de PIS/PASEP e COFINS não está totalmente afastada, visto que ainda será necessário analisar se o mesmo é despesa que integra a operação de venda. Frise-se, que conforme será demonstrado adiante, a operação pode envolver diversas etapas, razão pela qual não deve haver restrição ao crédito, da forma pretendida pela Receita Federal do Brasil.

5.1. O que deve ser Considerado "Operação de Venda"

Analisadas as hipóteses em que o frete interno é considerado insumo na atividade econômico, compete avançarmos na análise do frete interno vir a ser considerado parte integrante da operação de venda.

Como analisado anteriormente, uma das hipóteses que ensejam a tomada de créditos de PIS/PASEP e COFINS está prevista no inciso IX, do art. 3º, da Lei 10.833/2003, aplicando-se ao PIS/PASEP por força do disposto no artigo 15, inciso II, vejamos a redação desses dispositivos:

> Art. 3º Do valor apurado na forma do art. 2º a pessoa jurídica *poderá descontar créditos calculados em relação a:*
>
> [...]
>
> IX – armazenagem de mercadoria e *frete na operação de venda*, nos casos dos incisos I e II, quando o ônus for suportado pelo vendedor.
>
> [...]
>
> Art. 15. Aplica-se à contribuição para o PIS/PASEP não-cumulativa de que trata a Lei no 10.637, de 30 de dezembro de 2002, o disposto:
>
> [...]
>
> II – nos incisos VI, VII e IX do caput e nos §§ 1º e 10 a 20 do art. 3º desta Lei;[47]
>
> (grifado)

Dessa forma, as despesas com frete incorridas na operação de venda autorizam o desconto de créditos, mas o que pode ser considerado operação de venda? Tal como vimos, o frete incorrido na transferência da mercadoria diretamente ao cliente constitui, sem qualquer dúvida, tal hipótese.

Porém, cabe analisar quando o frete interno será parte integrante da operação de venda, questão extremamente controvertida nos dias atuais.

Inicialmente, cabe trazer a definição dos substantivos "operação" e "venda" para iniciarmos uma interpretação sobre a extensão desse termo. Nesse sentido, extraímos do dicionário Michaelis, que "operação" além de ser uma "transação comercial", implica no "conjunto de ações e atividades planejadas, que se combinam com os meios necessários para se obter determi-

[47] BRASIL. **Lei 10.833, de 29 de dezembro de 2003.** Disponível em: <http://www.planalto.gov.br/ccivil_03/LEIS/2003/l10.833.htm>. Acesso em: 31 de maio de 2018.

nados resultados [...]". O substantivo "venda" pode ser entendido como a "transferência da posse ou do direito sobre algo mediante preço e pagamento estipulado"[48].

Barreto citando Maria Helena Diniz, ao analisar o vocábulo operação, traz:

> No mesmo sentido é a definição adotada por Maria Helena Diniz para o vocábulo operação: "1. Direito Comercial. Qualquer realização de negócios mercantis; transação comercial. [...] 5. Na linguagem jurídica em geral: a) obra; b) execução; c) conjunto de meios para a consecução de um resultado; d) efeito; e) ocorrência; f) realização; g) ajuste".[49]

Feitas tais considerações, uma única conclusão é possível, "operação de venda" não, necessariamente, se limita a um ato ou etapa, podendo englobar diversas ações para alcançar o propósito almejado, qual seja, a venda.

Nessa toada, retornando a análise vinculado ao PIS/PASEP e COFINS, Barreto esclarece que:

> [...] utilizando-se a técnica hermenêutica lógico-sistemática, ao autorizar o desconto de créditos de PIS e COFINS oriundos dos fretes em *operações de venda*, quis o legislador desonerar a cadeia produtiva, já que o valor deste frete integrará o custo da venda da mercadoria, cuja receita estará sujeita à tributação pelas referidas contribuições.[50]

[48] MICHAELIS. **Dicionário Brasileiro da Língua Portuguesa.** Disponível em: http://michaelis.uol.com.br/moderno-portugues/busca/portugues-brasileiro/venda/. Acesso em: 22 jun. 2018.

[49] BARRETO, Gileno G. apud DINIZ, 1998. **Sobre créditos das contribuições ao PIS e da COFINS dos dispêndios com o transporte de mercadorias.** In: MOREIRA JUNIOR, Gilberto de Castro; PEIXOTO, Marcelo Magalhães (Coord.). PIS e COFINS à luz da jurisprudência do Conselho Administrativo de Recursos Fiscais. São Paulo: MP, 2013. Vol.2. p. 189.

[50] Ibidem, p. 189.

E continua:

> Sendo assim, é possível concluir que a legislação que regula a apuração do PIS e da COFINS pela sistemática da não cumulatividade não pode, limitar – como aliás não limita – a abrangência do conceito de "frete na operação de venda" à apenas uma das etapas do frete, nas situações em que mais de uma contratação de transporte concorra para a realização da operação de venda.
>
> [...]
>
> No que cabe exclusivamente ao crédito sobre frete, independentemente de que na sua forma esteja-se diante de operação de transferência, na essência sua motivação decorre de operação de venda. A esta situação cabe a aplicação do conceito jurídico da prevalência da essência sobre a forma.[51]

Portanto, o que se verifica é que nas situações ilustradas nas figuras 02 e 03, exploradas no terceiro capítulo, poderemos estar diante de despesas com frete interno realizadas em razão da operação de venda, autorizando o crédito.

Cabe relembrar que na figura 02, vide abaixo, a ilustração demonstra a transferência do produto acabado para o centro de distribuição para fins logísticos e operacionais da fase de venda. Em alguns casos, mediante análise pontual, conseguimos também classificar essa despesa como insumo, todavia, ainda que ela seja insumo ou, ainda que não seja, é possível verificar que haverá a possibilidade de desconto de créditos em razão do frete ocorrer com o propósito de venda.

[51] Ibidem, p. 190

Figura 02 – Transferência do produto acabado para o centro de distribuição para fins logísticos e operacionais da fase de venda:

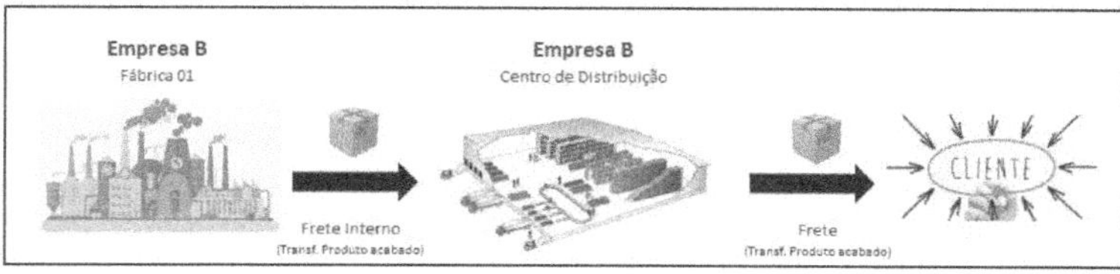

Fonte: Elaborado pelo Autor

Já na figura 03, verificamos a ocorrência de despesa com frete interno vivenciada constantemente pelas empresas puramente comerciais (ex. varejistas) que adquirem bens para revenda e concentram as mercadorias em centros de distribuição. Nesses casos, o que muitas vezes ocorre é transferência dessa mercadoria do centro de distribuição para a loja comercial para posterior venda direta ao cliente. Na hipótese, afastamos a possibilidade de tratar tal despesa com o frete interno como insumo, dada a natureza da atividade econômica exercida pelo contribuinte, todavia, se evidencia a necessidade de creditar-se com fundamento no inciso IX, da Lei 10.833/2003, ou seja, por se tratar de frete na operação de venda.

Figura 03 – Transferência do produto acabado do centro de distribuição para a loja comercial para venda direta ao cliente:

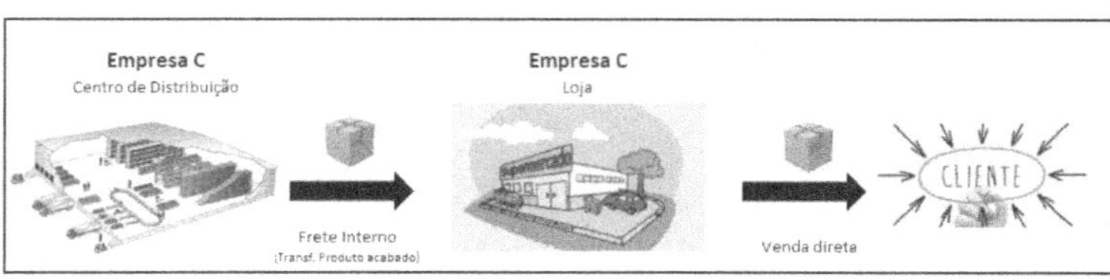

Fonte: Elaborado pelo Autor

Imperioso destacar que esse não é o posicionamento adotado pela Receita Federal do Brasil, e isso decorre essencialmente da divergência na interpretação da expressão "operação de venda". Para tal órgão referida expressão restringe-se apenas a etapa final, ou seja, ao frete incorrido na transferência ao cliente.

Todavia, essa interpretação adotada pela Receita Federal, tal como demonstrado acima, é equivocada. Hiromi Higuchi também a considera sem base legal e comenta tal situação ao analisar a Solução de Divergência nº 11 da COSIT, vejamos:

> A decisão não tem base legal porque *o frete pago para transportar produto acabado de fábrica para filial ou depósito da mesma pessoa jurídica representa frete na operação de venda de que trata o art. 3° da Lei 10.833, de 2003.* Se, por exemplo a empresa paga frete para transportar televisor da fábrica de Manaus para a filial em São Paulo, o frete compõe a base de cálculo do crédito de PIS e COFINS. Se a fábrica de Manaus transferir o produto para armazém geral em São Paulo, a venda posterior é considerada efetuada por Manaus. A lei diz armazenagem de mercadoria e frete na operação de venda que é mais abrangente do que frete de venda. *O frete pago para transferência de mercadorias de depósito central para as lojas de vendas abrange o conceito de frete na operação de venda.*[52]
> (grifado)

Nesse sentido, também compete citar Bahr Neto e Souza Júnior:

> [...] na medida em que o frete entre estabelecimentos do mesmo titular integra a própria operação de venda – cujo custo é do próprio vendedor –, na medida em que o transporte é feito para via-

[52] HIGUCHI, Hiromi. **Imposto de Renda das empresas: interpretação e prática: atualizado até 10-01-2016.** São Paulo: IR Publicações, 2016, p. 841.

bilizar exatamente a comercialização do produto transportador. Se é assim, integra a operação de venda e deve gerar crédito.[53]

Guerra também crítica a posição adotada pela Receita Federal:

> Ocorre que, diante de tal entendimento, as grandes empresas varejistas ficaram muito prejudicadas. Isso porque é muito comum em suas operações a centralização das compras e armazenagem das mercadorias em um Centro de Distribuição, para posteriormente transferi-las para suas lojas, para comercialização.
>
> Contudo, tal posicionamento da Receita Federal do Brasil viola frontalmente a regra contida na Lei 10.833/03, pois ainda que o frete se refira à transferência entre estabelecimentos da pessoa jurídica, as mercadorias são sempre destinadas a posterior comercialização.[54]

Isto posto, conforme corroborado pela melhor doutrina, não restam dúvidas de que a expressão "operação de venda" presente no inciso IX, do art. 3º, da Lei 10.833/2003, implica na possibilidade do contribuinte incorrer em diversas etapas visando concretizar a venda, e entre elas pode se fazer necessário a transferência da mercadoria entre seus estabelecimentos, quer para fins logísticos ou operacionais, mas sempre com propósito de venda, sendo que tal despesa deve ser incluída na base de cálculo dos créditos de PIS/PASEP e COFINS.

Afinal, está claro que o crédito será calculado sobre o frete na "operação de venda" e não "na venda", logo, diante de uma interpretação além de propriamente literal, mas, ainda, siste-

53 BAHR NETO, Heroldes; SOUZA JÚNIOR, Osnildo de., op. cit., p. 227

54 GUERRA, Gerson Macedo. **Créditos sobre frete e armazenagem na venda.** In: BERGAMINI, Adolpho et PEIXOTO, Marcelo Magalhães (coord). PIS e COFINS na teoria e na prática. 2. ed. São Paulo: MP, 2010. p. 406.

mática e finalística, logo o que se extrai da norma é ao tratar da "operação" pretendeu abarcar todos os fretes que se fizerem necessários para efetivar a comercialização do produto, incluindo a transferência do mesmo entre estabelecimentos próprios, haja vista que todo esse custo será incluído no valor final da mercadoria.

Adiante, será analisada a jurisprudência, principalmente administrativa, a fim de corroborar a tese aqui sustentada e analisar os casos que se admitiu o crédito com base no frete interno com fundamento na operação de venda.

5.2. Análise da Jurisprudência do CARF e STJ – Situações em que se Deve Autorizar a Tomada de Créditos com Base no Inciso IX, do art. 3º, nas Transferências Internas

No que se refere ao crédito de PIS/PASEP e COFINS na transferência de produtos acabados com fundamento no inciso IX, da Lei 10.833/2003, a pesquisa ao acervo de decisões do CARF se mostrou extremamente produtivo, trazendo decisões interessantes sobre o tema e mostrando a existência de decisões recentes, especialmente da terceira turma da Câmara Superior, reconhecendo o direito creditório.

Inicialmente, cabe citar o acórdão nº 9303-006.632, que concluiu pela possibilidade do crédito, no caso de COFINS, em razão da operação de venda. Verifica-se que no contexto fático se está diante empresa do ramo alimentício cujo crédito sobre as despesas "de fretes para transferência de produtos acabados dos estabelecimentos produtores para os distribuidores"[55] foram

[55] BRASIL. Conselho Administrativo de Recursos Fiscais. **Acórdão nº 9303-006.632.** Redatora designada: Tatiana Midori Migiyama. Relator: Conselheiro Luiz Eduardo de Oliveira Santos, DF de 2018. DOU. Brasília, 23 maio de 2018. Disponível em: <https://carf.fazenda.gov.br/sincon/public/pages/ConsultarJurisprudencia/consultarJurisprudenciaCarf.jsf>. Acesso em: 02 jun. 2018.

inicialmente glosados pela fiscalização, todavia, conforme se verifica abaixo a Câmara Superior do CARF considerou legítimo o crédito, vejamos:

> ASSUNTO: CONTRIBUIÇÃO PARA O FINANCIAMENTO DA SEGURIDADE SOCIAL COFINS
>
> Período de apuração: 01/01/2006 a 31/03/2006
>
> CRÉDITOS DA NÃO CUMULATIVIDADE. FRETES DE MERCADORIAS/PRODUTOS ACABADOS ENTRE ESTABELECIMENTOS DA MESMA EMPRESA.
>
> Cabe a constituição de crédito de COFINS sobre os valores relativos a fretes na transferência de mercadorias/produtos acabados entre estabelecimentos da mesma empresa, considerando sua essencialidade e relevância à atividade do sujeito passivo.
>
> Não obstante à observância do critério da essencialidade, é de se considerar ainda tal possibilidade, invocando o art. 3º, inciso IX, da Lei 10.833/03 e art. 3º, inciso IX, da Lei 10.637/02 eis que a inteligência desses dispositivos considera para a r. constituição de crédito os serviços intermediários necessários para a efetivação da venda quais sejam, os fretes na "operação" de venda. O que, por conseguinte, cabe refletir que tal entendimento se harmoniza com a intenção do legislador ao trazer o termo "frete na operação de venda", e não "frete de venda" quando impôs dispositivo tratando da constituição de crédito das r. contribuições.
>
> [...] cabe trazer ainda que, tendo em vista que as mercadorias efetivamente são destinadas à venda, é de se entender que em verdade, se trata de frete para a venda, passível de constituição de crédito das contribuições, nos termos do art. 3º, inciso IX, das Lei 10.833/03 e Lei 10.637/02 – *pois a inteligência desse dispositivo considera e traz o* ***termo frete na "operação" de venda***.
>
> O que cabe concluir que a venda de per si para ser efetuada envolve vários eventos – cadeia de eventos para a venda. *Por isso, que a norma traz o termo "operação" de venda, e não frete de venda*. Inclui, portanto, nesse dispositivo os serviços intermediários necessá-

rios para a efetivação da venda, dentre as quais o frete ora em discussão.[56]

Observa-se que o brilhante voto proferido pela conselheira Tatiana Midori Migiyama, redatora designada, o qual trilha o mesmo posicionamento adotado nesse artigo, no qual esclarece que o legislador não limitou o crédito ao "frete na venda", trazendo a previsão de frete na "operação de venda", o que alarga substancialmente a hipótese ensejadora do direito creditório.

Necessário destacar que outros Acórdãos recentes, também da Câmara Superior do CARF, adotaram entendimento semelhante ao caso supracitado, demonstrando que o posicionamento dessa corte trilha esse caminho.

Nesse sentido podemos citar o Acórdão 9303-006.109, julgado em dezembro/2017, cuja ementa é exatamente no mesmo sentido:

> ASSUNTO: CONTRIBUIÇÃO PARA O FINANCIAMENTO DA SEGURIDADE SOCIAL COFINS
>
> Período de apuração: 01/01/2007 a 31/03/2007
>
> CRÉDITO. FRETES NA TRANSFERÊNCIA DE MERCADORIAS ENTRE ESTABELECIMENTOS DA MESMA EMPRESA.
>
> Cabe a constituição de crédito de COFINS sobre os valores relativos a fretes na transferência de mercadorias entre estabelecimentos da mesma empresa, considerando sua essencialidade à atividade do sujeito passivo.
>
> Não obstante à observância à observância do critério da essencialidade, é de se considerar ainda tal possibilidade, invocando o art. 3º, inciso IX, da Lei 10.833/03 e art. 3º, inciso IX, da Lei 10.637/02 – eis que a inteligência desses dispositivos considera para a r. constituição de crédito os serviços intermediários neces-

[56] Ibidem.

sários para a efetivação da venda – quais sejam, os fretes na "operação" de venda. O que, por conseguinte, cabe refletir que tal entendimento se harmoniza com a intenção do legislador ao trazer o termo "frete na operação de venda" e, não "frete na venda" – quando impôs o dispositivo tratando da contribuição de crédito das r. contribuições.[57]

E, ainda, os acórdãos 9303-006.218[58], julgado em janeiro/2018, e 9303-006.136[59], julgado em dezembro/2017, os quais, igualmente, convergem no sentido de reconhecer o direito ao crédito na transferência de produtos acabados entre estabelecimentos da mesma empresa como frete na operação de venda, destacando em todos os julgados a distinção entre "frete na operação de venda" e "frete na venda", sendo a primeira expressão mais abrangente e englobando operações realizadas com a finalidade de viabilizar a venda.

Essa distinção, embora sútil, é de grande importância e determinante para compreender a questão e definir as despe-

57 BRASIL. Conselho Administrativo de Recursos Fiscais. **Acórdão nº 9303-006.109.** Redatora designada: Tatiana Midori Migiyama. Relator: Conselheiro Charles Mayer de Castro Souza, DF de 2018. DOU. Brasília, 29 jan. de 2018. Disponível em: <https://carf.fazenda.gov.br/sincon/public/pages/ConsultarJurisprudencia/consultarJurisprudenciaCarf.jsf>. Acesso em: 02 jun. 2018

58 BRASIL. Conselho Administrativo de Recursos Fiscais. **Acórdão nº 9303-006.218.** Redatora designada: Tatiana Midori Migiyama. Relator: Conselheiro Charles Mayer de Castro Souza, DF de 2018. DOU. Brasília, 09 fev. de 2018. Disponível em: <https://carf.fazenda.gov.br/sincon/public/pages/ConsultarJurisprudencia/consultarJurisprudenciaCarf.jsf>. Acesso em: 02 jun. 2018.

59 BRASIL. Conselho Administrativo de Recursos Fiscais. **Acórdão nº 9303-006.136.** Relator: Conselheiro Rodrigo da Costa Possas, DF de 2018. DOU. Brasília, 09 fev. de 2018. Disponível em: <https://carf.fazenda.gov.br/sincon/public/pages/ConsultarJurisprudencia/consultarJurisprudenciaCarf.jsf>. Acesso em: 02 jun. 2018.

sas com frete de que as empresas podem se creditar e está sendo corretamente analisada na maior parte dos julgados do CARF mais recentes.

Ainda, merece destaque o Acórdão nº 3301-003.874, de lavra da Conselheira Liziane Angelotti Meira, redatora designada, o qual apreciou o pleito de uma empresa varejista para creditar-se com base nas despesas com frete incorridas para no transporte de produtos acabados entre centros de distribuição e lojas, situação abordada no presente artigo (Figura 03), que, partilhando do mesmo posicionamento aqui adotado, reconheceu o direito creditório, vejamos:

> ASSUNTO: CONTRIBUIÇÃO PARA O PIS/PASEP
> Período de apuração: 01/01/2011 a 31/12/2013
> [...]
> NÃO CUMULATIVIDADE. GASTOS COM FRETE NO TRANSPORTE DE PRODUTOS ACABADOS ENTRE CENTROS DE DISTRIBUIÇÃO E LOJAS. POSSIBILIDADE.
> Os fretes entre centros de distribuição e lojas, ainda que de produtos acabados (caso típico de rede de supermercados), constitui elemento essencial à venda desses produtos, enquadrando-se, assim, para fins de crédito no disposto no inciso I, c/c inciso IX, da Lei 10.833/2003.[60]

Adotando idêntico posicionamento o Acórdão nº 3301-004.483, julgado em março/2018, também reconheceu a possibilidade de crédito de uma rede de supermercados no que se refere a distribuição de produtos acabados entre centros de

[60] BRASIL. Conselho Administrativo de Recursos Fiscais. **Acórdão nº 3301-003.874.** Redatora designada: Liziane Angelotti Meira. Relator: Conselheiro Antonio Carlos da Costa Cavalcanti Filho, DF de 2017. DOU. Brasília, 04 ago. de 2017. Disponível em: <https://carf.fazenda.gov.br/sincon/public/pages/ConsultarJurisprudencia/consultarJurisprudenciaCarf.jsf>. Acesso em: 02 jun. 2018.

distribuição e lojas, com fundamento no inciso IX, do art. 3º, da Lei 10.833/03, por constituir elemento essencial a venda.[61]

Pelo exposto, é possível verificar que o CARF, responsável pela consolidação da jurisprudência administrativa, possui diversas decisões favoráveis aos contribuintes, admitindo o crédito com base nas despesas de frete interno incorrido na operação de venda, inclusive no caso de empresas varejistas, na transferência do centro de distribuição para loja. O que se mostrou imprescindível é a demonstração da utilização do frete como uma etapa da operação de venda, ou seja, admitiu-se que a operação comporta diversas etapas e diversos fretes, quer seja por questões logísticas ou operacionais, e tratando-se de um desses fretes incorridos em qualquer dessas etapas, será plenamente possível o direito creditório.

Mais uma vez destaca-se que a jurisprudência do Superior Tribunal de Justiça não analisou de forma robusta a situação supra em decisão de natureza vinculante, e mais, pouquíssimas decisões analisaram a questão sob esse viés, qual seja do frete na "operação de venda", mas em sentido favorável cabe citar o Acórdão nº 1.215.773, em caso muito específico, cuja primeira seção daquele tribunal decidiu por maioria de votos que:

> Ementa
>
> RECURSO ESPECIAL. VALOR DO PIS/COFINS. AQUISIÇÃO DE VEÍCULOS PELA CONCESSIONÁRIA PARA REVENDA. DESCONTOS DE CRÉDITOS CALCULADOS EM RELAÇÃO A FRETE NA OPERAÇÃO DE VENDA. EXEGESE DOS ARTIGOS 2º, 3º, INCISOS I E IX, E 15, INCISO II, DA LEI N. 10.833/2003.

[61] BRASIL. Conselho Administrativo de Recursos Fiscais. **Acórdão nº 3301-004.483.** Relator: Conselheiro Semiramis de Oliveira Duro, DF de 2018. DOU. Brasília, 03 ma. de 2018. Disponível em: <https://carf.fazenda.gov.br/sincon/public/pages/ConsultarJurisprudencia/consultarJurisprudenciaCarf.jsf>. Acesso em: 02 jun. 2018.

> Na apuração do valor do PIS/COFINS, permite-se o desconto de créditos calculados em relação ao frete também quando o veículo é adquirido da fábrica e transportado para a concessionária – adquirente – com o propósito de ser posteriormente revendido. Recurso especial parcialmente provido.[62]

Melhor compreendendo o caso, podemos verificar da análise desse julgado que a situação fática se cinge em reconhecer o direito da concessionária ao crédito do frete pago por ela na aquisição da fabricante do veículo que será posteriormente revendido ao consumidor final. Ou seja, sustenta a concessionária que:

> [...] defende que a operação de venda envolve toda a movimentação da mercadoria, desde o fabricante até o consumo final, de sorte, se é concessionária que realiza a entrega do veículo vindo do fabricante ao consumidor, assumindo o ônus do frete, este deve ser deduzido para fins de apuração de cálculo dos tributos.[63]

O voto do Ministro Cesar Asfor Rocha, redator para o acórdão, traz com clareza o entendimento, seguido pela maioria da Seção, no sentido de que a expressão frete na operação de venda comportaria, também, a despesa de frete realizada com o propósito de revenda, ainda que não diretamente ao cliente. É nesse sentido que restou provido o acórdão para reconhecer o direito de crédito.

[62] BRASIL. Superior Tribunal de Justiça. **Acórdão no Recurso Especial nº 1.215.773/RS.** Redator para Acórdão: Ministro Cesar Asfor Rocha. Relator: Ministro Benedito Gonçalves. Brasília, DF de 2018. Dje em 18 set. 2012. Disponível em: <https://ww2.stj.jus.br/processo/revista/documento/mediado/?componente=ITA&sequencial=1166957&num_registro=201001890121&data=20120918&formato=PDF>. Acesso em: 18 jun. 2018.

[63] Ibidem.

Destaca-se que embora seja um precedente importante, por analisar uma situação específica e não a tese de forma ampla, não está sendo aplicada pelo Superior Tribunal de Justiça para todos os casos envolvendo o crédito na transferência interna de mercadorias, nesse sentido, vejamos o acórdão 1.448.644[64], que não reconheceu o direito creditório por entender que não configura venda propriamente dita, todavia, não analisou a possibilidade do termo "operação de venda" englobar várias etapas, e por essa razão várias despesas de frete.

Nesse sentido, é claro e ululante que embora a jurisprudência administrativa do CARF esteja notadamente evoluindo na interpretação da expressão "operação de venda" pautada em uma análise sistemática da legislação, o STJ não trilha o mesmo caminho e possui jurisprudência limitada sobre o tema, e, predominantemente desfavorável, em que pese a matéria não se mostre plenamente enfrentada nessa corte.

6. Conclusão

Buscou-se no presente artigo analisar as situações passíveis de tomada de crédito com base nas despesas com frete interno, o que para tanto foi sintetizado em 03 (três) principais situações, visando auxiliar a compreensão do leitor.

No curso dos capítulos quarto e quinto, se abordou, respectivamente o frete na transferência entre estabelecimentos da mesma empresa, quer sob o viés de insumo, quer sob o de operação de venda, e para ambos os casos se mostrou essencial a análise jurisprudencial, especialmente do CARF, citando-se

[64] BRASIL. Superior Tribunal de Justiça. **Acórdão no Agravo Regimental no Recurso Especial nº 1.448.644/RS.** Relator: Ministro Benedito Gonçalves. Brasília, DF de 2018. Dje em 11 out. 2016. Disponível em: <https://ww2.stj.jus.br/processo/revista/documento/mediado/?componente=ITA&sequencial=1538464&num_registro=201400848915&data=20161011&formato=PDF>. Acesso em: 18 jun. 2018.

inúmeros acórdãos admitindo o direito creditório, convalidando o posicionamento aqui adotado.

Assim, em apertada síntese, podemos verificar que restou consolidado o seguinte entendimento para cada uma das situações analisadas e ilustradas no curso desse artigo:

a) Transferência de produto em elaboração / insumo para a filial para continuidade do processo produtivo: essencial ao processo produtivo e/ou prestação de serviços, por essa razão o frete interno assume a qualidade de insumo, autorizando a tomada de créditos com fundamento no inciso II, das Leis 10.637/02 e 10.833/03.

b) Transferência do produto acabado para o centro de distribuição para fins logísticos e operacionais da fase de venda: deve ser analisado pontualmente cada caso e verificar a relevância e importância do frete interno como fator essencial para viabilidade das vendas, nesse caso, assumirá a qualidade de insumo, autorizando a tomada de créditos. Ainda, em outros casos, verifica-se que o frete será incorrido na operação e com a finalidade de venda, ainda que em etapa preparatória, ensejando o crédito com fundamento no inciso IX, da Lei 10.833/03;

c) Transferência do produto acabado do centro de distribuição para a loja comercial para venda direta ao cliente: diante na natureza da atividade (empresa puramente comercial) não há como se admitir a tomada de créditos com fundamento no inciso II, do art. 3º, das Leis 10.637/02 e 10.833/03 (insumo), mas deve-se admitir o crédito com fundamento no inciso IX, da Lei 10.833/03, pois o frete é utilizado em uma das etapas da operação de venda e/ou com o propósito de tornar viável a venda.

Ainda, foi realizada extensa análise jurisprudencial com o propósito de agregar segurança quanto à posição aqui defendida, sendo possível verificar que, embora não haja um posicionamento definitivo e pacífico, o Conselho Administrativo de Recursos Fiscais dispõe de jurisprudência recente e reiterada no sentido de reconhecer o direito creditório para as situações aqui analisadas, sendo que em alguns casos as decisões foram proferidas pelo Câmara Superior, em sede de Recurso Especial, portanto, tornando definitivo o posicionamento para os casos analisados e um forte precedente a ser utilizado pelos demais contribuintes. Ainda, nos casos decididos pelas Câmaras baixas, verificou-se a existência de decisões reiteradas no mesmo sentido, trazendo mais força ao precedente.

Por outro lado, no Superior Tribunal de Justiça a questão do frete interno não se encontra, atualmente, com o mesmo direcionamento do CARF. As poucas decisões encontradas sobre a matéria, mostram que quando provocado o STJ decidiu a questão de forma rasa, sem se aprofundar especialmente na questão fática, por óbice da Súmula 07[65], o que era essencial, e certamente esse tribunal ainda será provocado a decidir sobre o tema em recurso repetitivo, tal como ocorreu com relação ao conceito de insumo. Enquanto isso não ocorre, tem se mostrado mais vantajoso aos contribuintes prosseguir com eventual discussão no âmbito administrativo.

Portanto, diante do exposto, o frete interno é uma despesa relevante, sobre a qual os contribuintes fazem jus a tomada de créditos de PIS/PASEP e COFINS, em maior extensão do que autorizado pela Receita Federal do Brasil, e tal crédito pode ser uma medida importante para redução da carga tributária efetiva, o que é essencial para qualquer empresa, especialmente

65 BRASIL. Superior Tribunal de Justiça. Súmulas do Superior Tribunal de Justiça. Disponível em: <http://www.stj.jus.br/docs_internet/VerbetesSTJ_asc.pdf>. Acesso em: 18 jun. 2018.
Súmula 7: A pretensão de simples reexame de prova não enseja recurso especial.

nos dias atuais de morosa retomada econômica, cabendo tão somente avaliar se o crédito terá como fundamento o inciso II, das Leis 10.637/02 e 10.833/03, ou o inciso IX, da Lei 10.833/03, ambos do artigo 3º.

Feitas considerações, por derradeiro, é imperioso lembrar que a análise da situação fática de cada contribuinte será essencial para a decisão acerca da tomada de créditos em relação aos fretes internos, especialmente quando tratarmos de insumos, dada a necessidade de se avaliar por exemplo a essencialidade e/ou relevância e/ou pertinência da despesa, e, no caso de operação de venda, é imprescindível avaliar a logística operacional para entender se tal despesa se deu no propósito ou no curso da operação de venda.

Referências

ATALIBA, Geraldo. *Hipótese de Incidência Tributária*. 6. ed.. São Paulo: Malheiros, 2003.

BAHR NETO, Heroldes; SOUZA JÚNIOR, Osnildo de. *Análise crítica da jurisprudência do CARF a respeito do creditamento de PIS/COFINS sobre dispêndios com frete (no comércio, na indústria e na prestação de serviços)*. In: MOREIRA JUNIOR, Gilberto de Castro; PEIXOTO, Marcelo Magalhães (Coord.). PIS e COFINS à luz da jurisprudência do Conselho Administrativo de Recursos Fiscais. São Paulo: MP, 2013. Vol.2.

BARRETO, Gileno G.. *Sobre créditos das contribuições ao PIS e da COFINS dos dispêndios com o transporte de mercadorias*. In: MOREIRA JUNIOR, Gilberto de Castro; PEIXOTO, Marcelo Magalhães (Coord.). PIS e COFINS à luz da jurisprudência do Conselho Administrativo de Recursos Fiscais. São Paulo: MP, 2013. Vol.2.

BECKER, Alfredo Augusto. *Teoria Geral do Direito Tributário*. 5. ed. São Paulo: Noeses, 2010.

BENTO, Renato de Andrade. *O alcance do conceito de insumo no PIS e COFINS não cumulativos*. 2015. 62 f. Monografia (Especialização) – Curso de Especialização em Direito Tributário, Pontifícia Universidade Católica de São Paulo – COGEAE, São Paulo, 2015.

BRASIL. Ministério da Fazenda. Receita Federal. *Análise da Arrecadação*. Brasília, DF, 2017. Disponível em: <http://idg.receita.fazenda.gov.br/dados/

receitadata/arrecadacao/relatorios-do-resultado-da-arrecadacao/arrecadacao-2017/outubro2017/apresentacao-arrecadacao-out-2017.pdf > Acesso em: 25 de setembro de 2017.

CARNEIRO, Daniel Dix; RESENDE, Bruno Francisco Chaves de. *O posicionamento do CARF frente à apropriação de créditos das contribuições PIS/COFINS sobre os dispêndios com frete nas operações de transferências de produtos.* In: MOREIRA JUNIOR, Gilberto de Castro; PEIXOTO, Marcelo Magalhães (Coord.). PIS e COFINS à luz da jurisprudência do Conselho Administrativo de Recursos Fiscais. São Paulo: MP, 2013. Vol.2.

CARRAZA, Roque Antônio. *Curso de Direito Constitucional Tributário.* 28ª ed.. São Paulo: Malheiros, 2012, p. 598.

FERNANDES, Edison C.. *Reflexos da não-cumulatividade do PIS/COFINS.* 2006. Disponível em: <https://www2.senado.leg.br/bdsf/bitstream/handle/id/468046/noticia.htm?sequence=1>. Acesso em: 01 jun. 2018.

GRECO, Marco Aurélio. *Conceito de insumo à luz da legislação de PIS/COFINS.* Revista Fórum de Direito Tributário RFDT, ano 1, nº 1, jan/fev.2003. Belo Horizonte: Fórum, 2003.

GUERRA, Gerson Macedo. *Créditos sobre frete e armazenagem na venda.* In: BERGAMINI, Adolpho et PEIXOTO, Marcelo Magalhães (coord). PIS e COFINS na teoria e na prática. 2. ed. São Paulo: MP, 2010. p. 406.

HIGUCHI, Hiromi. *Imposto de Renda das empresas: interpretação e prática: atualizado até 10-01-2016.* São Paulo: IR Publicações, 2016.

MACHADO, Hugo de Brito. *Curso de Direito Tributário.* 29ª ed.. São Paulo: Malheiros, 2008.

MELO, José Eduardo Soares de. *Não-cumulatividade.* In: MACHADO, Hugo de Brito (Coord.). Não-cumulatividade tributária. São Paulo: Dialética, 2009.

MICHAELIS. *Dicionário Brasileiro da Língua Portuguesa.* Disponível em: http://michaelis.uol.com.br/moderno-portugues/busca/portugues-brasileiro/venda/. Acesso em: 22 jun. 2018.

MOREIRA, André Mendes. *A não-cumulatividade dos tributos.* 2ª ed.. São Paulo: Noeses, 2012.

ROCHA, Sergio André; FARO, Maurício Pereira; BARRETO, Ana Carolina. *Créditos de insumos da PIS e COFINS nas decisões em processos de consulta e na jurisprudência do Conselho Administrativo de Recursos Fiscais.* In: PEIXOTO, Marcelo Magalhães; MOREIRA JUNIOR, Gilberto de Castro (Coord.). PIS e COFINS à luz da jurisprudência do CARF. São Paulo: MP Ed., 2011.

VASCONCELOS, Breno Ferreira Martins et al. *Pis e COFINS – Conceito de insumos*. In: SANTI, Eurico Marcos Diniz de et al (Coord.). Repertório analítico de jurisprudência do CARF. São Paulo: Max Limonad, 2016.

Referências Jurisprudenciais

BRASIL. Conselho Administrativo de Recursos Fiscais. *Acórdão nº 3402-002.605*. Relator: Conselheiro Alexandre Kern. Brasília, DF de 2015. DOU. Brasília, 26 fev. 2015. Disponível em: <https://carf.fazenda.gov.br/sincon/public/pages/ConsultarJurisprudencia/consultarJurisprudenciaCarf.jsf>. Acesso em: 02 jun. 2018.

______. Conselho Administrativo de Recursos Fiscais. *Acórdão nº 3401-004.400*. Relator: Conselheiro Robson José Bayerl, DF de 2018. DOU. Brasília, 12 mar. 2018. Disponível em: <https://carf.fazenda.gov.br/sincon/public/pages/ConsultarJurisprudencia/consultarJurisprudenciaCarf.jsf>. Acesso em: 02 jun. 2018.

______. Conselho Administrativo de Recursos Fiscais. *Acórdão nº 3302-002.974*. Relator: Conselheiro Domingos de Sa Filho, DF de 2016. DOU. Brasília, 24 mar. 2016. Disponível em: <https://carf.fazenda.gov.br/sincon/public/pages/ConsultarJurisprudencia/consultarJurisprudenciaCarf.jsf>. Acesso em: 02 jun. 2018.

______. Conselho Administrativo de Recursos Fiscais. *Acórdão nº 3402-004.905*. Relator: Conselheiro Carlos Augusto Daniel, DF de 2018. DOU. Brasília, 16 fev. 2018. Disponível em: <https://carf.fazenda.gov.br/sincon/public/pages/ConsultarJurisprudencia/consultarJurisprudenciaCarf.jsf>. Acesso em: 02 jun. 2018.

______. Conselho Administrativo de Recursos Fiscais. *Acórdão nº 3201-003.210*. Relator: Conselheiro Leonardo Vinicius Toledo de Andrade, DF de 2017. DOU. Brasília, 28 nov. 2017. Disponível em: <https://carf.fazenda.gov.br/sincon/public/pages/ConsultarJurisprudencia/consultarJurisprudenciaCarf.jsf>. Acesso em: 02 jun. 2018.

______. Conselho Administrativo de Recursos Fiscais. *Acórdão nº 3301-003.874*. Redatora designada: Liziane Angelotti Meira. Relator: Conselheiro Antonio Carlos da Costa Cavalcanti Filho, DF de 2017. DOU. Brasília, 04 ago. de 2017. Disponível em: <https://carf.fazenda.gov.br/sincon/public/pages/ConsultarJurisprudencia/consultarJurisprudenciaCarf.jsf>. Acesso em: 02 jun. 2018.

______. Conselho Administrativo de Recursos Fiscais. *Acórdão nº 3301-004.483*. Relator: Conselheiro Semiramis de Oliveira Duro, DF de 2018.

DOU. Brasília, 03 ma. de 2018. Disponível em: <https://carf.fazenda.gov.br/sincon/public/pages/ConsultarJurisprudencia/consultarJurisprudenciaCarf.jsf>. Acesso em: 02 jun. 2018.

______. Conselho Administrativo de Recursos Fiscais. *Acórdão nº 9303-005.156*. Redator designado: Andrada Márcio Canuto Natal. Relatora: Conselheira Tatiana Midori Migiyama, DF de 2017. DOU. Brasília, 30 jun. 2017. Disponível em: <https://carf.fazenda.gov.br/sincon/public/pages/ConsultarJurisprudencia/consultarJurisprudenciaCarf.jsf>. Acesso em: 02 jun. 2018.

______. Conselho Administrativo de Recursos Fiscais. *Acórdão nº 9303-006.632*. Redatora designada: Tatiana Midori Migiyama. Relator: Conselheiro Luiz Eduardo de Oliveira Santos, DF de 2018. DOU. Brasília, 23 maio de 2018. Disponível em: <https://carf.fazenda.gov.br/sincon/public/pages/ConsultarJurisprudencia/consultarJurisprudenciaCarf.jsf>. Acesso em: 02 jun. 2018.

______. Conselho Administrativo de Recursos Fiscais. *Acórdão nº 9303-006.109*. Redatora designada: Tatiana Midori Migiyama. Relator: Conselheiro Charles Mayer de Castro Souza, DF de 2018. DOU. Brasília, 29 jan. de 2018. Disponível em: <https://carf.fazenda.gov.br/sincon/public/pages/ConsultarJurisprudencia/consultarJurisprudenciaCarf.jsf>. Acesso em: 02 jun. 2018

______. Conselho Administrativo de Recursos Fiscais. *Acórdão nº 9303-006.218*. Redatora designada: Tatiana Midori Migiyama. Relator: Conselheiro Charles Mayer de Castro Souza, DF de 2018. DOU. Brasília, 09 fev. de 2018. Disponível em: <https://carf.fazenda.gov.br/sincon/public/pages/ConsultarJurisprudencia/consultarJurisprudenciaCarf.jsf>. Acesso em: 02 jun. 2018.

______. Superior Tribunal de Justiça. *Acórdão no Recurso Especial nº 1.221.170/PR*. Relator: Ministro Napoleão Nunes Maia Filho. Brasília, DF de 2018. Dje em 24 abr. 2018. Disponível em: https://ww2.stj.jus.br/processo/revista/documento/mediado/?componente=ITA&sequencial=1350777&num_registro=201002091150&data=20180424&formato=PDF>. Acesso em 02 jun. 2018.

______. Superior Tribunal de Justiça. *Acórdão no Recurso Especial nº 1.128.018/RS*. Relator: Ministro Sérgio Luíz Kukina. Brasília, DF de 2013. DJe em 04 dez. 2013. Disponível em: <https://ww2.stj.jus.br/processo/revista/documento/mediado/?componente=ITA&sequencial=1222377&num_registro=200900897398&data=20131204&formato=PDF>. Acesso em: 02 jun. 2018.

______. Superior Tribunal de Justiça. *Acórdão no Recurso Especial nº 1.246.317/MG*. Relator: Ministro Mauro Campbell Marques. Brasília, DF de 2015. Dje em 29 jun. 2015. Disponível em: <https://ww2.stj.jus.br/processo/revista/documento/mediado/?componente=ITA&sequencial=1089882&num_registro=201100668193&data=20150629&formato=PDF>. Acesso em: 02 jun. 2018.

______. Superior Tribunal de Justiça. *Acórdão no Recurso Especial nº 1.215.773/RS*. Redator para Acórdão: Ministro Cesar Asfor Rocha. Relator: Ministro Benedito Gonçalves. Brasília, DF de 2018. Dje em 18 set. 2012. Disponível em: <https://ww2.stj.jus.br/processo/revista/documento/mediado/?componente=ITA&sequencial=1166957&num_registro=201001890121&data=20120918&formato=PDF>. Acesso em: 18 jun. 2018.

Referências Legislativas

BRASIL. *Constituição da República Federativa do Brasil*. Brasília, DF, 1988. Disponível em: <http://www.planalto.gov.br/ccivil_03/Constituicao/Constituicao.htm>. Acesso em: 31 de maio de 2018.

______. *Instrução Normativa da Secretaria da Receita Federal nº 247, de 21 de novembro de 2002*. Disponível em: <http://normas.receita.fazenda.gov.br/sijut2consulta/link.action?idAto=15123&visao=anotado>. Acesso em: 17 de maio de 2018

______. *Instrução Normativa da Secretaria da Receita Federal nº 404, de 12 de março de 2004*. Disponível em: <http://normas.receita.fazenda.gov.br/sijut2consulta/link.action?idAto=15304&visao=anotado>. Acesso em: 17 de maio de 2018.

______. *Lei 10.637, de 30 de dezembro de 2002*. Disponível em: <http://www.planalto.gov.br/ccivil_03/leis/2002/L10637.htm>. Acesso em: 31 de maio de 2018.

______. Lei 10.833, de 29 de dezembro de 2003. Disponível em: <http://www.planalto.gov.br/ccivil_03/LEIS/2003/l10.833.htm>. Acesso em: 31 de maio de 2018.

______. *Lei Complementar nº 70, de 30 de dezembro de 1991*. Disponível em: <http://www.planalto.gov.br/ccivil_03/Leis/LCP/Lcp70.htm>. Acesso em: 31 de maio de 2018.

______. *Medida Provisória nº 135, de 30 de outubro de 2003*. Disponível em: <http://www.planalto.gov.br/ccivil_03/Exm/2003/EM_no_197a2003__mf.htm>. Acesso em: 31 de maio de 2018.

Obras Complementares

BARRETO, Paulo Ayres. *Contribuições – regime jurídico, destinação e controle.* São Paulo: Noeses, 2006.

CARVALHO, Paulo de Barros. *Curso de Direito Tributário.* 24ª ed.. São Paulo: Saraiva, 2012.

CINTRA, Carlos César Sousa. *A Não-cumulatividade no Direito Tributário Brasileiro: Teoria e Prática.* In: MACHADO, Hugo de Brito (Coord.). Não-cumulatividade tributária. São Paulo: Dialética, 2009.

MARTINS, Natanael. *O Conceito de Insumo na Sistemática Não-Cumulativa do PIS e da COFINS.* In: PEIXOTO, Marcelo Magalhães; FISCHER, Otávio Campos (Coords.). PIS-COFINS: Questões Atuais e Polêmicas. São Paulo: Quartier Latin, 2005.

OLIVEIRA, Ricardo Mariz de. *Aspectos Relacionados à Não-Cumulativade da COFINS e da Contribuição ao PIS.* In: PEIXOTO, Marcelo Magalhães; FISCHER, Octavio Campos (Coords.) PIS-COFINS: Questões Atuais e Polêmicas. São Paulo: Quartier Latin, 2005.

PETRY, Rodrigo Caramori. *Contribuições Pis/PASEP e COFINS – Limites Constitucionais da Tributação sobre o "Faturamento", a "Receita" e a "Receita Operacional" das empresas e outras entidades no Brasil.* São Paulo: Quartier Latin, 2009.

SANTOS, Cleônimo dos,. *Como calcular e recolher PIS/PASEP e COFINS.* 7ª ed. São Paulo: IOB, 2010.

SEHN, Solon. *PIS-COFINS.* São Paulo: Quartier Latin, 2011.

TOMÉ, Fabia Del Padre. *Definição do conceito de "insumo" para a não-cumulatividade do PIS e da COFINS.* São Paulo: IBET, 2013. Disponível em: <http://www.ibet.com.br/definicao-do-conceito-de-insumo-para-a-nao-cumulatividade-do-pis-e-da-COFINS-por-fabiana-del-padre-tome/>.

Formação de Preço: Impacto do ICMS no Preço de Mercadorias e a sua Repercussão Financeira

Rodrigo Berti Franciscon

Introdução

O tema objeto do presente trabalho é de suma importância para o dia a dia corporativo. Diversos contribuintes apresentam dificuldade na determinação do preço de suas operações por desconhecimento no cálculo dos tributos incidentes, seja em uma venda de mercadoria, em uma operação de transferência ou na prestação de serviços.

As empresas que vendem muitos tipos de produtos, ou possuem operações muito peculiares, também podem tributas as suas mercadorias/operações de maneira incorreta. O trabalho pretende, então, demonstrar inicialmente o impacto dos tributos indiretos sobre essas operações, em especial do Imposto sobre Circulação de Mercadorias e Serviços de transporte interestadual e intermunicipal e de comunicação (ICMS).

De acordo com John Hogan e Thomas Nagle[1], do ponto de vista da precificação estratégica, há algumas perguntas básicas

[1] Hogan, John; Nagle, Thomas. **Estratégias e Táticas de Preço: Um Guia para Crescer com Lucratividade.** 4ª Ed. Tradução Sonia Midori Yamamoto e Fabrício Pereira Soares; revisão Técnica Celeste Guarita. São Paulo: Pearson Education do Brasil, 2007. p. 9.

que o empresário deve fazer para a determinação do preço de seus serviços/produtos:

> Qual é o preço necessário para cobrir nossos custos e metas de lucro?
>
> Qual preço o cliente está disposto a pagar?
>
> Quais preços são necessários para atingir as metas de vendas e participação de mercado?
>
> (...)
>
> Quais custos podemos assumir, considerando-se os preços que podemos obter no mercado, e ainda gerar lucro?

Porém, sabe-se que isso não basta. Em um ambiente cuja carga tributária é complexa, como no caso do Brasil, há que se analisar a incidência dos tributos indiretos sobre a venda de produtos e serviços, para que o contribuinte não seja exposto a riscos fiscais.

A própria doutrina traz algumas técnicas para evitar erros na formação de preço no decorrer da atividade empresarial, em razão do impacto tributário sobre o preço, conforme exemplos[2]:

> 1) Mapear as vendas de sua empresa, para mensurar as alíquotas interestaduais e internas no Estado de destino do produto e, a partir daí, poder definir diferentes tabelas de preços ou aplicação de descontos comerciais equivalentes ao repasse do ICMS, de modo a obter um preço uniforme em todas as regiões em que seu produto será comercializado;
>
> 2) Se a sua empresa é o industrial fabricante ou importador, deve identificar quais Estados possuem acordo/protocolo de substituição tributária que definem a sua empresa como substituto

[2] MARINO, Ricardo. **Formação de preço e extorsão tributária**. Disponível em: http://www.fiscosoft.com.br/main_online_frame.php?page=/index.php?PID=250512&key=QjZNVFE0TkRJeE5UZzJNVGsxTURZeE9UVXdOakU1TlRBMU1BPT1YNA. Acessado em 23/05/2016.

responsável pela retenção e recolhimento do ICMS-ST. Consequentemente, providenciar inscrições estaduais de substituto tributário no Estado de destino, para possibilitar o pagamento do ICMS-ST no mês seguinte ao faturamento;

3) Identificar se há produtos sujeitos à tributação monofásica do PIS/COFINS, conforme Lei nº10.147/2000 (3), no intuito de se avaliar corretamente o que é custo ou crédito dessas contribuições, para a formação do preço.

Essas orientações serão abordadas especificamente ao longo do estudo.

Uma vez realizados os cálculos errados sobre a incidência do ICMS, PIS/COFINS, IPI ou ISS sobre determinada operação, muitos profissionais indagam acerca da forma de recuperação de tais valores.

A depender da operação realizada e do tributo erroneamente calculado, há caminhos diferentes para a recuperação dos valores, sendo que, por vezes, é necessária uma declaração do comprador/cliente permitindo que o valor seja recuperado.

A jurisprudência também diverge ou é silente sobre a recuperação de valores de tributos calculados de forma incorreta, em alguns casos específicos, fatos que são parte do temos que procuraremos abordar na monografia.

Conforme já assentado pela doutrina[3]:

> Ao recolher o IPI ou o ICMS sobre a saída de mercadorias do estabelecimento industrial ou comercial, pode acontecer de o contribuinte, por erro de fato ou de direito, pagar imposto a mais, ou imposto que não é devido. Em tais casos, o artigo 165 e seus incisos do Código Tributário Nacional facultam a repetição do indébito, ou seja, a restituição do tributo não devido.

[3] LIRA Advogados. **O ICMS dispensa a prova da repercussão.** Disponível em: http://www.liraa.com.br/conteudo/365/o-icms-dispensa-a-prova-da-repercussao. Acessado em: Acessado em 27/05/2016.

Em se tratando de impostos que incidem sobre a circulação e que, em tese, geram repercussão econômica, o artigo 166 do Código Tributário Nacional sempre é invocado pela autoridade administrativa, para indeferir o pedido, quando o contribuinte de direito requer a restituição ou a compensação do imposto indevido, ou pago a maior, com o imposto devido.

Por essa razão, parte da doutrina entende que, tendo em vista a necessidade de inserção do ICMS na sua própria base de cálculo, sendo uma só unidade em relação ao preço do produto/mercadoria, estaria dispensada a prova da repercussão para o requerimento de sua restituição.

Ao tratarmos da repercussão financeira, abordaremos brevemente os demais tributos, mas o foco do presente estudo é o ICMS. Entraremos na discussão se os tributos incidentes sobre o preço são considerados diretos ou indiretos, qual a diferença entre pagamentos indevidos e pagamentos a maior, como se determina o contribuinte de Fato e de Direito e, ao final, trataremos do cabimento de repetição do indébito e do pedido de restituição e compensação.

A esse respeito, abordaremos a possibilidade de aplicação do princípio da fungibilidade aos casos em que os contribuintes já ingressaram com ação judicial pleiteando a restituição do tributo, mas percebem a possibilidade de realização de compensações tributárias.

Importante ressaltar que o próprio Superior Tribunal de Justiça (STJ) já se manifestou pela admissão dessa possibilidade. Nesse mesmo sentido caminha a doutrina. De acordo com José Carlos Francisco[4]:

[4] Francisco, José Carlos. **Segurança Jurídica e Fungibilidade da Coisa Julgada: Repetição e Compensação de Indébitos.** *In*: Dias, Karem Jureidini; Peixoto, Marcelo Magalhães (Coord.). Compensação Tributária. São Paulo: MP, 2007. p. 348.

O fato é que a compensação (recuperação e crédito em face do fisco) ou a repetição de indébito (recuperação em dinheiro em face do fisco) são dois meios equivalentes para a recuperação de um mesmo pagamento indevido, de maneira que é perfeitamente possível a fungibilidade do provimento judicial transitado em julgado, vale dizer, a conversão de um meio para outro (no todo ou em parte), mantidos os mesmos valores e sujeitos.

Contudo, alerta o mesmo autor[5] que uma vez aplicada a fungibilidade e permitida a compensação em vez da repetição do indébito, o contribuinte terá que elaborar a chama Declaração de Compensação (Dcomp), para viabilizar em termos práticos a compensação, conforme segue:

> (...) admitida a conversão do provimento jurisdicional de repetição para compensação, devem ser observados os termos do art. 63 e parágrafos, bem como dos parágrafos do art. 74, ambos da Lei 9.430/96 (...) para fins de constituição do crédito tributário pelo lançamento (imperativo previsto para cessar o prazo decadencial), motivo pelo qual o contribuinte deverá enviar aos órgãos fiscais competentes para fiscalizar o tributo em questão, declaração na qual constem informações relativas aos créditos utilizados e aos respectivos débitos compensados segundo esta decisão.

Dessa forma, entende-se que, mesmo transitada em julgado decisão que determine a restituição de valores tributários pagos a maior, caso o contribuinte perceba a possibilidade de compensar o tributo devido, é possível que o faça, sem que isso implique em ofensa à coisa julgada.

Porém, no que se refere ao ICMS, a jurisprudência não permite a realização dessa compensação, conforme veremos adiante.

[5] *Ibidem*. p.350-351.

Ademais, o cálculo de forma errônea dos tributos incidentes na venda de produtos ou prestação de serviços impacta direta e negativamente o resultado do exercício.

Por outro lado, o cálculo incorreto pode representar uma oportunidade para a empresa recuperar um valor eventualmente recolhido a maior. Como consequência, o valor geralmente é reconhecido na contabilidade da companhia nas contas de tributos a recuperar e a contrapartida no resultado.

O presente trabalho não pretende tratar da metodologia de cálculo aplicável às empresas optantes pelo Simples Nacional e Empresa Individual de Responsabilidade Limitada (Eireli), pois a metodologia aplicável a estas diverge daquela aplicada às que seguem o regime normal de apuração de ICMS.

Portanto, trata-se de tema que desperta interesse, por ser tão corriqueiro e, ainda, de dificuldade para muitas empresas, sendo certamente um ponto estratégico para qualquer tipo de sociedade.

1. Fatores que Influenciam no Preço de Mercadorias e Serviços

Há determinadas perguntas que os empresários devem fazer para definir os preços a serem praticados. Obviamente, os fatores econômicos voltados aos produtos devem ser analisados da mesma forma que os aspectos tributários.

1.1. Estratégias de Precificação

A estratégia para definição de preço a ser praticado, como mencionamos, leva em conta diversos fatores.

A título de exemplo, determinados bens são considerados elásticos ou inelásticos com relação ao seu preço. Ou seja, se o preço do produto é alterado, essa sensibilidade de elasticidade demostra se a demanda/consumo também se modifica.

Nas palavras de Monah Idalina[6]:

Produtos "elásticos":

Bens com substitutos fáceis. Mais sensíveis à mudança de preço.

Dadas às condições normais de oferta dos produtos (mantendo-se a qualidade e níveis de quantidade), e ocorrendo uma alteração no preço de vendas, há uma resposta imediata e inversa na demanda/consumo. Ou seja, ao reduzir-se "x%" no preço de venda do produto, aumenta-se "y%" na demanda (faturamento). Inversamente, ao se aumentar "x%" no preço de vendas diminui-se "y%" na demanda. Essa é a característica básica dos produtos "elásticos": quando os preços se alteram as pessoas tendem a aumentar ou reduzir o consumo.

(...)

Obs: a "elasticidade" é comum em produtos supérfluos ou de luxo.

Exemplo: carnes nobres (picanha, filé-mignon, etc.), manteiga (que pode ser substituída por margarina).

Produtos "inelásticos":

Neste caso, mesmo que se aumentem as quantidades ofertadas e se reduzam os preços, (mantendo-se a qualidade e níveis de quantidade) a resposta na demanda mantém-se praticamente inalterada. Ou seja, dependendo do produto pode-se duplicar a sua oferta, reduzir ou aumentar em "x%" o seu preço de vendas e mesmo assim o aumento ou contração da demanda se alterará em baixos índices, muitas vezes próximo de "0" (zero).

Os consumidores de certa forma são pouco sensíveis à alteração de preços. Esse tipo de produto geralmente é essencial e não tem substituto ou tem poucas opções de substituição.

[6] IDALINA, Monah. **Definição de bem elástico e bem inelástico**. Disponível em: http://cienciaeconomica20.wixsite.com/economia/single-post/2014/11/25/-Defini%C3%A7%C3%A3o-de-bem-el%C3%A1stico-e-bem-inel%C3%A1stico; Acessado em 02/05/2018.

(Exemplo: Sal de cozinha, remédios, arroz, açúcar, feijão, carne de "segunda", etc.).

Em resumo, a empresa deve sempre analisar também quão sensível seu produto é de acordo com a mudança de preço.

Roberto Santos[7] ensina que, a depender da estratégia empresarial, a tática de preço pode mudar, devendo todos os fatores serem analisados em conjunto, conforme segue:

> Estratégias de preço representam afirmações abrangentes de como os preços serão utilizados para atingir os objetivos globais e funcionais da empresa. São guias de orientação das decisões de preço e coordenação das atividades relacionadas para um determinado produto, ou linha de produto, em um certo período de tempo mais ou menos longo, sendo também flexível e adaptável às alterações das condições ambientais. Exemplos de estratégias de preço, seriam:
>
> *a)* fixar um preço mínimo, que apenas cubra os custos;
>
> *b)* estabelecer um preço elevado de forma a diferenciar o produto;
>
> *c)* estabelecer preços baixos, de forma a penetrar em novos segmentos de mercado;
>
> *d)* oferecer preços por pacotes de produtos e serviços, etc.

Seja qual for a estratégia a ser adotada, qualquer decisão que não leve em conta a carga tributária sobre a mercadoria ou serviço pode trazer riscos fiscais e econômico-financeiros às empresas.

[7] SANTOS, Roberto. **Planejamento do preço de venda.** Disponível em: http://www.scielo.br/scielo.php?script=sci_arttext&pid=S1413-92511997000100005; Acessado em 01/02/2017.

1.2. Complexidade Tributária Brasileira

Sabe-se que o ambiente tributário no Brasil é complexo e as empresas tem alto custos de *compliance* para gestão de todos os tributos a que estão sujeitas. Em estudo elaborado pela Consultoria Deloitte, mostrou-se que:

> Existe uma percepção disseminada de que, além do peso de toda a carga tributária, as empresas têm um custo acessório envolvendo todo o processo de apuração de impostos, com forte impacto em sua estrutura de pessoal e tecnológica.[8]
>
> (...)
>
> As empresas no Brasil destinam 2.600 horas anuais com a apuração de 9 impostos que pesam 68,3% em seus lucros.

Dentre os maiores entraves na condução de negócios na rotina empresarial, o estudo supracitado[9] demonstrou diversos fatores:

> 1. Mudanças muito frequentes impedem um grau de previsibilidade seguro;
> 2. Alta carga tributária causa deformações no modelo de negócios idealmente desejado pela empresa;
> 3. Legislação inadequada não favorece a adoção de novas tecnologias do exterior que demandam royalties elevados;
> 4. Aspectos tributários impedem a adoção de modelos de distribuição exclusivamente baseados em racionalidade logística;
> 5. Concentração de tributos indiretos traz baixa transparência na formação de preços de produtos e insumos, dificultando a competição baseada em eficiência.

[8] Deloitte Touche Tohmatsu Consultores. ***Compliance* tributário no Brasil As estruturas das empresas para atuar em um ambiente complexo**. Disponível em: www.deloitte.com. Acessado em: 25/11/2016.

[9] *Ibidem*, p. 14.

Ou seja, é evidente que as empresas estão sujeitas não só uma alta carga tributária, bem como muito tempo e custo são gastos na apuração dos tributos.

No geral, as empresas formam o preço final a ser praticado partindo-se do custo da mercadoria ou serviço, adicionando uma margem de lucro e, após, calculando o impacto nos tributos nas operações. Porém, obviamente, a depender da estratégia empresarial, determinadas empresas podem optar por não fazer a precificação dessa forma.

O importante, reiteramos, é a empresa possuir uma boa rastreabilidade do custo e receita e, se for o caso, para quais produtos ou serviços são adotadas margens negativas, uma vez que a tendência é o fisco brasileiro é poder avaliar todas as receitas, custos e despesas pelas informações apresentadas nos SPEDs, ECF, ECD, etc.

1.3. Conclusões Iniciais

Obviamente, pode-se optar por não determinar o valor do produto levando em conta a elasticidade/sensibilidade do preço frente à demanda/consumo. Além disso, as empresas podem em casos específicos vender seus produtos abaixo do custo, por questões de mercado.

Caso seja formado incorretamente o preço de uma mercadoria ou serviço em razão de erros no custo, margem de lucro ou tributos incidentes, o vendedor ou prestador de serviço pode não ter meios de cobrar o comprador ou tomador da diferença entre o preço cobrado erroneamente ou que deveria ter sido praticado, salvo por questões contratuais em razão de peculiaridades da atividade exercida ou por acordos comerciais após a identificação do erro.

Daí surge a importância de se ter em mente que a precificação deve acompanhar os aspectos de mercado, mas nunca perder de vista os fatores tributários.

2. Impactos Tributários na Formação do Preço

Há diversas formas de chegar ao preço do produto a ser vendido. Uma das formas mais comuns para empresas que tenham controle suficientes do custo por operação, é partir do próprio custo, inserir a margem de lucro desejada e, por fim, fazer o cálculo do *gross up* dos tributos incidentes na operação.

A técnica de realização do *gross up* nada mais é que a inserção do valor dos tributos dentro do valor do preço dos produtos ou serviços. Trataremos do assunto mais adiante, mas basicamente se trata de realizar um cálculo em que se divide o valor do custo mais margem de lucro pelos tributos inseridos no preço do produto ou serviço, conforme segue[10]:

Quadro 1 – formação de preço com a realização do *gross up*

	%	Valor	Cálculo
Custo (a)		100,00	
Margem (b)	30%	30,00	
Custo + Margem (c) = (a) + (b)		130,00	100 + 30
Alíquota ICMS (d)	18%		
Base de cálculo ICMS (*gross up*) (e) = (c) / (1 – d)		158,54	130 / (1-18%)
ICMS inserido no preço (f) = (e) x (d)		28,54	158,54 x 18%
Valor do produto (c) + (f)		158,54	

Fonte: do Autor.

Portanto, o ICMS é um tributo conhecido por ser calculado 'por dentro' do valor dos produtos. Caso o tributo fosse calculado 'por fora' (o que seria errado para fins do ICMS), sem a técnica do *gross up*, o cálculo resultaria no seguinte:

10 Inicialmente damos o exemplo apenas com o ICMS. Em relação ao PIS/PASEP e à COFINS, teceremos comentários de que forma é calculado. O IPI não é inserido no valor dos produtos, mas apenas calculado 'por fora' e adicionado ao valor total da nota fiscal.

Quadro 2 – formação de preço incorreta, sem a realização do *gross up*

	%	Valor	Cálculo
Custo (a)		100,00	
Margem (b)	30%	30,00	
Custo + Margem (c) = (a) + (b)		130,00	100 + 30
Alíquota ICMS (d)	18%		
Base de cálculo ICMS (sem *gross up*) (e) = (c) x (1 + d)		153,40	130 x (1 + 18%)
ICMS inserido no preço (f) = (e) x (d)		23,40	153,40 x 18%
Valor do produto (c) + (f)		153,40	

Fonte: do Autor.

Nota-se que no cálculo com inserção do ICMS 'por dentro' do valor do produto, este último, assim como o ICMS, são maiores do que aqueles havidos sema realização do *gross up*.

Ou seja, a realização do cálculo do ICMS 'por fora', que resulta em um valor menor de débito de ICMS, seria certamente questionada pelo fisco. Diante da menção de um valor dos produtos R$ 153,40, em caso de fiscalização, o fisco procuraria calcular a alíquota de 18% sobre esse valor, o que resultaria em um débito de ICMS de R$ 27,71 e não R$ 23,40. Essa diferença do principal seria cobrada com multa e juros.

Dessa forma, de uma maneira básica, procura-se demonstrar o impacto que os tributos podem causar no preço e as consequências de eventual cálculo incorreto. Vale dizer que não é tão incomum os contribuintes errarem nesse sentido.

Muitas variáveis podem influenciar nesse preço como, por exemplo, a origem e destino da mercadoria, se ela é importada ou nacional, se há aplicação de benefícios fiscais ou não, qual o regime fiscal a que o contribuinte vendedor está submetido, etc.

2.1. ICMS

O ICMS é o tributo que mais impacta o preço das mercadorias ou dos serviços de comunicação e transporte intermunicipal e interestadual, devido à sua alíquota ser geralmente mais alta que os demais tributos.

Ademais, o fato de ser de competência estadual e possuir diversas possibilidades de alíquotas, incentivos (e.g., redução da base de cálculo, créditos presumidos, isenções, alíquotas reduzidas, etc.), incidências sobre vários tipos de operações (e.g., bonificações, amostra grátis, venda em consignação, transferência, demonstração, operações triangulares, dentre outras) e aplicações de regimes diferenciados (a exemplo do regime de substituição tributária), torna-o um imposto de alta complexidade.

Não por outra razão que há projetos que visam unificar o ICMS com os demais produtos que incidem sobre o consumo e produção[11].

Pois bem, a Lei Complementar que define as regras gerais do ICMS, relativamente à incidência tributária, crédito, lançamento, base de cálculo, substituição tributária, é a Lei Complementar nº 87/1996. Por sua vez, cada unidade federativa possui suas leis e regulamentos internos do ICMS, trazendo regras mais específicas acerca do pagamento, obrigações acessórias, alíquotas, emissão de guias, dentre outros detalhes.

2.1.1. Aspecto Material

O aspecto material diz respeito às hipóteses abstratas nas quais o imposto incide. De acordo com Geraldo Ataliba[12]:

> É o mais importante aspecto, do ponto de vista funcional e operativo do conceito (h.i.) porque, precisamente, revela sua

[11] Jubé, Andrea. **"Conselhão" propõe tributo federal único sobre consumo e produção.** Valor Econômico, São Paulo, 17 fev. 2017. p.A2

[12] Ataliba, Geraldo. **Hipótese de incidência tributária.** São Paulo: Malheiros, 2003. p.106.

essência, permitindo sua caracterização e individualização, em função de todas as demais hipóteses de incidência. É o aspecto decisivo que enseja fixar a espécie tributária a que o tributo (que a h.i. define) pertence. Contém ainda os dados para a fixação da subespécie em que ele se insere.

Esse aspecto é mencionado principalmente no art. 2º, e seu §1º, da Lei Complementar nº 87/96:

> Art. 2° O imposto incide sobre:
>
> I – operações relativas à circulação de mercadorias, inclusive o fornecimento de alimentação e bebidas em bares, restaurantes e estabelecimentos similares;
>
> II – prestações de serviços de transporte interestadual e intermunicipal, por qualquer via, de pessoas, bens, mercadorias ou valores;
>
> III – prestações onerosas de serviços de comunicação, por qualquer meio, inclusive a geração, a emissão, a recepção, a transmissão, a retransmissão, a repetição e a ampliação de comunicação de qualquer natureza;
>
> IV – fornecimento de mercadorias com prestação de serviços não compreendidos na competência tributária dos Municípios;
>
> V – fornecimento de mercadorias com prestação de serviços sujeitos ao imposto sobre serviços, de competência dos Municípios, quando a lei complementar aplicável expressamente o sujeitar à incidência do imposto estadual.
>
> § 1º O imposto incide também:
>
> I – sobre a entrada de mercadoria ou bem importados do exterior, por pessoa física ou jurídica, ainda que não seja contribuinte habitual do imposto, qualquer que seja a sua finalidade;
>
> II – sobre o serviço prestado no exterior ou cuja prestação se tenha iniciado no exterior;
>
> III – sobre a entrada, no território do Estado destinatário, de petróleo, inclusive lubrificantes e combustíveis líquidos e gaso-

sos dele derivados, e de energia elétrica, quando não destinados à comercialização ou à industrialização, decorrentes de operações interestaduais, cabendo o imposto ao Estado onde estiver localizado o adquirente.

Diante de uma operação comercial a ser praticada por algum contribuinte, há que se avaliar se ela se enquadra em algumas das hipóteses do critério material do ICMS. Em caso positivo, deve-se avaliar qual será o impacto do imposto no valor do preço a ser cobrado ou praticado, impacto este que deve ser analisado frente aos demais aspectos do fato gerador.

Alguns tipos de saída não implicam em incidência do ICMS e, portanto, não impactam o preço da operação, por exemplo, exportação, operações com livros, jornais, periódicos e o papel destinado a sua impressão, operações de saída de ativo imobilizado, dentre outras.

2.1.2. Aspecto Espacial

O aspecto espacial do ICMS diz respeito ao local em que se considera ocorrido o fato gerador do imposto. Sabe-se que o ICMS é um imposto de competência estadual e, em razão do seu aspecto espacial, deve-se avaliar para qual Estado ele é devido.

Adiante entraremos na discussão a respeito da chamada 'guerra fiscal', mas inicialmente cabe-nos analisar como o aspecto espacial pode influenciar no preço do produto.

A escolha da localização de um centro de distribuição ou de uma nova fábrica pode influenciar no preço de venda da mercadoria. A título de exemplo, há Estados que concedem benefícios fiscais para a instalação de empresas ou para a realização de operações, o que pode resultar em menor carga tributária.

Via de regra, a alíquota do ICMS varia de 17% a 20% nas operações internas. A depender da mercadoria, a carga pode ser até maior, como no caso de cosméticos, fumo e bebidas alcoólicas, pelo fato da Constituição permitir que o ICMS possa ser um imposto seletivo em razão da essencialidade das mercadorias e dos serviços[13].

Diversos Estados possuem previsões em suas legislações internas de benefícios fiscais. Como já informado, há benefícios que impactam diretamente o preço de venda, e há benefícios que não influenciam necessariamente no preço, mas ao fim da apuração mensal reduzem o valor do ICMS a recolher.

O Estado de São Paulo, a título de exemplo, possui uma lista de produtos/operações para os quais é possível a aplicação de isenções[14] ou para os quais aplicam-se reduções da base de cálculo[15]. Nestes casos, caso o contribuinte opte por realizar o cálculo do preço do produto partindo do custo, adicionando a margem de lucro, e fazendo o *gross up* dos tributos incidentes na operação, caso o produto conte com uma isenção ou redução da base de cálculo, obviamente seu preço será menor, conforme demonstraremos adiante.

O aspecto espacial pode influenciar a carga tributária de ICMS até mesmo em operações de importação. Alguns Estados são conhecidos por conceder benefícios fiscais para operações de importação e a subsequente saída interna ou interestadual, como é o caso, por exemplo, dos Estados de Espírito Santo, Santa Catarina, Bahia e Pernambuco.

Com a entrada em vigor da alíquota de 4% nas saídas interestaduais de produtos importados ou com conteúdo de importação superior a 40%[16], diversos contribuintes importadores se viram obrigados a adotar medidas para a evitar o acúmulo de crédito de ICMS. Isto porque os importadores recolhiam o ICMS à alíquota de 17%, 18% ou até mais, dependendo do Estado, por ocasião da importação, registravam o crédito desse

[13] Art. 155, §2º, III, da Constituição Federal.

[14] Anexo I, Regulamento do ICMS/SP.

[15] Anexo II, Regulamento do ICMS/SP.

[16] De acordo com a Resolução nº 13/2012 do Senado Federal.

montante e, em operações subsequentes de saídas interestaduais, debitavam o ICMS a 4%. O registro do crédito a 17% ou mais, combinada com o débito a 4% leva o contribuinte a um acúmulo de crédito, o que representa uma ineficiência tributária.

Alguns Estados concedem formas de reduzir essa ineficiência, como foi o caso de São Paulo que permitiu, mediante regime especial[17], a suspensão total ou parcial do ICMS devido na importação, como forma de evitar o acúmulo de crédito.

Contudo, outros Estados concedem formas mais rápidas e eficazes. A título de exemplo, alguns Estados concedem diferimento ou reduções substanciais no ICMS devido na importação, de modo que o contribuinte lá localizado não registra o crédito ou registra um crédito baixo na importação. Na saída interna ou interestadual subsequente, é concedido um incentivo fiscal, por exemplo, um crédito presumido. Isso faz com que o contribuinte não tenha a ineficiência de permanecer com um crédito acumulado e, ainda, arcando com uma baixa carga tributária sobre as saídas subsequentes.

Esse benefício na importação, combinado com incentivos fiscais concedidos nas saídas subsequentes, mitigou a ineficiência que alguns contribuintes enfrentam e diminuem a carga de ICMS na saída, influenciando diretamente e preço praticado.

Contudo, esse tema de benefícios fiscais nunca foi pacífico e envolve um risco fiscal. Vale lembrar que a concessão de benefícios unilaterais (sem aprovação mediante Convênio celebrado no âmbito do Conselho Fazendário – CONFAZ[18]), sejam ligados a operação de importação ou não, é uma das principais causas da chamada "guerra fiscal".

[17] Conforme Portaria CAT nº 108/2013.

[18] Como exige o art. 155, §2º, XII, 'g, da Constituição e Lei Complementar nº 24/1975.

2.1.2.1. Guerra Fiscal

Sabe-se que os contribuintes se valem de benefícios para reduzir o preço de seu produto ou para reduzir o valor do imposto a ser pago, possibilitando a melhora no fluxo de caixa e/ou a melhora nos resultados do exercício.

Como forma de compelir os Estados que concedem os chamados benefícios unilaterais a extinguir esses incentivos, os Estados prejudicados adotavam diversas práticas conforme exemplos a seguir.

Alguns Estados exigem que o contribuinte localizado em seu território e recebam mercadorias de contribuintes que aproveitaram incentivos em outra unidade federativa realizem o pagamento do valor do benefício fiscal aos seus cofres públicos.[19]

Caso o esse pagamento não fosse realizado, o Estado prejudicado autuava o contribuinte localizado em seu território, glosando o valor do crédito aproveitado. Diversos contribuintes que compravam mercadorias de vendedores 'incentivados' em outros Estados receberam autuações pela glosa de créditos. O principal argumento do fisco prejudicado é que, uma vez que o

[19] O Estado de São Paulo, por exemplo, previu essa obrigação no art. 426-C, RICMS/SP, conforme segue:

Artigo 426-C – Nas operações interestaduais destinadas a contribuinte paulista, beneficiadas ou incentivadas em desacordo com o disposto na alínea "g" do inciso XII do § 2º do artigo 155 da Constituição Federal, o imposto correspondente ao valor do benefício ou incentivo deverá ser recolhido ao Estado de São Paulo pelo adquirente da mercadoria, observando-se o seguinte:

I – O imposto correspondente ao valor do benefício ou incentivo deverá ser recolhido até o momento da entrada da mercadoria no território deste Estado, por meio de guia de recolhimentos especiais, conforme disciplina estabelecida pela Secretaria da Fazenda;

(...)

III – Relativamente aos benefícios ou incentivos divulgados na forma do inciso II, presume-se que estes foram utilizados pelo remetente da mercadoria, acarretando ao adquirente paulista a obrigação do recolhimento de que trata este artigo.

contribuinte localizado em seu território aproveitou o crédito integral do ICMS, e o remetente não necessariamente debitou o valor integral destacado – em razão do incentivo fiscal – o crédito também não poderia ser integral.

A glosa de crédito foi assunto que chegou ao STF, ocasião em que foi reconhecida repercussão geral sobre a matéria[20]. Segundo as decisões até então proferidas pelo órgão, bem como pelo Superior Tribunal de Justiça (STJ), se outro Estado da Federação concede benefícios fiscais de ICMS sem a observância das regras previstas na legislação, cabe ao Estado lesado obter junto ao STF, por meio de Ações Diretas de Inconstitucionalidade (ADIs), a declaração de inconstitucionalidade do ato normativo de outro Estado e não simplesmente autuar os contribuintes sediados em seu território.

Na mesma decisão que reconheceu a repercussão geral da matéria, foi determinada a suspensão de todos os processos que tratam do assunto, até que o caso seja julgado.

Ou seja, a jurisprudência caminha no sentido de que a via correta é que os Estados prejudicados questionem os incentivos fiscais concedidos unilateralmente mediante ADIs perante o STF.

Para tentar colocar fim à questão da chamada "guerra fiscal", editou-se a Lei Complementar nº 160/2017, que determinou que os Estados devem listar todos os seus benefícios fiscais estaduais concedidos unilateralmente (sem aprovação dos demais Estados) podendo-se colocar em votação mediante Convênio celebrado com os demais Estados dois principais aspectos: o perdão dos créditos tributários, constituídos ou não, decorrentes da concessão unilateral de benefícios fiscais; a reinstituição desses incentivos que ainda se encontrem em vigor, por prazo determinado.

[20] STF; Repercussão Geral no Recurso Extraordinário nº 628.075/RS; Julgamento 13/10/2011; Relator Min. Joaquim Barbosa.

Por essa razão foi editado o Convênio CONFAZ nº 190/2017, o qual especificou as regras segundo as quais os Estados devem listar e indicar todos os seus respectivos atos normativos que concedem benefícios fiscais. Ademais, o mencionado Convênio coloca data de aproveitamento de alguns benefícios[21].

A Lei Complementar nº 160/2017 ainda prevê sanções financeiras ligadas à responsabilidade fiscal ao Estado que descumprir as determinações dessa legislação e permaneça concedendo benefícios unilateralmente[22]. Tais Estados ficarão impedidos de I – receber transferências voluntárias; II – obter garantia, direta ou indireta, de outro ente; III – contratar operações de crédito, ressalvadas as destinadas ao refinanciamento da dívida mobiliária e as que visem à redução das despesas com pessoal, cabendo ao Tribunal de Contas da União verificar a aplicação dessas sanções. [23]

Essa saída de decidir sobre todos os benefícios concedidos mediante aprovação dos demais Estados mediante Convênio firmado em âmbito do CONFAZ, inclusive com sanções financeiras aos Estados que não sigam essas regras, é uma saída válida e que busca dar maior segurança para as relações comerciais.

De fato, o contribuinte não pode ficar sujeito às inseguranças de ser autuado por aproveitar os créditos de ICMS que julga devidos. Essa discussão deve ser esclarecida em âmbito federativo, e não deixando os contribuintes vulneráveis aos questionamentos fiscais.

Em resumo, demonstra-se que o aspecto espacial do ICMS é determinante para a formação de preço de produtos, uma vez que os contribuintes podem aproveitar benefícios concedidos pelos Estados, como a redução da base de cálculo, créditos presumidos ou isenções.

21 Cláusula décima, Convênio ICMS nº 190/2017.

22 Art. 6º, da Lei Complementar nº 160/2017.

23 Art. 23, Lei Complementar nº 101/2000.

2.1.3. Aspecto Temporal

O aspecto temporal diz respeito ao momento em que o fato gerador do tributo ocorre. Nos dizeres de Geraldo Ataliba[24] "Define-se o aspecto temporal da h.i. como a propriedade que esta tem de designar (explícita ou implicitamente) o momento em que se deve reputar consumado (acontecido, realizado) um fato imponível".

Para fins do ICMS, o art. 12 da Lei Complementar nº 87/96 elenca diversos casos acerca do momento de ocorrência do seu fato gerador, conforme segue:

> Art. 12. Considera-se ocorrido o fato gerador do imposto no momento:
>
> I – da saída de mercadoria de estabelecimento de contribuinte, ainda que para outro estabelecimento do mesmo titular;
>
> II – do fornecimento de alimentação, bebidas e outras mercadorias por qualquer estabelecimento;
>
> III – da transmissão a terceiro de mercadoria depositada em armazém geral ou em depósito fechado, no Estado do transmitente;
>
> IV – da transmissão de propriedade de mercadoria, ou de título que a represente, quando a mercadoria não tiver transitado pelo estabelecimento transmitente;
>
> V – do início da prestação de serviços de transporte interestadual e intermunicipal, de qualquer natureza;
>
> VI – do ato final do transporte iniciado no exterior;
>
> VII – das prestações onerosas de serviços de comunicação, feita por qualquer meio, inclusive a geração, a emissão, a recepção, a transmissão, a retransmissão, a repetição e a ampliação de comunicação de qualquer natureza;
>
> VIII – do fornecimento de mercadoria com prestação de serviços:

[24] Ataliba, Geraldo. *Op. cit.* p.94.

> a) não compreendidos na competência tributária dos Municípios;
>
> b) compreendidos na competência tributária dos Municípios e com indicação expressa de incidência do imposto de competência estadual, como definido na lei complementar aplicável;
>
> IX – do desembaraço aduaneiro de mercadorias ou bens importados do exterior;
>
> (...)

Trata-se de aspecto que pode influenciar na formação do preço nas hipóteses em que ocorrem mudanças na legislação. A depender do momento da ocorrência do fator gerador, o contribuinte deve ficar atento acerca da legislação aplicável, para evitar incorreções acerca da determinação da alíquota ou base de cálculo aplicáveis.

2.1.4. Aspecto Quantitativo

Esse é um dos aspectos que obviamente mais impactam na formação do preço de mercadorias e/ou serviços. O aspecto quantitativo refere-se a quanto de imposto será exigido, levando-se em conta a alíquota e base de cálculo aplicáveis.

2.1.4.1. Alíquota

Conforme mencionamos, a alíquota do ICMS em uma operação interna varia geralmente de 17% a 20%, a depender do Estado, da essencialidade do produto, da existência de obrigatoriedade de recolhimento de parte do imposto para o Fundo Estadual de Combate à Pobreza (também chamado de FECP ou FECOP), como existe em alguns Estados.

Já que a Constituição Federal permite que o ICMS seja um imposto seletivo, em razão da essencialidade, a alíquota do ICMS pode variar conforme o Estado competente. A título de exemplo, o art. 54 do Regulamento do ICMS do Estado de São

Paulo (RICMS/SP)[25] lista diversas operações em que é aplicada a alíquota de 12%, como nas transações com alguns produtos comestíveis, óleo diesel e etanol hidratado, produtos cerâmicos, medicamentos, etc. Por sua vez, o art. 54-A do RICMS/SP determina que se aplica a alíquota de 20% nas operações internas com bebidas alcoólicas classificadas na NCM 2203 (o que inclui cervejas e chope).

Por fim, o art. 55 do RICMS/SP impõe que seja aplicada a alíquota de 25% nas operações com serviços de comunicação, perfumes e cosméticos, armas e munições, bebidas alcoólicas classificadas nas NCM 2204, 2205 e 2208 (o que inclui vinhos, vermutes, aguardentes, uísques, gim, vodca e licores), raquete de tênis e tacos de golfe, etc.

Interessante notar que, pela simples leitura dos artigos 54-A e 55, do RICMS/SP, fica claro que, para o Estado de São Paulo, as operações com serviços de comunicação são menos essenciais que as operações com cervejas e chope.

Na operação interestadual, a alíquota varia de acordo com a origem/destino e com o fato do produto ser importado ou não, e a condição de contribuinte ou não do destinatário. Expliquemos:

Caso a mercadoria saia de algum dos Estados do Sul ou Sudeste (com exceção do Espírito Santo) com destino a algum Estado do Norte, Nordeste ou Centro-Oeste e também Espírito Santo, a alíquota aplicável é de 7%.[26] Qualquer outra operação interestadual, a alíquota será de 12%. A exceção se faz caso o produto seja importado, ou tenha conteúdo de importação superior a 40%: neste caso, qualquer operação interestadual terá a alíquota de 4%, de acordo determinação do Senado

[25] Decreto nº 45.490/2000.

[26] Não consideramos aqui a possibilidade de aplicação de benefícios fiscais, i.e., venda para a Zona Franca de Manaus, na qual há possibilidade de aplicação do benefício da isenção, de acordo com o Convênio ICMS nº 65/1988.

Federal[27], que é o órgão responsável pela fixação de alíquotas máximas nas mesmas operações para resolver conflito específico que envolva interesse de Estados[28].

Por fim, a operação interestadual que tenha como destinatário final um não contribuinte do ICMS terá um detalhe: adotar-se-á a alíquota interestadual e caberá ao Estado de localização do destinatário o imposto correspondente à diferença entre a alíquota interna do Estado destinatário e a alíquota interestadual[29] (exemplo: em uma venda de um contribuinte do Estado de São Paulo para um não contribuinte do Estado da Bahia, é devida a alíquota de 7% para São Paulo e, supondo que a alíquota interna na Bahia seja de 18%, cabe a este Estado, 11%)[30].

Ou seja, as operações que envolvam o ICMS poderão ter carga tributária diferente a depender do produto, operação, origem, destinatário, dentre outros aspectos, cabendo aos profissionais ligados à área tributária e de vendas estarem alinhados, para evitar qualquer tipo de variação indesejada na precificação dos produtos vendidos.

2.1.4.2. Base de Cálculo

No que se refere à base de cálculo, via de regra, é o valor da operação. Contudo, há exceções, nas quais a Lei impõe outra base de cálculo, a exemplo das importações, nas quais a base de cálculo é composta pelo valor das mercadorias constante na Declaração de Impostação, somado do imposto de importação, IPI, Imposto sobre operações de crédito, câmbio e seguro (IOF) e quaisquer outros impostos, taxas, contribuições e despesas

27 Resolução 13/2012.

28 Art. 155, § 2º, V, "b", Constituição Federal.

29 Art. 155, §2º, VII, Constituição Federal.

30 Até o ano de 2019 há uma repartição desse ICMS devido ao Estado de destino, conforme determina o art. 99 dos Atos das Disposições Constitucionais Transitórias.

aduaneiras (exemplo da Taxa Siscomex, Adicional de Frete para Renovação da Marinha Mercante – AFRMM, dentre outras)[31].

Vale dizer que o ICMS é um imposto calculado por dentro. Ou seja, a legislação impõe que se inclui na base de cálculo o montante do próprio imposto, conforme segue:

> Art. 13. A base de cálculo do imposto é:
>
> (...)
>
> §1º. Integra a base de cálculo do imposto, inclusive na hipótese do inciso V do caput deste artigo:
>
> I – o montante do próprio imposto, constituindo o respectivo destaque mera indicação para fins de controle;

Ou seja, para se calcular o valor correto do ICMS a ser inserido no preço das mercadorias, deve-se fazer o chamado *gross-up* dos tributos que vão 'por dentro' do preço.

Como já mencionado, a técnica chamada de *gross up* consiste em inserir o valor dos tributos no preço do produto, dividindo-se o valor do produto (sem tributos) por um menos a carga tributária que se pretende inserir no preço, conforme exemplo abaixo:

Quadro 3 – inserção do ICMS no preço da mercadoria (cálculo 'por dentro')

	%	**Valor**	**Cálculo**
Custo + Margem (a) (valor do produto sem tributos)		100,00	
Alíquota ICMS (b)	18%		
Base de cálculo ICMS (*gross up*) (c) = (a) / (1 – b)		121,95	100 / (1-18%)
ICMS inserido no preço (d) = (c) x (b)		21,95	121,95 x 18%
Valor do produto (a) + (d)		121,95	

Fonte: do Autor

[31] Art. 13, V, Lei Complementar nº 87/96.

Ou seja, partindo-se de um valor R$ 100,00 e considerando que a alíquota é 18%, o valor do produto não será R$ 118,00, mas sim R$ 121,95.

Demos esse exemplo apenas com o ICMS, mas o ideal é realizar o mesmo com todos os tributos da operação que se procura inserir no valor a ser cobrado do cliente.

Apenas a título ilustrativo, partindo-se de um produto que possui custo R$ 70,00, adicionando-se uma margem de lucro de R$ 30,00, e inserindo-se pelo *gross up* um ICMS de 12% referente a uma venda interestadual, o preço de venda seria de R$ 113,64 [32].

Ou seja, caso a empresa possua a intenção de manter a margem de lucro em duas operações, uma interna, e uma interestadual, com alíquotas diferentes, é possível vender a mesma mercadoria com diferença de preço, conforme demonstrado.

Há quem entenda pela inconstitucionalidade dessa metodologia de cálculo. Esse é o posicionamento de Roque Carraza, como segue[33]:

> A Lei Complementar 87/1996, mandando incluir o montante devido a título de ICMS em sua própria base de cálculo, desvirtuou o arquétipo constitucional deste tributo, levando, por via transversa, à criação de outro, diferentemente daquele cuja competência a Carta Suprema reservou aos Estados-membros e ao Distrito Federal.
>
> (...)
>
> Na hipótese, considerando a alíquota como sendo 18%, não poderá a lei complementar prever a inserção na base de cálculo do ICMS do quantum referente à primeira incidência, sob pena de saltar fora dos trilhos do sistema, exigindo o pagamento do imposto sobre o imposto.

32 O cálculo seria igual a 100,00 / (1 – 12%).

33 CARRAZA, Roque Antonio. **ICMS.** São Paulo: Malheiros, 2015. p. 375-377.

Porém, o autor assevera que essa metodologia de cobrança possui um certo conformismo. Isto porque, como já citado antes, "quem, na quase totalidade dos casos, suporta a carga econômica do ICMS não é o realizador do seu fato imponível (o comerciante, o industrial ou o produtor), mas o consumidor final da mercadoria.[34]

Vale adiantar que esse método de cobrança "por dentro" vale também para o ISS e é geralmente aplicado para o PIS/PASEP e para a COFINS.

De acordo com o que já foi mencionado, é possível que o contribuinte fixe o preço da mercadoria ou serviço sem envolver a avaliação do custo da operação, determinar a margem de lucro desejada, e fazer o *gross up* dos tributos incidentes na operação.

Como mencionado, a base de cálculo é determinada, em geral, o valor da operação. Contudo, vale lembrar que na determinação da base de cálculo é necessário avaliar se o produto/ operação possui algum tratamento diferenciado, como redução da base de cálculo, crédito presumido, sujeição à substituição tributária, dentre outros.

2.1.5. Aspecto Pessoal

O aspecto pessoal diz respeito à *"qualidade – inerente à hipótese de incidência – que determina os sujeitos da obrigação tributária, que o fato imponível irá nascer"*[35].

O sujeito ativo é a Unidade Federativa competente para instituir e cobrar o tributo nos termos do art. 1º, da Lei Complementar nº 87/1996:

> Art. 1º. Compete aos Estados e ao Distrito Federal instituir o imposto sobre operações relativas à circulação de mercadorias e sobre prestações de serviços de transporte interestadual e inter-

[34] *Ibidem*. P. 378

[35] ATALIBA, Geraldo. *Op. cit.* p. 80.

municipal e de comunicação, ainda que as operações e as prestações se iniciem no exterior.

Por sua vez, o sujeito passivo será o contribuinte, assim definido pelo art. 4º da Lei Complementar nº 87/1996:

> Art. 4º. Contribuinte é qualquer pessoa, física ou jurídica, que realize, com habitualidade ou em volume que caracterize intuito comercial, operações de circulação de mercadoria ou prestações de serviços de transporte interestadual e intermunicipal e de comunicação, ainda que as operações e as prestações se iniciem no exterior

No que se refere aos fatores que influenciam no preço das mercadorias, incumbe-nos mencionar que, a depender da qualidade do sujeito passivo, o valor da operação poderá ser modificado em razão de regras específicas previstas na legislação.

Apenas a título de exemplo, há benefícios tributários que se aplicam somente aos contribuintes industriais e não aos comerciais. Dessa forma, em São Paulo, há isenções, reduções da base de cálculo ou créditos outorgados (previstos respectivamente nos Anexos I, II e III do RICMS/SP) que se aplicam apenas a determinados contribuintes dependendo de sua condição.

Ademais, na determinação do polo passivo, no caso do ICMS, deve-se atentar ao fato de que a legislação poderá impor que determinado contribuinte em uma cadeia de circulação de mercadoria ficará responsável pelo pagamento do imposto.

Há classificações diversas de responsabilidade de terceiros. Basicamente, o Código Tributário Nacional dispõe que a o sujeito passivo poderá ser o "*contribuinte, quando tenha relação pessoal e direta com a situação que constitua o respectivo fato gerador*"; ou o "*responsável, quando, sem revestir a condição de contribuinte, sua obrigação decorra de disposição expressa de lei.*" (artigo 121, I e II).

Uma das hipóteses em que a legislação prevê a responsabilidade de terceiros pelo pagamento do imposto é a chamada substituição tributária. Nos termos do artigo 150, § 7º, da Constituição Federal:

> §7º. A lei poderá atribuir a sujeito passivo de obrigação tributária a condição de responsável pelo pagamento de imposto ou contribuição, cujo fato gerador deva ocorrer posteriormente, assegurada a imediata e preferencial restituição da quantia paga, caso não se realize o fato gerador presumido.

O Código Tributário Nacional prevê também essa possibilidade de ser atribuída a responsabilidade pelo pagamento do tributo a terceira pessoa, conforme segue:

> Art. 128. Sem prejuízo do disposto neste capítulo, a lei pode atribuir de modo expresso a responsabilidade pelo crédito tributário a terceira pessoa, vinculada ao fato gerador da respectiva obrigação, excluindo a responsabilidade do contribuinte ou atribuindo-a a este em caráter supletivo do cumprimento total ou parcial da referida obrigação.

Toda essa base legislativa justifica a cobrança do imposto sob o regime de substituição tributária, o chamado ICMS-ST. Basicamente, a legislação determina um contribuinte da cadeia para recolher o ICMS que seria devido ao longo da cadeia de circulação da mercadoria.

Geralmente, esse sujeito passivo é o industrial ou importador, que fica responsável pelo recolhimento do ICMS que seria devido na saída do contribuinte atacadista e varejista.

Ou seja, a legislação presume a ocorrência do fato gerador na saída da mercadoria dentro de um mesmo Estado pelo atacadista e pelo varejista, determinando que o valor do imposto deva ser recolhido pelo industrial ou importador.[36]

[36] Há também a possibilidade de a legislação definir que o imposto deva ser recolhido por outro ente na cadeia, e.g., o atacadista ou o varejista, o que é

Assim, tanto o contribuinte atacadista como o varejista ficam dispensados do débito do ICMS nas saídas dos produtos já recebidos sob o regime de substituição tributária, não podendo, da mesma forma, aproveitar os créditos do imposto nas aquisições.

Há basicamente duas formas que os Estados se valem para chegar na base de cálculo do ICMS-ST.

Uma é o chamado valor de pauta. Determinados produtos, dependendo da legislação Estadual, já possuem uma lista de valor presumido praticado ao consumidor final (que seria a venda do varejista ao consumidor final). Nesta hipótese, basta o contribuinte substituto (responsável pelo recolhimento do imposto) multiplicar o valor do preço do produto listado pela Secretaria da Fazenda Estadual, ou outro órgão competente, e aplicar a alíquota do produto sobre ele.

Nesse sentido, a cláusula décima do Convênio CONFAZ nº 52/2017 dispõe que *"a base de cálculo do imposto para fins de substituição tributária em relação às operações subsequentes será o valor correspondente ao preço final a consumidor, único ou máximo, fixado por órgão público competente."*.

A outra, é a Margem de Valor Agregado (MVA), também chamada de Índice de Valor Agregado (IVA), que se trata de um percentual que a legislação determina, para que o contribuinte substituto aumente sobre o valor do seu produto, que seria um percentual de presunção que este produto teria de margem adicional até final da cadeia.

chamado pela doutrina de substituição tributária 'para trás'. O exemplo que foi dado, em que o industrial ou importador são responsáveis pelo recolhimento do ICMS-ST, é chamado de substituição tributária 'para frente'.

Basicamente o cálculo é realizado da seguinte forma:

Quadro 4 – cálculo do ICMS-ST

	%	Valor	Cálculo
Custo + Margem (a) (valor do produto sem tributos)		100,00	
Alíquota ICMS (b)	18%		
Base de cálculo ICMS[37] (*gross up*) (c) = (a) / (1 – b)		121,95	100 / (1-18%)
ICMS inserido no preço (d) = (c) x (b)		21,95	121,95 x 18%
MVA[38](e)	30%		
Base de cálculo do ICMS-ST[39] (f) = (c) x [1 + (e)]		158,54	121,95 x (1+30%)
Valor do ICMS-ST (g) = (f) x (b) – (d)		6,59	158,54 * 18% – 21,95
Valor do produto (h) = (a) + (d)		121,95	
Valor total da Nota Fiscal (i) = (h) + (g)		128,54	121,95 + 6,59

Fonte: do Autor.

O importante a ser lembrado quando do momento de analisar a formação de preço de produtos e se ele é sujeito a essa sistemática de substituição tributária. Isto porque, nas técnicas de planejamento tributário ligadas à redução do preço de venda de produtos deve-se avaliar como o ICMS-ST impactará

[37] Novamente, fizemos o cálculo do *gross up* do ICMS e sem as contribuições ao PIS e à COFINS. A depender da política de preços da empresa, é recomendável fazer o *gross up* com essas contribuições.

[38] O valor do MVA é previsto na legislação interna de cada Estado. Em São Paulo, ele é geralmente previsto nas Portarias da Coordenação de Administração Tributária (chamadas de Portaria CAT).

[39] Na base de cálculo do ICMS-ST devem ser inseridos o IPI, valores correspondentes a frete, seguro, contribuições e outros encargos transferíveis ou cobrados do destinatário, conforme cláusula decima primeira, III, do Convênio CONFAZ nº 52/2017.

no preço, uma vez que ele é geralmente inserido no valor total da nota fiscal e repassado na cobrança do comprador.

Ademais, nas vendas interestaduais, deve-se avaliar se o produto vendido terá ICMS-ST no Estado de destino. Isto porque isso influencia no mencionado valor do MVA. De acordo com a cláusula décima primeira do Convênio CONFAZ nº 52/2017, quando a alíquota interestadual for menor que a alíquota interna no Estado de destino, deve ser feito outro cálculo para se chegar no MVA que será usado para o cálculo do ICMS-ST devido ao Estado de destino.

Isto porque quando a legislação prevê as MVA para os produtos em seu Estado, ela parte do pressuposto que a operação será interna, ou seja, aplicando-se a alíquota interna do ICMS (que varia, geralmente, de 17% a 20%). Contudo, quando a operação é interestadual entre contribuintes, o ICMS inserido nos produtos é geralmente de 7% ou 12% [40], de modo que a MVA é ajustada e aumentada para reduzir essa diferença.

Ainda no que se refere às operações interestaduais, vale dizer que o ICMS-ST, quando devido ao Estado de destino, geralmente deve ser recolhido em dois momentos: (i) quando a legislação determina que a responsabilidade é do remetente[41], este realiza o cálculo do ICMS-ST antes da saída da mercadoria de seu estabelecimento, emite a guia de recolhimento (neste caso chamada de GNRE – Guia Nacional de Recolhimentos Especiais) e envia a mercadoria com a Nota Fiscal e com a GNRE que comprova o recolhimento do ICMS-ST ao Estado de destino[42]; (ii) quando a legislação não menciona que a responsabi-

[40] Ressalvados os produtos importados para os quais é aplicada a alíquota de 4%, conforme Resolução nº 13 de 2012 do Senado Federal.

[41] Neste caso, geralmente há um Convênio ou Protocolo firmados em âmbito do CONFAZ no sentido de que a responsabilidade é do remetente.

[42] Pode ocorrer de o remetente ter inscrição estadual no Estado de destino (ainda que não tenha estabelecimento físico), hipótese em que, em vez de emitir

lidade seja do remetente e o produto/operação possui ICMS-ST no Estado de destino, cabe ao próprio destinatário recolher o ICMS-ST na entrada da mercadoria em seu território.

Em resumo, em planejamentos tributários, o contribuinte deve avaliar se, do ponto de vista de seu aspecto pessoal, a legislação não impõe a sua responsabilidade pelo recolhimento do ICMS-ST. Imaginemos que um contribuinte tenha a intenção de se valer de um benefício fiscal em determinado Estado e pretenda abrir um Centro de Distribuição, portanto, capaz de reduzir o preço de venda e aumentar a competitividade.

Se a legislação interna do Estado em que se situar o Centro de Distribuição impuser o ICMS-ST, seja seu recolhimento pelo remetente, seja na entrada do território pelo próprio destinatário, caso o Centro de Distribuição venda/remeta essa mercadoria para outro Estado (saída interestadual), apresentar-se-á uma ineficiência tributária: o ICMS-ST terá sido recolhido e o fato gerador presumido, que é a saída interna subsequente, não ocorrerá, uma vez que houve saída interestadual.

Assim, o Centro de Distribuição deverá pedir ressarcimento do ICMS-ST ao Estado em que estiver situado, por meio de um procedimento que, em alguns Estados, é extremamente burocrático. Ou seja, a abertura de centros de distribuição deve ser cuidadosamente avaliada, para que o contribuinte não enfrente ineficiências.

Portanto, a realização de planejamentos tributários com vistas a redução do preço de produtos deve sempre avaliar se as mercadorias estarão ou não sujeitas à substituição tributária.

a GNRE para cada remessa de mercadoria ao Estado destinatário, ele efetue um cálculo mensal mediante apuração do ICMS-ST devido em todo o mês ao Estado de destino, recolhimento um só valor total de ICMS-ST.

3. Repercussão Financeira, Repetição do Indébito e Pedido de Restituição

Uma das principais consequências da formação incorreta do preço dos produtos ou serviços, por seus aspectos tributários, pode ser o pagamento de tributos a menor ou a maior. No primeiro caso, o contribuinte deve avaliar qual a forma adequada de regularizar a situação, para não ficar sujeito a infrações tributárias.

Por outro lado, nos casos em que há pagamento de tributos a maior, os contribuintes envolvidos na operação devem avaliar a melhor forma de solicitar o seu ressarcimento, bem como definirem qual será o contribuinte legitimado para tanto.

3.1. Pagamento Indevido e Pagamento a Maior

Inicialmente, é necessário diferenciar o que se considera como pagamento indevido do pagamento a maior.

Como o nome já diz, o pagamento a maior ocorre quando há um recolhimento de tributo em valor maior do que o devido, o que poderá ocorrer por diversos motivos: erro na determinação da alíquota ou da base de cálculo, erro no preenchimento do Documento de Arrecadação de Receitas Federais (DARF) ou Guia de Arrecadação Estadual (GARE), etc.

Por sua vez, o pagamento indevido é a realização do desembolso de valores em situações que não esse pagamento não deveria ter sido realizado, por exemplo: dúvida se determinado serviço é devido a um ou outro município, pagamento de um tributo quando na verdade o fato era gerador de tributo diverso.

Em ambas as hipóteses, há possibilidade de se requerer a restituição do valor pago indevidamente ou a maior, conforme determina o art. 165, do CTN:

> Art. 165. O sujeito passivo tem direito, independentemente de prévio protesto, à restituição total ou parcial do tributo, seja qual for a modalidade do seu pagamento, ressalvado o disposto no § 4º do artigo 162, nos seguintes casos:

I – cobrança ou pagamento espontâneo de tributo *indevido ou maior* que o devido em face da legislação tributária aplicável, ou da natureza ou circunstâncias materiais do fato gerador efetivamente ocorrido;

II – erro na edificação do sujeito passivo, na determinação da alíquota aplicável, no cálculo do montante do débito ou na elaboração ou conferência de qualquer documento relativo ao pagamento;

III – reforma, anulação, revogação ou rescisão de decisão condenatória. (grifos nossos)

Por sua vez, para a realização da compensação desses valores, deve-se avaliar caso a caso, uma vez que há situações em que a jurisprudência não permite a realização de sua compensação, conforme trataremos adiante.

3.2. Tributos Diretos e Indiretos

A classificação de um tributo como direto ou indireto é determinante para se definir as formas de ressarcimento, bem como o contribuinte legitimado para solicita-lo.

Tributos chamados indiretos são, conforme entendimento pacífico na jurisprudência[43], aqueles que comportam, por sua constituição jurídica, transferência do respectivo encargo financeiro. É o caso do ICMS, ISS ou IPI.

Por sua vez, os tributos diretos são aqueles nos quais o encargo financeiro não é transferido a outrem, a exemplo do Imposto sobre a Propriedade Territorial Urbana (IPTU), Imposto sobre a Transmissão de Bens Imóveis (ITBI), Imposto de Renda da Pessoa Jurídica (IRPJ), Contribuição Social sobre o Lucro Líquido (CSLL), nos quais o ônus financeiro não é repassado ao longo de uma cadeia.

[43] STJ; AgInt no Agravo em Recurso Especial nº 974.997 – SP; Segunda Turma; DJe 14/02/2018; Min. Francisco Falcão.

No caso do ICMS, não há dúvidas de que se trata de um tributo classificado como indireto. Ele é inserido no valor dos produtos (calculado 'por dentro'), e repassado ao longo da cadeia, de forma que aquele que recebe a mercadoria, geralmente arca com o ônus financeiro.

Nesse sentido, Ricardo Alexandre[44] ensina que:

> O ICMS é um tributo cujas configurações constitucional e legal estabelecem que a pessoa nomeada contribuinte (o comerciante) repassa para uma outra (o consumidor) o ônus econômico do tributo. São claras as presenças do contribuinte de direito (o comerciante) e o de fato (o consumidor), de forma que este sofre o impacto do tributo – que tem seu valor oficialmente seu valor embutido no preço pago –, enquanto aquele faz o recolhimento do valor recebido aos cofres públicos. O tributo é indireto. No caso do imposto de renda, não há previsão de transferência oficial do encargo para os consumidores. A pessoa que obtém a renda é que teoricamente sofre o respectivo ônus. Na prática, entretanto, a empresa beneficiada pelo rendimento acaba repassando o valor do tributo a ser pago para o preço dos bens ou serviços que vende. Há a repercussão econômica do tributo, mas não o que se poderia chamar de repercussão jurídica, somente verificado nos casos em que há previsão normativa da oficial transferência do encargo.

Situação semelhante ocorre com o ISS e IPI, indubitavelmente classificados como indiretos.

Contudo, no que se refere às contribuições ao PIS e à COFINS, há uma divergência no que se refere a sua classificação.

Parte da doutrina avalia que se tratam de tributos indiretos, cujo ônus é inserido no valor de mercadorias ou serviços e repassado ao consumidor.

[44] ALEXANDRE, Ricardo. **Direito Tributário Esquematizado.** 2ª ed. São Paulo: Método, 2008, p. 88.

Outra parte entende que ele é um tributo direto, não repassado ao longo da cadeia. No entendimento de Walmir Becker[45]:

> As contribuições PIS e COFINS são tributos diretos porque, nestas, os fatos geradores, a implementação prática do princípio constitucional da não cumulatividade – para as que são cobradas por esse regime –, bem como a ausência da figura do contribuinte de fato inviabilizam sua repercussão direta, perceptível, de forma notória, em tributos como IPI e o ICMS.

A verdade é que os contribuintes que desejam possuir maior controle do valor referente ao custo de suas operações e em relação ao impacto do PIS/PASEP e da COFINS sobre o preço de venda, geralmente fazem o *gross-up* destas contribuições junto com os demais impostos que pretendem calcular 'por dentro' do produto ou do serviço.

Muito embora a legislação não mencione que as contribuições integrem a sua própria base, essa é uma prática de mercado.

No caso de venda de mercadorias, essas contribuições não são calculadas 'por fora' e inseridas no valor total da Nota Fiscal. Por incidirem sobre o faturamento, no momento da venda de uma mercadoria, haverá necessariamente uma carga de PIS e COFINS naquela venda.

Inclusive, na principal obrigação acessória ligada ao PIS/PASEP e à COFINS (Escrituração Fiscal Digital – Contribuições), essas contribuições são calculadas item a item.

Porém, como elas incidem sobre todo o faturamento, há outras situações em que essas contribuições serão cobradas,

[45] BECKER, Walmir Luiz. **A repetição de indébitos de PIS e COFINS e o problema da transferência dos respectivos encargos financeiros aos adquirentes de bens, mercadorias e serviços**. Disponível em: https://jus.com.br/artigos/46739/a-repeticao-de-indebitos-de-pis-e-cofins-e-o-problema-da-transferencia-dos-respectivos-encargos-financeiros-aos-adquirentes-de-bens-mercadorias-e-servicos; Acessado em: 20/12/2017.

independentemente da venda de mercadorias. É o caso, por exemplo, do contribuinte auferir receita financeira.

Neste caso, realmente não há o que se falar em cadeia de circulação e repasse de encargo financeiro ao consumidor.

Por tais razões, entendemos que é mais razoável classificar as contribuições ao PIS/PASEP e à COFINS como tributos híbridos.

Essa classificação é essencial pois, no geral, os tributos indiretos são lançados ao longo da cadeia e o art. 166 do CTN determina que *"A restituição de tributos que comportem, por sua natureza, transferência do respectivo encargo financeiro somente será feita a quem prove haver assumido o referido encargo, ou, no caso de tê-lo transferido a terceiro, estar por este expressamente autorizado a recebê-la."*.

E quanto a isso, parte da doutrina entende que o fato de, na prática, essas contribuições repercutirem financeiramente (aproximando-se à classificação dos tributos indiretos), não impede que o contribuinte de direito tenha o direito a restituição, independente da prova do não repasse do ônus financeiro. Nesse sentido, Igor Mauler Santiago[46] menciona que:

> Nenhuma contradição há, portanto, em admitir o fato econômico da transferência do ônus financeiro do PIS e da COFINS (bem como de todos os outros tributos diretos) para os preços dos produtos ou serviços comercializados pelo contribuinte e ainda assim reconhecer-lhe legitimidade para pleitear a sua restituição em caso de pagamento indevido, limitando o alcance do art. 166 do CTN aos indiretos.

[46] SANTIAGO, Igor. **Repasse do ônus econômico de tributos diretos: a controvérsia sobre o PIS e a COFINS das companhias telefônicas**. Disponível em: https://www.researchgate.net/publication/266453750_REPASSE_DO_ONUS_ECONOMICO_DE_TRIBUTOS_DIRETOS_A_CONTROVERSIA_SOBRE_O_PIS_E_A_COFINS_DAS_COMPANHIAS_TELEFONICAS?enrichId=rgreq-8c5ea2c7cabb5192c6551176456c1f2b-XXX&enrichSource=Y292ZXJQYWdlOzI2NjQ1Mzc1MDtBUzoyMTMxNTc4OTAwMDcwNDBAMTQyNzgzMjIwOTAzOQ%3D%3D&el=1_x_3&_esc=publicationCoverPdf. Acessado em: 20/03/2018.

Ademais, para fins do PIS/PASEP e da COFINS, outra avaliação relevante é se ele compõe a sua própria base, uma vez que o STF já decidiu que o ICMS não compõe a base de cálculo das contribuições[47] e há decisões de primeira instância[48] no sentido de que as próprias contribuições ao PIS/PASEP e à COFINS não devem compor a sua própria base. O judiciário entende que o tema é semelhante ao caso da incidência do ICMS na base de cálculo das contribuições, possuindo a mesma natureza. Ou seja, se o ICMS deve ser excluído da base de cálculo das contribuições por não representar faturamento do próprio contribuinte, pelo mesmo motivo, o PIS e a COFINS deveriam também ser excluídos.

Não é a intenção do presente estudo entrar no mérito se o PIS/PASEP e a COFINS compõem a sua própria base, contudo, os contribuintes devem avaliar a possibilidade de eventual questionamento judicial do tema, uma vez que ele permanece indefinido na jurisprudência.

De certo, é de extrema necessidade a decisão de como calcular a exclusão do ICMS da base de cálculo das mencionadas contribuições e, ainda, se elas compõem as suas próprias bases, uma vez que isso impacta diretamente a formação do preço a ser praticado pelos contribuintes.

3.3. Contribuinte de Fato e de Direito

O contribuinte de direito é aquele que a legislação determina como vinculado diretamente à relação jurídico tributária, o qual pratica o fato gerador do tributo. Por sua vez, o contribuinte de fato é aquele quem arca com o encargo financeiro tributário.

[47] STF; RE 574706 / PR; Tribunal Pleno; Relatora: Ministra Cármen Lúcia; Julgamento: 15/03/2017.

[48] Ex: Mandado de Segurança nº 5016294-16.2017.4.04.7108/RS; 1ª Vara Federal de Novo Hamburgo; Juiz Nórton Luís Benites.

Alfredo Becker[49] traz definição elucidativa acerca de quem será o contribuinte de fato e de direito na relação jurídico tributária:

> Contribuinte de fato – A pessoa que suporta definitivamente o ônus econômico do tributo (total ou parcial), por não poder repercuti-lo sobre outra pessoa, é o contribuinte 'de fato'. Em síntese: contribuinte 'de fato' é a pessoa que sofre a incidência econômica do tributo acima conceituada.
>
> Contribuinte de jure – A relação jurídica tributária vincula o sujeito passivo (situado no seu pólo negativo) ao sujeito ativo (situado no pólo positivo). A pessoa que a regra jurídica localizar no pólo negativo da relação jurídica tributária é o contribuinte de jure. Noutras palavras, o contribuinte de jure é o sujeito passivo da relação jurídico tributária. Em síntese: o contribuinte de jure é a pessoa que sofre a incidência jurídica do tributo acima conceituada.

Trata-se de definição extremamente importante para a verificação de quem será o legitimado a pleitear eventual restituição de tributos pagos a maior ou indevidamente.

Em resumo, para fins do ICMS, o contribuinte de direito é quem pratica o fato gerador, ou seja, no caso de venda de mercadorias, é quem promove a circulação jurídica da mercadoria. Para fins desse imposto, o contribuinte de fato é quem adquire a mercadoria e arca com o ônus financeiro, uma vez que o ICMS é inserido no valor total do produto.

3.4. Cabimento de Repetição do Indébito e do Pedido de Restituição e Compensação

A repetição do indébito, nos dizeres de José Eduardo Soares de Melo[50] tem a:

[49] BECKER, Alfredo Augusto; **Teoria Geral do Direito Tributário.** 4 ed. São Paulo: Noeses, 2007. p. 565

[50] MELO, José Eduardo Soares de. **Curso de Direito Tributário.** 10ª edição. São Paulo: Dialética, 2012. p.608.

> Finalidade de obter da Fazenda Pública a restituição de valores tributários recolhidos indevidamente, nos casos de I) cobrança ou pagamento espontâneo do tributo indevido ou a maior que o devido em face da legislação tributária aplicável, ou da natureza ou circunstâncias materiais do fato gerador efetivamente ocorrido; II) erro na edificação do sujeito passivo, na determinação da alíquota aplicável, no cálculo do montante do débito ou na conferência de qualquer documento relativo ao pagamento; III) reforma, anulação, revogação ou rescisão de decisão condenatória (art. 165, CTN).

É importante mencionar que, conforme art. 166, CTN, "*A restituição de tributos que comportem, por sua natureza, transferência do respectivo encargo financeiro somente será feita a quem prove haver assumido o referido encargo, ou, no caso de tê-lo transferido a terceiro, estar por este expressamente autorizado a recebê-la.*".

Esse dispositivo é muito comum ao ICMS, uma vez que ele é um tributo que, por natureza, é repassado ao longo da cadeia. Ou seja, não necessariamente um contribuinte que realizou o destaque indevido ou a maior do ICMS na nota fiscal é o contribuinte que terá direito à restituição. Isto porque o ICMS é um imposto que repercute financeiramente ao próximo ente da cadeia de circulação.

No mesmo sentido, Aliomar Baleeiro[51] esclarece que:

> No art. 166, o CTN dá solução racional a velho problema, que já ocupou e dividiu muito as opiniões em nossos Tribunais, inclusive no STF.
>
> Este acabou por entender que todos os impostos chamados "indiretos" comportam sempre a repercussão do ônus econômico do contribuinte de *iure* para o contribuinte de *facto*, isto é,

[51] BALEEIRO, Aliomar. **Direito Tributário Brasileiro** – Atualizada por Mizabel Abreu Machado Derzi. 12ª Ed. Rio de Janeiro: Forense, 2013. p.515.

para o consumidor ou comprador. O vendedor tributado acresceria o tributo ao preço e o recobraria dos compradores sucessivos.

Por mais que a repercussão do encargo financeiro no ICMS seja transferida ao contribuinte de fato, o STJ[52] entendeu que, embora o art. 166 do CTN tenha estabelecido a condição à repetição do indébito a ser pleiteada pelo contribuinte de direito, isso não dá a legitimidade ao contribuinte de fato de pleitear a repetição, conforme segue:

> RECURSO ORDINÁRIO EM MANDADO DE SEGURANÇA. PROCESSO TRIBUTÁRIO. AÇÃO DECLARATÓRIA DE INEXIGIBILIDADE C/C REPETIÇÃO DE INDÉBITO. ICMS. TRIBUTO INDIRETO. CONSUMIDOR. 'CONTRIBUINTE DE FATO'. ILEGITIMIDADE ATIVA. RECURSO NÃO PROVIDO.
>
> 1. Os consumidores de energia elétrica, de serviços de telecomunicação não possuem legitimidade ativa para pleitear a repetição de eventual indébito tributário do ICMS incidente sobre essas operações.
>
> 2. *A caracterização do chamado contribuinte de fato presta-se unicamente para impor uma condição à repetição de indébito pleiteada pelo contribuinte de direito, que repassa o ônus financeiro do tributo cujo fato gerador tenha realizado (art. 166 do CTN), mas não concede legitimidade ad causam para os consumidores ingressarem em juízo com vistas a discutir determinada relação jurídica da qual não façam parte*. 3. Os contribuintes da exação são aqueles que colocam o produto em circulação ou prestam o serviço, concretizando, assim, a hipótese de incidência legalmente prevista.
>
> 4. Nos termos da Constituição e da LC 86/97, o consumo não é fato gerador do ICMS.

[52] STJ; RMS 24.532/AM, Rel. Ministro Castro Meira, Segunda Turma, julgado em 26.08.2008, DJe 25.09.2008.

5. Declarada a ilegitimidade ativa dos consumidores para pleitear a repetição do ICMS.

6. Recurso ordinário não provido.

(grifos nossos)

Em resumo, o STJ possui dois entendimentos, sob o rito de recursos repetitivos, sobre a legitimidade para a propositura da ação de repetição de indébito, uma proferida em 2010 e a outra em 2012. A decisão de 2010 foi no sentido de que apenas o contribuinte de direito detém legitimidade para propor a repetição de indébito[53]:

> PROCESSO CIVIL. RECURSO ESPECIAL REPRESENTATIVO DE CONTROVÉRSIA. ARTIGO 543-C, DO CPC. TRIBUTÁRIO. IPI. RESTITUIÇÃO DE INDÉBITO. DISTRIBUIDORAS DE BEBIDAS. CONTRIBUINTES DE FATO. ILEGITIMIDADE ATIVA AD CAUSAM. SUJEIÇÃO PASSIVA APENAS DOS FABRICANTES (CONTRIBUINTES DE DIREITO). RELEVÂNCIA DA REPERCUSSÃO ECONÔMICA DO TRIBUTO APENAS PARA FINS DE CONDICIONAMENTO DO EXERCÍCIO DO DIREITO SUBJETIVO DO CONTRIBUINTE DE JURE À RESTITUIÇÃO (ARTIGO 166, DO CTN). LITISPENDÊNCIA. PREQUESTIONAMENTO. AUSÊNCIA. SÚMULAS 282 E 356/STF. REEXAME DE MATÉRIA FÁTICO-PROBATÓRIA. SÚMULA 7/STJ. APLICAÇÃO.
>
> *1. O "contribuinte de fato" (in casu, distribuidora de bebida) não detém legitimidade ativa ad causam para pleitear a restituição do indébito* relativo ao IPI incidente sobre os descontos incondicionais, recolhido pelo "contribuinte de direito" (fabricante de bebida), por não integrar a relação jurídica tributária pertinente.
>
> (...)

53 STJ; REsp 903394 / AL; Primeira Seção; Julgamento em 24/03/2010; Ministro Luiz Fux.

> 3. Consequentemente, é certo que o recolhimento indevido de tributo implica na obrigação do Fisco de devolução do indébito ao contribuinte detentor do direito subjetivo de exigi-lo.
>
> 4. Em se tratando dos denominados "tributos indiretos" (aqueles que comportam, por sua natureza, transferência do respectivo encargo financeiro), a norma tributária (artigo 166, do CTN) impõe que a restituição do indébito somente se faça ao contribuinte que comprovar haver arcado com o referido encargo ou, caso contrário, que tenha sido autorizado expressamente pelo terceiro a quem o ônus foi transferido.
>
> (...)
>
> Em suma: *o direito subjetivo à repetição do indébito pertence exclusivamente ao denominado contribuinte de direito.* Porém, uma vez recuperado o indébito por este junto ao Fisco, pode o contribuinte de fato, com base em norma de direito privado, pleitear junto ao contribuinte tributário a restituição daqueles valores.
>
> (...)
>
> 2. A caracterização do chamado *contribuinte de fato presta-se unicamente para impor uma condição à repetição de indébito pleiteada pelo contribuinte de direito,* que repassa o ônus financeiro do tributo cujo fato gerador tenha realizado (art. 166 do CTN), *mas não concede legitimidade ad causam para os consumidores ingressarem em juízo com vistas a discutir determinada relação jurídica da qual não façam parte.*
>
> (...)
>
> (grifos nossos)

Por sua vez, na decisão de 2012, estendeu-se a possibilidade de legitimidade para a propositura de ação de repetição de indébito ao contribuinte de fato, mas apenas e tão somente nos casos de serviço público objeto de concessão (energia elétrica). Ou seja, o consumidor da energia elétrica estaria também legitimado a propor a ação de repetição do indébito[54]:

[54] STJ; REsp 1299303 / SC; Primeira Seção; Julgamento em 08/08/2012; Ministro Cesar Asfor Rocha.

RECURSO ESPECIAL. REPRESENTATIVO DA CONTROVÉRSIA. ART. 543-C CÓDIGO DE PROCESSO CIVIL. CONCESSÃO DE SERVIÇO PÚBLICO. ENERGIA ELÉTRICA. INCIDÊNCIA DO ICMS SOBRE A DEMANDA "CONTRATADA E NÃO UTILIZADA". LEGITIMIDADE DO CONSUMIDOR PARA PROPOR AÇÃO DECLARATÓRIA C/C REPETIÇÃO DE INDÉBITO.

– Diante do que dispõe a legislação que disciplina as concessões de serviço público e da peculiar relação envolvendo o Estado-concedente, a concessionária e o *consumidor, esse último tem legitimidade para propor ação declaratória c/c repetição de indébito na qual se busca afastar, no tocante ao fornecimento de energia elétrica, a incidência do ICMS sobre a demanda contratada e não utilizada.*

– O acórdão proferido no REsp 903.394/AL (repetitivo), da Primeira Seção, Ministro Luiz Fux, DJe de 26.4.2010, dizendo respeito a distribuidores de bebidas, não se aplica aos casos de fornecimento de energia elétrica.

Recurso especial improvido. Acórdão proferido sob o rito do art. 543-C do Código de Processo Civil.

Há quem entenda que a repetição deveria ser autorizada a todos os contribuintes de fato[55]. Contudo, embora a jurisprudência do STJ tenha avançado, ela se aplica apenas para os casos de hipóteses envolvendo concessionárias ou permissionárias de serviços públicos sendo que, no caso, avaliou-se apenas o caso do ICMS devido sobre a energia elétrica.

Portanto, atualmente, exceto nos casos de pedido de restituição feito em casos de concessionárias e permissionárias, a jurisprudência apenas admite a restituição pelo contribuinte de direito.

[55] CHAGAS, Erick Joseph Rabelo. **Repetição do indébito tributário e legitimidade do contribuinte indireto.** Disponível em: http://www.conteudojuridico.com.br/artigo,repeticao-do-indebito-tributario-e-legitimidade-do-contribuinte-indireto,56343.html; Acessado em: 25/03/2018.

Quanto às formas de restituição, nas palavras de José Hable[56], "*pode-se afirmar que restituição é o gênero, que tem como espécies, a compensação (estorno contábil ou compensação financeira) e a devolução em moeda corrente.*".

Vale dizer que, caso o contribuinte já tenha ingressado com ação judicial pleiteando a restituição do tributo, pode-se haver conversão para se admitir a compensação. A esse respeito, José Carlos Francisco[57] alerta que:

> O fato é que a compensação (recuperação e crédito em face do fisco) ou a repetição de indébito (recuperação em dinheiro em face do fisco) são dois meios equivalentes para a recuperação de um mesmo pagamento indevido, de maneira que é perfeitamente possível a fungibilidade do provimento judicial transitado em julgado, vale dizer, a conversão de um meio para outro (no todo ou em parte), mantidos os mesmos valores e sujeitos.

Dessa forma, entende-se que, mesmo transitada em julgado decisão que determine a restituição de valores tributários pagos a maior, caso o contribuinte perceba a possibilidade de compensar o tributo devido, é possível que o faça, sem que isso implique em ofensa à coisa julgada.

Contudo, alerta o mesmo autor[58] que:

> (...) admitida a conversão do provimento jurisdicional de repetição para compensação, devem ser observados os termos do art. 63 e parágrafos, bem como dos parágrafos do art. 74, ambos da

[56] HABLE, José. Disponível em: https://jus.com.br/artigos/58288/a-repeticao-do-indebito-tributario-o-pedido-de-devolucao-de-tributo-pago-indevidamente/2; Acessado em 20/02/2018.

[57] FRANCISCO, José Carlos. **Segurança Jurídica e Fungibilidade da Coisa Julgada: Repetição e Compensação de Indébitos**. *In*: DIAS, Karem Jureidini; PEIXOTO, Marcelo Magalhães (Coord.). Compensação Tributária. São Paulo: MP, 2007. p. 348.

[58] *Ibidem*. P.350-351.

> Lei 9.430/96 (...) para fins de constituição do crédito tributário pelo lançamento (imperativo previsto para cessar o prazo decadencial), motivo pelo qual o contribuinte deverá enviar aos órgãos fiscais competentes para fiscalizar o tributo em questão, declaração na qual constem informações relativas aos créditos utilizados e aos respectivos débitos compensados segundo esta decisão.

Em outras palavras, aplicada a fungibilidade e permitida a compensação em vez da repetição, o contribuinte terá que elaborar a chama Declaração de Compensação, para fins dos tributos federais, que ficará sujeita a posterior homologação.

Vale dizer que o Conselho Administrativo de Recursos Fiscais (CARF) já reconheceu o direito à compensação antes do transito em julgado da ação judicial, adequando sua jurisprudência à do STF. Segue ementa do acórdão do CARF[59]:

> PIS. BASE DE CÁLCULO. INCONSTITUCIONALIDADE DO § 1º DO ARTIGO 3º, DA LEI Nº 9.718/98, QUE AMPLIAVA O CONCEITO DE FATURAMENTO. NÃO INCIDÊNCIA DA CONTRIBUIÇÃO SOBRE RECEITAS NÃO COMPREENDIDAS NO CONCEITO DE FATURAMENTO ESTABELECIDO PELA CONSTITUIÇÃO FEDERAL PREVIAMENTE À PUBLICAÇÃO DA EC Nº 20/98.
>
> A base de cálculo do PIS e da COFINS é o faturamento, assim compreendido a receita bruta das vendas de mercadorias, de serviços e de mercadorias e serviços de qualquer natureza. Inadmissível o conceito ampliado de faturamento contido no § 1º do art. 3º da Lei nº 9.718/98, uma vez que referido dispositivo foi declarado inconstitucional pelo plenário do Supremo Tribunal Federal (STF).
>
> Diante disso, não poderão integrar a base de cálculo da contribuição as receitas não compreendidas no conceito de faturamento

[59] CARF; Número do Processo 10880.906342/2008-96; Terceira Sessão de Julgamento; Data da Sessão 22/03/2018; Relator: Diego Diniz Ribeiro.

> previsto no art. 195, I, "b", na redação originária da Constituição Federal de 1988, previamente à publicação da Emenda Constitucional nº 20, de 1998.
>
> *COMPENSAÇÃO. PEDIDO REALIZADO ANTES DO TRÂNSITO EM JULGADO EM FAVOR DO CONTRIBUINTE. QUESTÃO DE CONTEÚDO QUE DEVE SE SOBREPOR À FORMA. PREVALÊNCIA DA RATIO DECIDENDI DE PRECEDENTE PRETORIANO DE CARÁTER VINCULANTE COM A ADEQUAÇÃO DO DISPOSTO NO ART. 170-A DO CTN.*
>
> *Embora o pedido de compensação perpetrado pelo contribuinte tenha se contraposto à literalidade do art. 170-A do CTN, ao final do processamento judicial a lide por ele proposta foi julgada procedente, com base em precedente vinculante do STF. (RE n. 357.950)* o que, por sua vez, faz convocar em seu favor o disposto nos artigos 489, § 1o, inciso VI, 926 e s.s., todos do CPC/2015, bem como o disposto no art. 62, § 1º, inciso II, alínea "b" do RICARF e, ainda, ao prescrito no art. 2º, inciso V da Portaria PGFN n. 502/2016.
>
> Recurso voluntário provido para sujeitar a Administração Pública ao precedente vinculante do STF (RE n. 357.950). Pedido de compensação a ser analisado pela instância competente apenas para fins de apuração quanto a adequação do montante compensado.
>
> (grifos nossos)

No que se refere ao ICMS recolhido a maior, os contribuintes geralmente realizam o pedido de restituição e, caso acolhido, solicitam o reconhecimento do direito de compensação do ICMS em conta gráfica, ou seja, na própria apuração mensal do ICMS.

Contudo, acórdãos do Tribunal de Justiça de São Paulo (TJ/SP)[60] negam esse pedido, por falta de previsão legal:

[60] TJ/SP; Apelação nº 1026933-72.2016.8.26.0053; Órgão julgador: 3ª Câmara de Direito Público; Data do julgamento: 27/02/2018; Relator: Amorim Cantuária.

> APELAÇÕES E RECURSO OFICIAL, CONSIDERADO INTERPOSTO. AÇÃO ANULATÓRIA DE DÉBITO FISCAL. DÉBITO DE ICMS SUBMETIDO AO PROGRAMA ESPECIAL DE PARCELAMENTO. (...). *IMPOSSIBILIDADE DE COMPENSAÇÃO – AUSÊNCIA DE LEGISLAÇÃO ESPECÍFICA, INTELIGÊNCIA DO ARTIGO 170 DO CTN*. DETERMINADA A EXCLUSÃO DA APLICAÇÃO DA LEI ESTADUAL Nº 13.918/09 DO CÁLCULO DA MULTA PUNITIVA. RECURSO OFICIAL E APELAÇÃO DA FAZENDA PÚBLICA DESPROVIDOS. RECURSO DO AUTOR PARCIALMENTE PROVIDO.
>
> (...)
>
> No pertinente à compensação pretendida pelo autor, tem- se que a possibilidade de compensação do valor a ser restituído em conta gráfica não comporta acolhida.
>
> Isto porque, no caso em apreço, trata-se de hipótese de mera repetição de indébito tributário, não autorizada por lei, porquanto a compensação encontra aplicação restrita, conforme dispõe o art. 170 do CTN.

Portanto, para fins de ICMS, reconhecido o direito à repetição do indébito, o valor não poderá ser compensado diretamente pelo contribuinte em sua apuração.

É importante ressaltar, por fim, a existência da Portaria da Coordenadoria de Administração Tributária nº 83/1991 (Portaria CAT 83/91)[61]. Por essa norma são previstas algumas hipóteses de possibilidade de compensação do ICMS pago a maior diretamente na apuração:

> Artigo 1º – O contribuinte poderá creditar-se, independentemente de autorização, do valor do imposto indevidamente pago em razão de destaque a maior em documento fiscal, até a importância correspondente a 50 Unidades Fiscais do Estado de São

[61] Art. 1º e seguintes da Portaria CAT 83/91.

Paulo – UFESPs, em função de cada documento fiscal, tomado como referência o valor desse índice no primeiro dia do mês da ocorrência do pagamento indevido:

§ 1º – O lançamento será feito no livro Registro de Apuração do ICMS, no quadro "Crédito do Imposto – Outros Créditos", com a expressão "Recuperação do ICMS – Art. 60, VII, do RICMS", com indicação do documento fiscal relativo à operação ou prestação.

§ 2º – O crédito somente poderá ser efetuado à vista de autorização firmada pelo destinatário do documento fiscal, com declaração sobre a sua não-utilização ou seu estorno, devendo tal documento ser conservado nos termos do artigo 193 do Regulamento do ICMS, aprovado pelo Decreto 33.118, de 14 de março de 1991.

(...)

Artigo 2º – A restituição ou compensação de importância paga indevidamente a título de Imposto de Circulação de Mercadorias e de Prestação de Serviços somente será deferida a sujeito passivo do imposto.

§ 1º – A restituição ou compensação do imposto será feita a quem prove haver assumido o encargo financeiro, ou, no caso de tê-lo transferido a terceiro, estar por este expressamente autorizado a reavê-lo.

§ 2º – Será formulado um pedido em relação a cada destinatário de documento fiscal, ainda que se referindo a mais de um documento, devendo o peticionário apresentar as correspondentes vias fixas à repartição fiscal, que nestas lavrará termo sucinto.

Artigo 3º – A restituição ou compensação de que trata o artigo anterior será feita à vista de declaração firmada pelo destinatário do documento fiscal de que não utilizou como crédito a quantia restituenda ou compensada ou de que a estornou.

Artigo 4º – Quando o pedido de restituição ou compensação se referir a importância superior a 100 Unidades Fiscais do Estado de São Paulo – UFESPs, a declaração prevista no artigo anterior deverá ser certificada pela repartição fiscal a que estiver vinculado o destinatário do documento fiscal.

Basicamente a regra acima determina que:

- Até 50 UFESPs por documento: não há necessidade de solicitar autorização do fisco estadual para compensar o valor, mas o contribuinte vendedor ou remetente deve ter a carta de não aproveitamento do crédito de ICMS do comprador ou destinatário (art. 1º da referida Portaria CAT);
- De 50 a 100 UFESPs: o contribuinte deverá solicitar a restituição ou compensação ao Posto Fiscal que estiver vinculado. Deve ser formulado um pedido em relação a cada comprador ou destinatário, devendo o remetente apresentar as correspondentes vias fixas à repartição fiscal. Neste caso, o remetente também deve guardar o termo de não aproveitamento do crédito do comprador (art. 2º e 3º da referida Portaria CAT);
- Acima de 100 UFESPs: deve ser feito pedido de restituição e, ainda, a declaração de não aproveitamento deverá ser certificada pela repartição fiscal. da referida (art. 4º da referida Portaria CAT)

O pedido de restituição ou compensação deve ser instruído com diversos documentos, como a cópia das notas fiscais, livro de saídas, Guia de Informação e Apuração do ICMS.

Em resumo, no Estado de São Paulo, embora o Judiciário não permita o lançamento de valores de ICMS discutidos judicialmente diretamente na apuração de ICMS, caso o próprio contribuinte identifique o recolhimento a maior, observadas as regras da legislação estadual, poderá lançar o valor recolhido a maior a crédito em sua apuração.

4. Conclusão

Dentre as estratégias de formação de preço nas vendas de mercadorias ou na prestação de serviços, há diversos fatores econômicos a serem levados em consideração.

Além desses fatores econômicos, é essencial que o contribuinte entenda qual será o impacto que os tributos causarão nesse preço, notadamente o ICMS, ISS, IPI, PIS/PASEP e COFINS.

Uma das principais formas de se calcular o preço final de uma mercadoria ou serviço parte do custo da própria mercadoria ou serviço, adicionando uma margem de lucro e, após, calculando o impacto nos tributos nas operações, realizando-se o chamado *gross up* dos tributos que impactam o preço de mercadoras ou serviços. Porém, obviamente, a depender da estratégia empresarial, determinadas empresas podem optar por não fazer a precificação dessa forma.

O tributo que costuma impactar mais o preço das mercadorias vendidas por um contribuinte é o ICMS[62], devido à sua alíquota elevada em diversas operações. Ademais, trata-se de um tributo de alta complexidade, uma vez que é um tributo de competência estadual, possuir algumas possibilidades de alíquotas a depender do produto/operação, incentivos fiscais, incidências sobre vários tipos de operações e aplicações de regimes diferenciados.

Uma das principais formas de planejamento para reduzir o preço de produtos comercializados por um contribuinte é avaliar a possibilidade de mudança do local a partir do qual a mercadoria é vendida. A escolha da localização de um centro de distribuição ou de uma nova fábrica, por exemplo, pode

[62] Sabe-se que o IPI também pode ter alta influência no preço, em razão do princípio da seletividade, segundo o qual os tributos menos essenciais são tributos com maiores alíquotas.

influenciar no preço a ser praticado, bem como na possibilidade de aumento da lucratividade das operações.

Contudo, esse tipo de planejamento, apesar de apresentar resultados favoráveis, deve ser analisado à luz da chamada "Guerra Fiscal", que tiveram importantes alterações legislativas no ano de 2017.

Devido à complexidade tributária brasileira, é comum os contribuintes realizam o cálculo incorreto de tributos incidente nas operações que praticam. A partir daí, cabe a análise dos métodos para solicitar a restituição ou compensação, no caso de pagamento indevido ou a maior.

Diante disso, cabe a avaliação se o tributo para o qual se solicita a restituição é classificado como tributo direto ou indireto, ou seja, se o tributo comporta a transferência de seu encargo financeiro para outro ente da cadeia, trata-se de um tributo indireto. Caso contrário, trata-se de um tributo direto.

Ou seja, em determinados casos, o contribuinte que pratica o fato gerador (contribuinte de direito), não é o mesmo que arca com o ônus financeiro (contribuinte de fato).

É o caso, por exemplo, do ICMS, no qual a sua carga é inserida no valor dos produtos (calculado 'por dentro'), e repassado ao longo da cadeia, de forma que aquele que recebe a mercadoria, geralmente arca com o ônus financeiro.

Diante disso, cabe avaliar quem é o contribuinte legitimado a solicitar a restituição. Embora seja o contribuinte de fato que arque com o encargo financeiro, o STJ já pacificou o entendimento de que o pedido de restituição apenas pode ser realizado pelo contribuinte de direito, podendo haver um acordo privado no qual o contribuinte de direito se comprometa a restituir o contribuinte de fato. Há quem entenda, no entanto, que a restituição pode ser pleiteada pelo contribuinte de fato.

Após, cabe a avaliação se um pedido de restituição realizado perante o Judiciário poderá, ao final, ser convertido para permitir a compensação. Com relação ao ICMS em São Paulo, o judiciário entende que não há essa possibilidade, por falta de previsão legal. Contudo, se o contribuinte entender que recolheu ICMS a maior, antes de ingressar com uma ação judicial solicitando a restituição, há possibilidade de seguir as regras da Portaria CAT nº 83/91, para lançar o valor recolhido a maior como crédito na apuração de ICMS.

Referências

ALEXANDRE, Ricardo. Direito Tributário *Esquematizado.* 2ª ed. São Paulo: Método, 2008.

AMARO, Luciano. *Direito tributário brasileiro.* 20. ed. São Paulo: Saraiva, 2014;

ATALIBA, Geraldo. *Hipótese de incidência tributária.* São Paulo: Malheiros, 2003.

BALEEIRO, Aliomar. *Direito Tributário Brasileiro* – Atualizada por Mizabel Abreu Machado Derzi. 12ª Ed. Rio de Janeiro: Forense.

BECKER, Alfredo Augusto. *Teoria Geral do Direito Tributário.* 4 ed. São Paulo: Noeses, 2007.

BECKER, Walmir Luiz. *A repetição de indébitos de PIS e COFINS e o problema da transferência dos respectivos encargos financeiros aos adquirentes de bens, mercadorias e serviços.* Disponível em: https://jus.com.br/artigos/46739/a-repeticao-de-indebitos-de-pis-e-cofins-e-o-problema-da-transferencia-dos-respectivos-encargos-financeiros-aos-adquirentes-de-bens-mercadorias-e-servicos .

CARRAZA, Roque Antonio. *ICMS.* São Paulo: Malheiros, 2015.

__________. *Curso de direito constitucional tributário.* 24ª ed. São Paulo: Malheiros, 2006.

CHAGAS, Erick Joseph Rabelo. *Repetição do indébito tributário e legitimidade do contribuinte indireto.* Disponível em: http://www.conteudojuridico.com.br/artigo,repeticao-do-indebito-tributario-e-legitimidade-do-contribuinte-indireto,56343.html; Acessado em: 25/03/2018.

Deloitte Touche Tohmatsu Consultores. *Compliance tributário no Brasil As estruturas das empresas para atuar em um ambiente complexo.* Disponível em: www.deloitte.com.

FABRETI, Láudio Camargo. *Direito Tributário Aplicado: Impostos e Contribuições das Empresas.* São Paulo: Atlas, 2006.

FERNANDES, Luis Dias. *Repetição do indébito tributário: o inconstitucional artigo 166 do CTN.* Rio de Janeiro: Renovar, 2002.

HOGAN, John; NAGLE. *Estratégias e Táticas de Preço: Um Guia para Crescer com Lucratividade.* 4ª Ed. Tradução Sonia Midori Yamamoto e Fabrício Pereira Soares; revisão Técnica Celeste Guarita. São Paulo: Pearson Education do Brasil, 2007.

IDALINA, Monah. *Definição de bem elástico e bem inelástico.* Disponível em: http://cienciaeconomica20.wixsite.com/economia/single-post/2014/11/25/--Defini%C3%A7%C3%A3o-de-bem-el%C3%A1stico-e-bem--inel%C3%A1stico.

JUBÉ, Andrea. *"Conselhão" propõe tributo federal único sobre consumo e produção.* Valor Econômico, São Paulo, 17 fev. 2017.

LIRA Advogados. *O ICMS dispensa a prova da repercussão.* Disponível em: http://www.liraa.com.br/conteudo/365/o-icms-dispensa-a-prova-da--repercussao.

MACHADO, Hugo de Brito. *Curso de direito tributário.* 19. ed São Paulo: Malheiros, 2001

MARINO, Ricardo. *Formação de preço e extorsão tributária.* Disponível em: http://www.fiscosoft.com.br/main_online_frame.php?page=/index.php?PID=-250512&key=QjZNVFE0TkRJeE5UZzJNVGsxTURZeE9UVXdOakU1T lRBMU1BPT1YNA .

MELO, José Eduardo Soares de. *Contribuições Sociais no Sistema Tributário.* 6ª ed. São Paulo: Malheiros, 2010.

__________. *Curso de Direito Tributário.* 10ª Ed. São Paulo: Dialética, 2012.

PERES, Adriana Manni; MARIANO, Paulo Antonio. *ICMS e IPI no dia a dia das empresas.* 5ª Ed. São Paulo: IOB, 2010.

SANTIAGO, Igor. *Repasse do ônus econômico de tributos diretos: a controvérsia sobre o PIS e a COFINS das companhias telefônicas.* Disponível em: https://www.researchgate.net/publication/266453750_REPASSE_DO_ONUS_ECONOMICO_DE_TRIBUTOS_DIRETOS_A_CONTROVERSIA_SOBRE_O_PIS_E_A_COFINS_DAS_COMPANHIAS_TELEFONICAS?enrichId=rgreq-8c5ea2c7cabb5192c6551176456c1f2b-XXX&enrichSource=Y292ZXJQYWdlOzI2NjQ1Mzc1MDtBUzoyMTMxNTc4OTAwMDcwNDBAMTQyNzgzMjIwOTAzOQ%3D%3D&el=1_x_3&_esc=publicationCoverPdf. Acessado em: 20/03/2018.

SANTOS, Roberto. *Planejamento do preço de venda.* Disponível em: http://www.scielo.br/scielo.php?script=sci_arttext&pid=S1413-92511997000100005.

SARDINHA, José Carlos. *Formação de Preço: a arte do negócio.* São Paulo: Makron Books, 1995.

Referências Jurídicas

BRASIL. Constituição (1988). Constituição da República Federativa do Brasil. Brasília, DF, 1988.

BRASIL. Resolução nº 13/2012. Estabelece alíquotas do Imposto sobre Operações Relativas à Circulação de Mercadorias e sobre Prestação de Serviços de Transporte Interestadual e Intermunicipal e de Comunicação (ICMS), nas operações interestaduais com bens e mercadorias importados do exterior. Brasília, DF, 1988.

BRASIL. Lei Complementar nº 24/1975. Dispõe sobre os convênios para a concessão de isenções do imposto sobre operações relativas à circulação de mercadorias, e dá outras providências. Brasília, DF, 1975.

BRASIL. Lei Complementar nº 87/1996. Dispõe sobre o imposto dos Estados e do Distrito Federal sobre operações relativas à circulação de mercadorias e sobre prestações de serviços de transporte interestadual e intermunicipal e de comunicação, e dá outras providências. (LEI KANDIR). Brasília, DF, 2017.

BRASIL. Lei Complementar nº 101/2000. Estabelece normas de finanças públicas voltadas para a responsabilidade na gestão fiscal e dá outras providências. Brasília, DF, 2017.

BRASIL. Lei Complementar nº 160/2017. Dispõe sobre convênio que permite aos Estados e ao Distrito Federal deliberar sobre a remissão dos créditos tributários, constituídos ou não, decorrentes das isenções, dos incentivos e dos benefícios fiscais ou financeiro-fiscais instituídos em desacordo com o disposto na alínea "g" do inciso XII do § 2o do art. 155 da Constituição Federal e a reinstituição das respectivas isenções, incentivos e benefícios fiscais ou financeiro-fiscais; e altera a Lei no 12.973, de 13 de maio de 2014. Brasília, DF, 2017.

BRASIL. Convênio CONFAZ nº 190/2017. Dispõe, nos termos autorizados na Lei Complementar nº 160, de 7 de agosto de 2017, sobre a remissão de créditos tributários, constituídos ou não, decorrentes das isenções, dos incentivos e dos benefícios fiscais ou financeiro-fiscais instituídos em desacordo com o disposto na alínea "g" do inciso XII do § 2º do art. 155 da Constituição Federal, bem como sobre as correspondentes reinstituições. Brasília, DF, 2017.

BRASIL. Convênio CONFAZ nº 65/1988. Isenta do ICM as remessas de produtos industrializados de origem nacional para comercialização ou industrialização na Zona Franca de Manaus, nas condições que especifica. Brasília, DF, 1988.

SÃO PAULO. Decreto nº 45.490/2000. Regulamento do ICMS do Estado de São Paulo. São Paulo, SP, 2000.

SÃO PAULO. Portaria CAT nº 108/2013. Disciplina a concessão de regime especial para a suspensão do lançamento do ICMS devido no desembaraço aduaneiro de mercadorias importadas que serão objeto de saídas interestaduais sujeitas à alíquota de 4%, conforme Resolução do Senado Federal 13, de 25-04-2012.. São Paulo, SP, 2013.

SÃO PAULO. Portaria CAT nº 83/1991. Estabelece o limite para utilização, como crédito, de imposto indevidamente pago por destaque a maior em documento fiscal, e dispõe sobre pedidos de restituição ou compensação do ICMS. São Paulo, SP, 1991.

BRASIL. Supremo Tribunal Federal. Repercussão Geral no Recurso Extraordinário nº 628.075/RS. Relator Min. Joaquim Barbosa. Disponível em: http://www.stf.jus.br; Acesso em 10/04/2018.

BRASIL. Supremo Tribunal Federal. Recurso Extraordinário nº 574.706/PR. Relatora Ministra Cármen Lúcia. Disponível em: http://www.stf.jus.br; Acesso em 10/04/2018.

BRASIL. Superior Tribunal de Justiça. Agravo Interno no Agravo em Recurso Especial nº 974.997. Relator Ministro Francisco Falcão. Disponível em: http://www.stj.jus.br; Acesso em 10/04/2018.

BRASIL. Superior Tribunal de Justiça. Recurso Ordinário em Mandado de Segurança nº 24.532/AM. Relator Ministro Castro Meira. Disponível em: http://www.stj.jus.br; Acesso em 10/04/2018.

BRASIL. Superior Tribunal de Justiça. Recurso Especial nº 903.394/AL. Relator Ministro Luiz Fux. Disponível em: http://www.stj.jus.br; Acesso em 10/04/2018.

BRASIL. Superior Tribunal de Justiça. Recurso Especial nº 1.299.903/SC. Relator Ministro Cesar Asfor Rocha. Disponível em: http://www.stj.jus.br; Acesso em 10/04/2018.

BRASIL. Conselho Administrativo de Recursos Fiscais. Processo 10880.906342/2008-96. Relator Conselheiro Diego Diniz Ribeiro. Disponível em: http://idg.carf.fazenda.gov.br/; Acesso em 10/04/2018.

SÃO PAULO. Tribunal de Justiça do Estado de São Paulo. Apelação nº 1026933-72.2016.8.26.0053. Relator Amorim Cantuária. Disponível em: http://www.tjsp.jus.br/; Acesso em 10/04/2018.

RIO GRANDE DO SUL. Mandado de Segurança nº 5016294-16.2017.4.04.7108/RS; 1ª Vara Federal de Novo Hamburgo. Juiz Nórton Luís Benites. Disponível em: http://www.tjrs.jus.br/; Acesso em 10/04/2018.

SOBRE OS AUTORES

César de Lucca

Sócio do escritório Ribeiro, Cury & de Lucca Advogados. Mestrando em Direito Tributário pela Fundação Getúlio Vargas. LL.M em Direito Tributário pelo Insper em 2018. Graduação em Direito pela Universidade Federal de Viçosa em 2012. Fellow do Instituto Four.

Paulo José Cavalcante Santana

Advogado no escritório Lobo de Rizzo Advogados. Bacharel em Direito pela Universidade Federal de Pernambuco – UFPE. Pós-graduado em Direito Tributário pelo Insper.

Rafael Boccatto de Oliveira

Advogado formado pela Pontifícia Universidade Católica de São Paulo – PUC/SP em 2015, Especialista em Direito Tributário pelo Instituto de Ensino e Pesquisa – INSPER em 2018, sempre atuou nas áreas de consultoria tributária de impostos (IRPJ, CSLL, PIS e COFINS) e direito societário de empresas industriais, comerciais e prestadoras de serviços.

Renato de Andrade Bento

Sócio da área tributária do RONALDO MARTINS & Advogados, com forte atuação no consultivo e contencioso tributário nas esferas municipal, estadual e federal. Especialista em Direito Tributário pela Pontifícia Universidade Católica de São Paulo e LL.M. – Master of Laws em Direito Tributário pelo Insper Direito.

Rodrigo Berti Franciscon

Graduado em Direito pela Universidade Presbiteriana Mackenzie (2011), graduado em Ciências Contábeis pela FECAP (2014), e L.L.M em Direito Tributário pelo INSPER. Possui expertise na legislação tributária brasileira relacionada à área de tributos indiretos (ICMS, ICMS-ST, IPI, PIS/COFINS, ISS, Imposto de Importação) e diretos (IRPJ/CSLL).

ÍNDICE